커뮤니케이션

인지적 기초와 실제적 응용

커뮤니케이션
-인지적 기초와 실제적 응용

초판 인쇄 : 2003년 03월 20일

초판 발행 : 2003년 03월 25일

지은이 : 한스 스트로너 (Hans Strohner)

옮긴이 : 진정근

펴낸이 : 배정민

Publishing Director : 오은정 (eunjung@bookeuro.com)

편집 디자인 : 수연(hadisla@bookeuro.com)

펴낸곳 : 유로서적

출판 등록일 : 2002년 8월 24일 제 10-2439호

주소 : 서울시 마포구 합정동 364-27번지 대주빌딩 202호

TEL · 02-3142-1411   FAX · 02-3142-5962

E-mail : bookeuro@bookeuro.com

ISBN : 89-953550-4-2 03700

인지적 기초와 실제적 응용

커뮤니케이션

한스 스트로너 지음 진정근 옮김

역자의 말

현대 사회는 커뮤니케이션 사회라는 말이 있듯이 커뮤니케이션의 중요성은 점점 더해가고 있다. 하지만 이에 대해 이론이 없는 것은 아니다. 스트로너 교수도 본문에서 말하고 있듯이 커뮤니케이션만큼이나 중요한 것들도 많이 있다. 커뮤니케이션에 대한 과대평가도 문제가 되겠지만 과소평가는 더욱 큰 문제를 야기할 것이다. 커뮤니케이션이 모든 문제를 해결할 수 있는 만능키 역할은 하지 못하지만 모든 문제를 해결하는데 시작은 될 수 있을 것이다. 그 중요성과 더불어 커뮤니케이션을 전문적으로 연구하는 학문 분야들도 넓어지고 그 경계도 흐려지고 있다. 언어학은 커뮤니케이션의 주요 수단인 언어를 전문적으로 연구하고 있다. 언어학 연구의 흐름을 일별해 보면 그 연구 범위가 점차 넓어지고는 있지만 여전히 언어의 구조와 기능에만 한정되고 있다는 인상을 지울 수 없다. 언어학은 좁게 규정된 연구 영역을 과감하게 확대하여 언어를 둘러싸고 있는 언어외적인 현상들에 좀더 많은 관심을 기울여야 할 것이다. 현대 커뮤니케이션 연구는 언론학 (혹은 신문방송학) 및 관련 학문분야들이 여러 가지 면에서 주도하고 있는 것으로 보인다. 여기에다 사회학과 심리학도 커뮤니케이션 현상에 많은 관심을 두고 있다. 요즈음은 좀더 통합적인 개념인 커뮤니케이션학(Kommunikationswissenschaft)이라는 명칭이 많이 사용되고 있다. 커뮤니케이션학은 기존의 여러 연구 분야를 통합하여 커뮤니케이션 현상 전반을 연구 대상으로 삼는 학문 분야로 성장해 나갈 것이다.

커뮤니케이션 연구가 확대되고 있는 추세에서 절실히 요구되고 있는 것이 바로 학제성이라고 볼 수가 있다. 스트로너 교수의 책은 이러한 경향을 파악하고 하나의 시도로서 내놓은 것이라고 생각된다. 물론 이 책은 그 학제성을 완성한 것은 아니지만 그 가능성을 제시하면서 현대 커뮤니케이션 연구를 폭넓게 개관하고 자신의 인지학적 입장에서 정리해내고 있다. 그런 의미에서 이 책은 다양한 연구 경향을 비교적 손쉽게 파악하여 각 세부 분야의 전문적인 연구로 나아가려는 사람들에게 유용한 책이라는 생각이 든다. 또한 각 분야 별로 정리된 영어권과 독일어권을 아우르는 참고 문헌도 연구 방향을 잡는데 많은 도움이 될 것이다.

여러 가지 어려움에도 이 책의 번역 출간을 맡아준 배정민 사장님과 편집이라는 궂은 일을 맡아준 오은정씨께 감사드린다.

2003년 3월
진정근

서론

이 책의 목표는 인간 커뮤니케이션의 인지적 기초와 실제적 응용을 소개하는데 있다. 정보사회의 정립과 더불어 커뮤니케이션에 어떠한 강력한 창의적 힘이 도사리고 있는지 점점 더 분명해지고 있다. 이러한 힘의 바탕에 깔려 있는 과정에 합리적으로 영향을 미칠 수 있기 위해 이 과정을 연구하는 것이 커뮤니케이션학의 중요한 하나의 과제이다. 특히 사회의 발전에 더욱 더 중요함을 더해 가는 인간의 학습의 많은 부분이 커뮤니케이션의 범위에서 일어나고 있다. 기초와 응용이 통합되면 실제에 근거한 커뮤니케이션학의 구상이 강화될 것이다.

「텍스트이해」 (Strohner, 1990)에서 펼쳐진 커뮤니케이션 범주를 더 자세하게 조명해 본다는 면에서 보면 이 책은 필자의 앞의 저서에서 시작된 분석을 이어가는 것이다. 동시에 이 책은 「인지체계」 (Strohner, 1995)라는 저서의 연장이다. 「인지체계」에서는 "인간의 인지는 어떻게 기능하는가?"라는 질문이 체계이론적인 배경을 바탕으로 연구되었다. 이러한 기본적인 입장이 이제 확대되고 여러 개인들의 상호작용에 확장되고 있다: "사람들 사이에서는 인지가 어떻게 기능하는가?" 이 책에 앞서는 여러 선구 작업들은 커뮤니케이션과 삶의 세계의 연관성에 대한 연구들이며 인간 커뮤니케이션에 관한 정립된 구상에 대한 연구들이다 (Brose, 1994, 1998). 필자는 인지과학과 잘 정립된 상호작용 분석의 합(Synthese)이 전체 커뮤니케이션학을 위해 더 희망적인 길이라고 확신하고 있다. 중요한 개념들은 모두 각각 관련되는 곳에서 설명되고 있기에 이 책을 읽는 데에는 위에 언급된 저서에 대한 지식이 없더라도 무리가 없을 것이고 세미나에서도 사용할 수 있을 것이다.

필자는 이 책의 원고를 읽고 제안과 비판을 해준 모든 동료들과 피드백으로 중요한 기여를 한 모든 학생들에게 감사드린다.

빌레펠트 2001. 8.
한스 스트로너
로젤로레 브로제

K O M M U N I

1부 인지적 기초
− 구상, 이론, 방법론

ÖFFENTLICHE EBENE

ORAGANISATIONALE EBENE

INTERPERSONASE EBENE

1장 : 구상의 기초

정보와 **커뮤니케이션**은 오늘날의 중심적인 주제에 속한다. 이점은 특히 현대사회를 흔히 **정보사회** 혹은 **커뮤니케이션 사회**라는 말로 특징 짓는 것에서 드러난다. 물론 인간에게 정보와 커뮤니케이션은 언제나 중요했다. 그러나 이와 관련되어 제기되는 문제들을 학문적인 토대 위에서 해명하고 그에 영향을 준다는 목표가 오늘날 새로이 추가된다.

이 책은 커뮤니케이션의 학문적 **기초**와 **응용**을 소개하는 책이다. 1부는 구상의 기초와 이론적 기초 그리고 방법론적 기초에 할당되어 있고, 2부는 몇몇 중요한 응용분야를 주제로 한다. 1장에서는 커뮤니케이션 연구를 위한 **구상의 기초**가 소개된다. **커뮤니케이션 개념**을 해명한 다음에 이 장에서는 **커뮤니케이션학**의 현대적 발달에 대한 개관이 있게 된다. 이 장의 중요한 기능은 앞으로의 분석에 기초가 되는 구상을 소개하는 것이다.

1. 커뮤니케이션

먼저 **커뮤니케이션**이 정확히 무엇인지 해명되어야 하겠다. 학문의 기본 개념을 정의하려는 다른 많은 시도처럼 여기에서도 의견이 참으로 분분하다. 이는 관련 학자들의 관심과 시각이 다르기 때문이라고 이해될 법도 하지만, 앞으로는 상이한 구상들이 서로 관련되는 통합적 관점에 의해 보충되어져야 한다. 필자의 견해로는 이러한 통합적인 관점에는 **체계이론적**(systemisch) 시각의 토대 위에서 가장 잘 도달할 수가 있다. 이러한 시각이 앞으로 이어지는 절에서 단계적으로 펼쳐질 것이다. 먼저 **환경체계**라는 **개념**의 도움을 받아 **인지적 체계**의 구상을 설명하는 것을 가능하게 하는 꼭 필요한 **체계이론**의 기본개념들을 소개하기로 하겠다. 이것으로 커뮤니케이션에 대한 간단한 개념을 제안할 수 있을 정도의 기초는 준비되는 것이다.

1) 체계

커뮤니케이션이 하나의 **체계**의 틀 안에서 하나의 과정으로 개념화되어야 한다는 것은 학계에서 광범위한 의견일치가 있다. 그러나 흔히 체계 개념이나 과정 개념도 분명하게 정의되지 않고 있다. 그래서 형식적인 체계개념이 도입되고 나서 커뮤니케이션 개념이 해명될 수 있도록 단계적으로 발전시켜 나갈 것이다.

최소한 두 개의 대상이 기능적 관계의 도움을 받아 서로 연결되는 경우에 **체계**라는 말을 할 수 있다(Bunge, 1979; Schloßer, 1993; Altmann & Koch, 1998). 체계를 연구하는 일을 시작하게 되면 이 세상의 거의 모든 구체적인 체계의 주위환경에 그 체계의 **성분**과 어떤 기능적인 관계에 처해 있는 대상들이 있다는 것을 곧 확인하게 된다. 따라서 체계 분석에서는 흔히 **환경**(Umwelt)이라고 불리는 이러한 체계의 기능적 주위환경을 무조건적으로 고려해야 한다.

몇몇 경우에는 체계와 환경사이의 관계에서 **원인**과 **작용**을 서로 분명하게 구분하는 것이 가능하다. 예컨대 어느 창고의 화재에서 불꽃과 나무간의 상호작용이 원인이고 열은 그 작용이다. 그러나 많은 경우에 원인과 작용은 더 이상 간단하게 서로 분리될 수 없는데 이를테면 두 사람이 서로 이야기할 때에 그러하다. 어느 특성한 표현에 대한 원인이 화자에게 있는가 아니면 대화 상대자에게 있는가 아니면 둘 다에게 있는가 아니면 혹시 대화 상황에 놓여 있는가? 이런 경우 아주 복잡하고 다층적인 작용 구조가 나타난다. 이 작용 구조에서 우리는 원인과 작용 사이의 관계를 평가할 수 있기 위해 과정과 범위 조건 그리고 부작용과 반작용에도 주의를 해야 한다.

많은 문제제기에서 환경의 특정 대상이 체계 내부에서 일어나는 사건에 대한 원인으로 간주될 수 있는지 아니면 그 사건의 작용으로 간주될 수 있는지를 아는 것이 중요하다. 이러한 기능적 관계가 알려진 환경의 부분들에서는 체계에 투입(input)으로 작용하는 환경의 대상과 체계의 산출(output)로서 영향을 받는 환경의 대상으로 구분하는 것이 가능하다.

지금까지 우리는 체계 분석에서 모든 구체적 체계는 시간 속에서 변화하고 이에 상응하여 **역동적 체계**이기도 하다는 것을 아직 고려하지 않았다. 우선 어느 특정한 시점에서의 하나의 체계의 성질을 그 시점에서의 그 체계의 **상태**라 부른다.

상태의 변화 즉 **과정**은 보통 출발 상태와 현재의 투입에 좌우된다. 이와 부합하여 어느 특정한 시점에서의 특정한 산출을 그 체계의 **행동**이라 부른다. 전체 **활동** 말하자면 한 역동적 체계의 상태와 행동은 그 시점에서의 투입과 선행 상태를 안다면 예상할 수가 있다.

단순한 체계에서는 보통 이것이 아주 잘 들어맞는다. 우리가 돌 하나를 떨어뜨리면 무슨 일이 일어날지 꽤 정확히 예상할 수 있고, 자동차 열쇠를 돌리면 자동차가 어떻게 반응하는지를 아주 잘 예상할 수 있다. 우리는 대화 상대자가 다음에 어떤 발화를 하게 될지를 정확하게 알고 있는 경우는 매우 드물며, 말하기 위해 입을 열면 우리 자신도 무엇을 말하게 될지 모르는 경우도 있다. 기능 분석의 경우에서처럼 인간 커뮤니케이션의 **과정 분석**에서도 많은 경우에 정확한 예상이 가능하지 않은 여러 가능성이 많은 상태와 투입을 지니고 있는 이러한 종류의 복잡한 역동적 체계를 상내하고 있다. 커뮤니케이션의 과정 분석에서는 따라서 특정한 활동에 대한 어느 정도의 개연성만 확보할 수 있으면 이미 크게 진일보한 것이다.

반감기의 우라늄이 수십억 년의 분열이 있는 경우처럼 과정이 매우 느리게 진행될 수가 있고, 현대기술이 마이크로칩의 회로 과정에서 도달한 예처럼 과정은 백만 분의 일초에 진행될 수도 있다. 이 책에서 가장 관심을 기울이는 인간 커뮤니케이션에 있어서는 고려할 시간대가 그렇게 극단적이지는 않지만 그래도 엄청나다. 이 시간대는 몇백만 년 전의 인간(Homo)이라는 종의 **종족발생**의 정립시기부터 보통 수십 년에 이르는 인간개체의 **개체발생적** 생존기간을 거쳐 수천 분의 일초(Millisekunden) 내에 진행될 수 있는 **현재발생적** 과정에 걸쳐있다. 우리가 다 알고 있듯이 인간 커뮤니케이션은 이 모든 단계에서 적절한 설명을 위한 개념을 필요로 하는 지극히 역동적 사건이다.

2) 환 경 체 계

강력한 역동성 외에도 체계 분석의 틀 안에서 계속해서 고려되어야하는 인간 커뮤니케이션의 중심적 특징이 하나 더 있다. 이것은 거의 무한에 가까운 **적응력** 즉 변화된 환경조건들에 적응하는 능력이 그것이다. 복잡하고 역동적인 많은 체계들의 강력한 적응력은 여러 단순한 **조절 과정**들을 규칙 집단으로 종합시키는 체계들의 능력과 연관 있다. 이 규칙의 집단에서는 어느 특정한 시점에서 성립하고 있는 **현재 상태**가 정해진 **당위 상태**에 동화된다. 미래의 당위 상태가 예측되고 **행위**에 대한 **목표 설정 기준**으로 사용되면 이 체계들은 더욱 효과적이다. 이러한 능력을 소유하고 있는 체계들은 더 이상 어느 특정한 상황에서의 어느 특정한 행동을 고집하지 않고 그 한계 내에서 행동에 변화를 준다. 그럼으로써 이 체계들은 환경에 대하여 어느 정도의 **자율성**을 확보한다(Maes, 1991).

　이러한 자율성은 **생물**에게서 분명하게 관찰된다. 많은 생물은 두 개의 상이한 유형의 적응력 즉 **탄력성**(Elastizität)과 **유연성**(Plastizität)을 지니고 있다:

　　어떤 체계가 **탄력성**을 지니고 있으면 필요에 따라 체계기능들의 잠정적 변화를 야기할 수 있다. 이 변화는 곧이어 다시 취소될 수 있다. 커뮤니케이션에 중요한 이에 대한 예는 상황의 특정한 측면에 대한 **주의력**의 조절이다. 이에 의해 특정한 정보 분야에는 더 높은 민감성이 투입될 수 있으며, 다른 분야에서는 잠정적인 차단(페이드 아웃)이 이루어질 수 있다.

장기적인 체계기능의 변화는 체계의 **유연성**에 의해 이루어진다. 고등생물에서는 유연성은 특히 **기억**에 의해 실현된다. 이 기억을 통해 과거의 경험과 인간의 전체 사회행동에 기본적인 **학습능력**에 근거해서 행동의 영구적 변화가 가능하게 된다.

생물은 그들의 탄력적이고 유연한 적응력을 통해 환경의 가능한 모든 변화에 적응할 수 있더라도 환경에 항상 종속되어 있다. 이러한 고도의 종속성은 소위 **환경체계**(Allen & Hoekstra, 1992)라는 더 고도의 신종의 체계형성에 이른다. 하나의 환경체계는 하나 또는 그 이상의 생물과 생물의 살아있거나 혹은 살아있지 않은 환경으로 이루어진다. 이러한 환경이 없이는 생물은 삶이 가능하지 않다. 이때 모든 환경체계는 예컨대 기후나 인간의 영향과 같이 특히 다른 외재적 요인에 의해 영향을 받는다는 것을 간과해서는 안 된다. 이러한 요인들은 환경체계의 **외부적 환경**으로 요약할 수 있으며 환경체계에서의 **내부적 환경**과 구분될 수 있다. 환경체계에서는 수많은 신진대사과정과 우리의 맥락에서 특별히 관심이 가는 **정보처리** 과정들이 일어난다.

3) 인지체계

우리는 **인지적 체계**를 중추신경계의 도움으로 정보를 처리하거나 기술적 수단으로 시뮬레이션하는 적응의 체계들로 이해한다(Strohner,

1995). 이렇게 고도로 발달된 신경체계를 갖추고 있는 모든 동물들이 이에 속하며 이 책에서는 특히 개별 인간에 관심이 있다. 그러나 이러한 종류의 정보처리의 어떠한 측면들을 시뮬레이션하는 기술적 체계들도 인지적 체계에 포함된다. 이점은 **인지**에 대한 다음과 같은 정의의 근거를 제공 한다:

> **인지는 중추신경계에 의한 정보처리 또는**
> **그러한 처리의 시뮬레이션이다.**

중추신경계는 한편으로는 고도의 적응력을 보장하고, 다른 한편으로는 역시 정보를 처리할 수 있는 다른 체계들에 대하여 인지적 체계들의 분명한 경계를 유지하게 만드는 인지적 체계들의 하나의 체계성분을 말한다. 이것은 중추신경계가 없는 생물들도 광범위한 정보처리 능력이 없다는 것을 의미하지는 않는다(Lengeler, Müller & di Primio, 2000). 아마도 특정한 복잡한 능력들 예컨대 중추신경계를 갖춘 생물의 이미 언급된 기억형성 능력과 학습 능력 같은 것은 단순한 생물 종에서보다는 더 잘 발달될 수 있다.

    정보에서는 대상들의 관계적 성질이 중요하다. 정보는 다른 대상들과 그 성질들을 지시하거나 정보 자체의 성질을 지시한다. **정보처리** 능력은 따라서 환경을 포괄적으로 처리하기 위한 하나의 중요한 전제이다(Dretske, 1981, 1988). 정보관계에 의해 생성되는 맥락은 **기호**이다: **지칭하는** 대상 즉 **정보매개자**는 소위 **지시영역분야**에 있는 하나 또는 그 이상의 대상 내지는 양상을 지시한다. 기호에 관한 학문인 **기호학**에서는 전통적으로 정보관계의 세 가지 가능성 즉 **지표**와 **상징** 그리고 **도상**이 구분되고 있다(Keller, 1995; Posner, Robering & Sebeok, 1997; Bouissac, 1998; Nöth, 2000; Sebeok & Danesi, 2000):

> **지표**는 정보를 자연적 맥락을 통해 획득하는 기호이다. 지표에 대한 전형적인 예는 사냥꾼에게 야생동물의 도주방향을 알게 해주는 흰 눈에 남겨진 발자국 또는 어느 특정한 차량유형을 지시하는 자동차의 스케치이다.

> **상징**은 이에 반해 자연적 과정에 의해 생기는 것이 아니라 즉흥적이거나 계획된 합의 즉 소위 **규약**에 의해 생기는 것이다. 인간의 공동생활을 위해서는 교통신호나 문자의 경우에서 알 수 있듯이 상징은 무척 중요하다.

> **도상**은 그것이 지시하는 대상과의 **유사성**이 특징이 되는 기호이다. 도상은 수면에 비치는 상처럼 지표도 될 수 있고, 의성어나 묘사적 제스처나 도식적 그래픽처럼 상징이 될 수도 있다.

환경체계적 시각에서는 인지적 체계의 가장 중요한 두 개의 성분은 **정보**와 정보를 처리하는 **정보프로세서**이다(Beer, 2000). 이렇게 구성된 **인지적 환경체계**의 외부 환경은 인지에 작용하는 이러한 영향들로 구성되어 있으며 이 환경은 인지적 환경체계의 **상황**이라고 부를 수 있다.

인지적 체계의 하나의 중요한 능력은 **지식**이다. 지식은 통상 이미 잘 증명되어서 사건의 **예측**과 **설명**에 이용될 수 있는 정보를 이른다.

심리학에서는 지식과 지식의 전단계를 분류하고 **인지적 재현**
(*representation*)의 유형으로 요약하는 수많은 시도가 있어 왔다
(Gigerenzer, 2000). 우리의 목적에는 **감각운동적** 지식과 **통사적** 지식
과 **의미적** 지식과 **화용적** 지식을 포함하는 분류를 받아들이는 것이 적
절하다(Strohner, 1995):

> **감각운동적** 지식은 생물의 운동 행동의 전제이다. 생물들은 감각적
> **지각**과 운동 **프로그램**의 토대 위에서 개별적 신체부위와 전체 신체
> 를 환경의 특정한 변화가 가능하도록 움직이는 것이 가능하다.

> **통사적** 지식은 일정한 사건의 범주들 사이의 **시간적** 연쇄를 기술한
> 다. 행동방식의 순서를 구축하는데 이용된다.

> **의미적** 지식은 한 생물의 환경의 일정한 대상과 사건에 관련되고 이
> 대상들에 대한 **지시적** 관계를 조성한다. 생물이 자기 자신을 대상으
> 로 관찰하게 되면 **자기지시**라고 말한다. 특정한 시점에서 활성화된
> 지시는 언어적 커뮤니케이션에서 흔히 **주제**로 불리는 **지시영역**을 분
> 할한다.

> **화용적** 지식은 커뮤니케이션의 경우처럼 다른 생물과의 접촉이 있는
> 때에 특히 중요하다. 이를 위해 **자기모델** 외에 **파트너모델**도 필요하
> 다. 이 두 모델은 **상황모델** 의 부분으로서 **사회적** 방향의 결정에 기여
> 한다.

자연적 인지적 체계가 이용하는 **지식** 외에도 특히 **감성**이 인지적 과정에 영향을 준다. 외부에서 관찰할 수 있는 **행동**은 부분적으로 지식과 감성에 의해 영향을 받지만 상황적 요인들에 의해서도 영향을 받는다. 따라서 지식과 감성 그리고 행동은 정립된 인지의 서로 관련된 측면들로 간주될 수 있다(Snyder & Stukas, 1999; Fazio, 2001). 우리의 맥락에서 특별하게 중요한 인지는 **정보수용**과 **정보생산**이다.

인지적 **정보수용**에서는 지식, 감성, 행동이라는 인지의 삼분법이 **이해, 평가, 실행**이라는 수용과정의 삼분법에 작용한다:

이해과정에서는 가변적 **주의력**의 도움을 받아 지각된 정보는 개별적 지식단계와 결합한다. 이러한 통합이 어느 정도 진전되는가에 따라 **감각운동적 이해**와 **통사적 이해**와 **의미적 이해**와 **화용적 이해**가 생겨난다. 언어적 커뮤니케이션에서는 감각운동적 이해는 음향적 이해에, 통사적 이해는 문장이해에, 의미적 이해는 의미이해에, 화용적 이해는 파트너이해에 상응한다.

성립된 지식은 이해과정과 병행해서 또는 그 직후에 여러 가지 준거와 관련하여, 그 가운데 감성적 자질과 중요성과 관련하여 **평가된다**. 이러한 평가는 무엇보다도 어떤 정보가 가치가 있는 것으로 여겨지는 것에 관한 판단에 좌우된다. 평가과정은 대부분 매우 신속하게 진행되며 제한적으로만 의식적인 통제에 놓여있다.

정보의 이해와 평가와 연계하여 실행에 유리한 상황적 부수적 사정이 조성되면 경우에 따라 정보와 결합된 행동가능성이 **실행되어** 질 수 있다. 흔히 정보수용의 이러한 행동적 측면은 즉흥적인 태도나 제스처에 국한된다.

정보수용의 이러한 구조화와 비슷하게 **정보생산**에서도 **의도과정**과 **평가과정** 그리고 **실행과정**이 구분될 수 있다:

먼저 외부와 내부적인 영향에 의해 사태와 감정 또는 의향에 관한 인지적 재현이 생성된다. 이를 요약해서 **의도**(Meinen)라고 부를 수 있다.

인지적 재현의 활성화와 연계하여 인지적 재현은 다소 집중적으로 감성적 자질과 중요성에 관련한 현재 상황과 관련되어 **평가된다.**

의도와 연관된 행동은 감성이 강해질 때나 혹은 중요성이 클 때나 특히 유리한 상황적 사정이 조성되는 경우에 **실현되고** 그렇게 해서 정보생산의 과정은 종결된다.

많은 고등 생물은 정보수용과 정보생산 외에 **기억**을 전제로 하는 고도의 정보처리 능력을 소유하고 있다. 이러한 능력들 대부분은 몇몇의 선천적인 감각적 모형과 운동 반사를 제외하고는 **학습된다.** 학습은 중점적으로 **수용**과 관련될 수도 있고 **생산**과 관련될 수도 있기 때문에 그리고 이는 다른 생물의 **모델행동**에 의해 야기될 수도 있기 때문에 **수용중심적 학습유형**과 **생산중심적 학습유형** 그리고 **모델중심적 학습유형**이 구분될 수 있다.

수용중심적 학습과정은 자주 반복되는 상황, 함께 나타나는 정보에 대한 **연상**, 범주로 묶는 작업에 대한 **습관화**를 가능하게 한다.

생산중심적 학습과정은 운동 **연습**에서부터 새로운 투입(input)과 산출의 결합이 이루어질 수 있는 **고전적 조건반사** 과정을 거쳐 이러한 결합이 **행동결과**의 도움으로 확정되는 소위 **조작적 조건반사**에까지 미치고 있다.

모델중심적 학습과정은 위의 두 과정보다 훨씬 더 포괄적이다. 자연적으로 혹은 상징적으로 중개된 모델의 **모방**을 통해 감각운동적 제한에서 벗어난 학습이 가능하다. 이러한 모델의 토대 위에서 내부적 **시험행동**과 따라서 **통찰에 의한 학습**이 가능하다.

현대의 **학습이론**은 이러한 기초 위에서 일반적으로는 많은 복잡한 사회적 행동방식의 습득과 특수하게는 커뮤니케이션의 습득을 설명할 수 있다. 이러한 학습과정의 몇몇은 다음 장에서 이론은 물론 경험적으로도 더 자세하게 다룰 것이다.

인간의 인지는 많은 경우에 **행동특성**을 지니고 있지만 자발적 지각이나 외부적 자극에 의해 야기될 수 있는 감각운동적 반사와 같은 예처럼 불분명한 경우도 있다. 복잡한 행동방식의 경우에서는 **통제된** 몫과 광범위하게 **자동적** 몫 사이의 긴장의 폭이 커진다(Chaiken & Trope, 1999). 정밀한 분석에서는 흔히 어느 특정한 **지향성** 즉 행동목표의 일정한 의존성을 시사하는 인지적 역동성의 측면들이 발견된다. 이렇게 넓게 파악된 지향성은 **의식**과 혼동되어서는 안 된다. 왜냐하면

목표 지향적인 많은 과정들이 의식과 무의식의 경계 아래에서 진행될
수도 있기 때문이다.

4) 커뮤니케이션 체계

인지개념이 해명된 다음에 이 책의 기초가 되는 커뮤니케이션 개념에
접근하기 위해서는 한 단계가 더 필요하다. 이를 위해서는 하나의 인
지체계가 다른 인지체계에 정보를 전달하고 또 이 인지체계가 정보를
수용하는 것이 필수적이다. 이런 경우에 개별적 체계의 인지적 행동
이 일어날 뿐만 아니라 두 개의 서로 관계되는 인지적 행동 즉 하나의
인지적 상호작용이 일어나는 것이다. 이런 상호작용은 정보를 생산하
는 체계에 대한 수용하는 활동의 반작용이나 **피드백**을 필연적으로 내
포할 필요는 없다. 이런 의미에서의 인지적 상호작용은 외부에서 일
어나는 사건들의 지각뿐만 아니라 내부적 느낌도 포함하고 있다. 따
라서 종종 운동성의 행동방식이 수반됨에도 불구하고 무조건 외부에
서 볼 수 있는 것은 아니다.
　이를 위해 필요한 두 파트너의 정보처리 과정은 감각운동성 지식
의 차원과 통사적 지식의 차원 그리고 의미적 지식의 차원뿐만 아니라
화용적 지식의 차원에서도 각각의 파트너모델이 강력하게 활성화되어
서 진행된다. 바로 이러한 경우에 커뮤니케이션이 일어나는 것이다:

　　커뮤니케이션은 파트너모델링이 포함된 인지적 상호작용이다.

인지체계들 사이에서 일어나는 커뮤니케이션 과정에 의해 생성된 체

계가 **커뮤니케이션 체계**이다. 특정한 시점에서 **정보매개자**를 수단으로 해서 정보가 유래하는 체계의 요소는 **정보생산자**이고, 정보를 수용하는 체계의 요소는 **정보수용자**이다. 전체 커뮤니케이션과정에서 정보의 전달이 일방적이면 **독화적** 커뮤니케이션이고, 양쪽 커뮤니케이션 참가자들 사이에 정보의 교환이 있으면 **대화적** 커뮤니케이션이다. 인지적 환경체계의 환경과 유추해서 커뮤니케이션 환경체계의 환경을 마찬가지로 **상황**이라고 부른다. 상황은 대부분 정보매개자의 전달수단으로서의 **미디어**도 포함하고 있다. 전달된 **정보**, 참여한 양쪽 인지체계들 사이의 **상호작용**과 그 **상황**이 구분되므로 해서 커뮤니케이션 체계의 모든 중요한 차원들이 언급되었다. *그림1에서 커뮤니케이션 체계가 그 구성성분들과 환경과 더불어 도식적으로 설명되고 있다.

인간 사이의 커뮤니케이션도 인지와 같이 흔히 **의도에 의해** 영향을 받는다. 그러나 의도성의 출현 혹은 증명을 둘러싸고 불필요한 논쟁이 있을 수 있는 불분명한 경우들이 있기 때문에 의도성의 준거는 커뮤니케이션의 정의에는 수용되지 않아야 한다(Bowers & Bradac, 1982; Antos, 1999).

위에서 소개된 정의에서 커뮤니케이션을 파트너 모델링이 포함된 인지적 상호작용이라고 확정했다. 이러한 개념규정은 어떤 것이 커뮤니케이션 일 수 있는가하는 가능성 넓은 영역을 표시하고 있지만 다른 맥락에서는 종종 전적으로 커뮤니케이션으로 지칭되는 특정한 사건들도 제외한다. 한편으로는 특정한 **동물**과의 정보전달과 동물들 사이의 정보전달도 포함된다. 다른 한편으로는 오늘날 흔히 커뮤니케이션이라고 지칭되는 **생물학적** 또는 **기술적** 종류의 많은 과정이 분명히

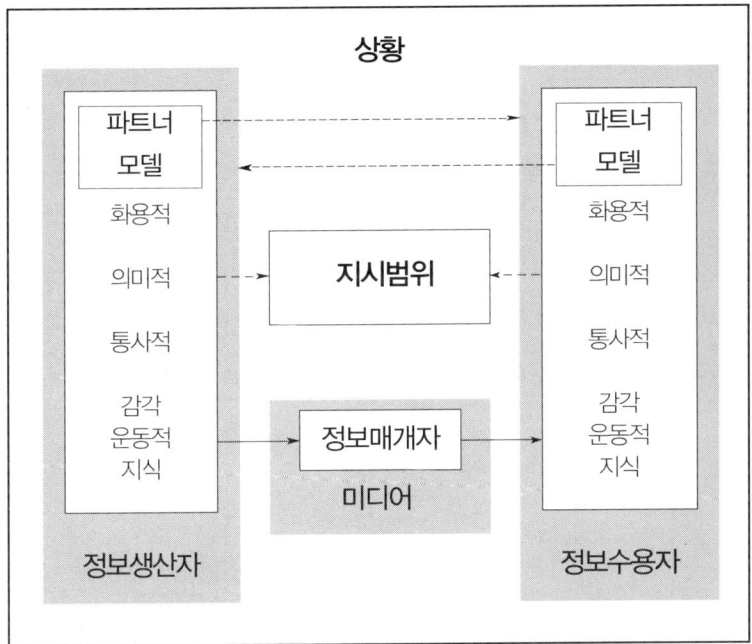

*그림1: 정보생산자, 정보수용자, 정보매개자, 상황적이고 미디어적 환경 등의 구성성분
들이 포함된 커뮤니케이션체계

제외 된다: 신체기관들의 상호적 영향은 우리의 커뮤니케이션 개념에
맞지 않고, 기계 사이의 정보전달도 기계에게 인지적 체계의 자질이
인정될 수 없는 한 마찬가지이다.

특히 미디어 분야에서 **기술적** 변화에 의해 국한되어, 오늘날 커뮤
니케이션 개념을 광범위하게 이러한 기술적 측면으로 제한하고 커뮤
니케이션개념의 **사회적**이고 **인지적**인 측면을 단순한 수반현상들로 강
등시키려는 유혹이 크다. 환경체계적 단서의 장점 중의 하나는 이러한
유혹에 저항하는 것이다. 커뮤니케이션체계의 기술적, 인지적, 사회
적 구성성분들은 분리될 수 없으며 이들 상호간의 기능적 관계에서만

연구될 수 있다. 이러한 통찰의 또 하나의 결론은 커뮤니케이션체계의 기술적 부분은 커뮤니케이션의 외부에서가 아니라 내재적 부분으로 개념화될 수 있다는 것이다(Jackon, 1996).

커뮤니케이션의 사회적 기본구조가 쉽게 간과되거나 과소평가 되는 경우는 특히 인간의 자리에 기계가 등장하고 인간 대 인간 커뮤니케이션에서 인간 대 기계 커뮤니케이션이 전면에 부각될 경우이다 (Weingarten & Fiehler, 1988; Weingarten, 1989; Jung et al., 2000; Milde, 2000; Schweizer, Paechter & Weidemann, 2000).

5) 커뮤니케이션의 중요성

앞 절에서 커뮤니케이션이 무엇인가가 이해하였다. 이 절에서는 인간의 공동생활에 커뮤니케이션이 왜 중요한지를 가늠해 본다 (Lohmar & Lichtenberg, 1991).

환경체계적 시각에서 먼저 주의할 것은 커뮤니케이션의 중요성이 그 자체로 평가될 수 있는 것이 아니라 인간에게 중요한 인지와 상호작용과의 의존관계에서만 평가될 수 있다는 점이다. 커뮤니케이션은 이러한 다른 분야와 함께 진화되어 온 것이며 분리될 수 없는 하나의 단위를 이루고 있다. 따라서 인간의 커뮤니케이션에 어떠한 이념적으로 제한된 **기능들**을 부여하는 유혹은 거부되어야 한다.

중요한 것은 커뮤니케이션이 사회적 상호작용의 한 부분만을 구성한다는 것이다. 인간 사이의 **정보**의 전달이라는 커뮤니케이션과 더불어 최소한 **물질적인 상품**과 **에너지**의 공급 그리고 사회적인 **기본가치**의 준수도 마찬가지로 중요하다. **정보사회**와 **커뮤니케이션사회**에 살고 있는 가운데 인간의 **삶의 질**이 정보와 커뮤니케이션에 의해서만 규정되는 것이 아니라 여전히 물질적인 요인 그리고 자유, 정의, 연대와 같은 **기본가치들**에 의해 결정된다는 것을 너무 빨리 잊는다. 세계를 움직이는 인간의 노력은 물질적인 부와 정신적인 가치를 추구하는 것이다. 여기에 **환경적** 그리고 **문화적** 측면이 본질적으로 고려되어야 하는 것은 새천년의 벽두에서 따로 언급할 필요는 없을 것이다.

커뮤니케이션은 따라서 무엇보다도 이러한 포괄적인 의미에서 개개인을 위한 넉넉한 삶의 질이 이루어 질 수 있도록 노력하는 일에 기여해야 한다. 점점 복잡해져 가는 지구촌 사회에서 이 것은 결코 손쉬운 일이 아니다. 더군다나 이에 관한 **학문들**이 아직 전혀 도움을 주지 못하고 있다. 특히 **커뮤니케이션학**이라는 커뮤니케이션을 본연의 대상으로 삼는 학문분야가 자연히 요구된다. 이 학문이 지난 세기에 어떻게 발달해 왔는지는 다음절에서 이야기 될 것이다.

2. 커뮤니케이션학

오늘날의 모습을 갖춘 커뮤니케이션학은 커뮤니케이션은 현대사회의 형성을 위하여 중심적 역할을 담당하고 있는 만큼 독자적 학문이 이를 다루어야 한다는 통찰로부터 지난 수 십 년에 걸쳐 발달해 왔다. 이러한 통찰은 여러 대학에 커뮤니케이션학 **전공과정**이 설치되었거나 계획 중에 있다는 점에도 기여했다. 이 전공과정의 졸업생들은 **커뮤니케이션과 미디어** 분야에서 증대하는 기회를 제공하고 있는 노동시장을 발견할 수 있다. 그러나 이러한 기회는 흔히 고용기회의 급속한 변

화의 역동성을 더욱 강화하는 **뉴미디어**를 다루는 능력이 요구된다
(Bentele & Szyszka, 1995; Becker-Mrotzek, Brünner & Cölfen,
2000; Hömberg & Hackel-de Latour, 2000).

1) 발전과정

이 절에서는 커뮤니케이션이 일반적으로 어떻게 사회에서 탁월한 위
치를 점할 수 있었나 그리고 특수하게는 학문의 세계에서의 그 위치
에 이르게 되었는지에 관해 짧게 개관을 하고자 한다. 이러한 결과에
이르게 된 것은 사회적인 변화 외에도 많은 **사회과학** 특히 **정치학, 사
회학, 사회심리학, 교육학, 언어학, 경제학**의 기여가 있었다. 오늘날의
형태를 지닌 커뮤니케이션학에 이르기까지의 다양한 발달과 제안의
중심은 의심할 여지없이 미국이다. 미국에서의 연구의 지배권은 특히
20세기의 30년대와 40년대에 유럽에서의 이민에 의해 강화되었다. 이
에 대한 자세한 개관은 미국의 커뮤니케이션학자인 Jesse Delia(1987)
가 하고 있다. 이 같은 발달과정에서 간략하게 말하자면 **신문학**의 시
기와 **언론학**의 시기와 마지막으로 오늘날의 **커뮤니케이션학**의 시기로
구분된다(Glotz, 1990).

– 신문학
성능 좋은 주조 식자기와 윤전기에 의해 가능하게 된 19세기 후반의
신문과 잡지의 대규모 보급의 결과로 **신문학**이 성립되었다. 많은 나라
에서 **언론자유**가 보장되었는데 이를테면 독일에서는 검열이 1848년
임시적으로 해제된 후 1874년에 최종적으로 보장되었다. 다른 나라

예를 들어 영국과 미국에서는 언론자유가 이미 오랫동안 사회를 지탱하는 민주의 기둥이었다.

언론인의 교육을 위해 독자적인 학교가 세워졌고 커리큘럼은 학문적인 기초 하에 짜여졌다. 이러한 과제를 **신문학**이 넘겨받았다. 미국에서는 1924년에 처음으로 *Journalism Bulletin*이라는 잡지가 간행됐고, 그 후 4년 뒤에는 이 잡지의 후신인 *Journalism Quarterly*가 프린트미디어를 학문적으로 안내한다는 목표를 설정하면서 발간되었다. 독일에서는 1926년에*Zeitungswissenschaft*라는 잡지가 설립되었지만 1933년과 1945년 사이에는 국가사회주의(나치)의 이익에 순응하였다 (Pross, 2000).

– 언론학

언론학의 성립은 라디오와 영화 그리고 텔레비전과 같은 새로운 공공 미디어의 도입과 관련이 있다. 이에 의해 신문학의 대상이 여론에 영향을 미치는 가능성들에 대한 연구라는 방향으로 필연적으로 확대되었다. 공공 연설이 새로운 청각적이고 시청각적인 미디어로 전달되면서 이미 고대 그리스에서 발달된 **수사학**이 학문적 관심을 더욱 강력하게 끌게 되었다.

언론학의 다른 새로운 구성성분들에 빠르게 성장하는 작업영역인 **광고**와 **홍보**(Public Relations)가 포함된 경제가 많은 기여를 하였다. 이렇게 굉장히 넓은 응용분야가 성립하면서 1937년 미국에서는 *Public Opinion Quarterly*라는 잡지가 발간되었다. 이로써 공공 미디어 외에 사회학과 사회심리학 그리고 경영학 같은 관련학문들도 중요한 기여를 하면서 극도의 역동적인 발달이 시작되었다.

독일에서는 통합적 언론학의 경향이 1956년 **출판, 방송, 영화, 수사학, 광고, 여론형성의 학문을 위한 잡지**라는 부제를 단 *Publizistik*이라는 잡지의 성립에 의해 실천되었다. 당시 독일의 후진성은 *Publizistik*의 제1판을 보면 잘 알 수가 있는데 공동편집자인 Emil Dovifat(1956)와 Walter Hagemann(1956)은 미국의 기초적인 연구 문헌을 단 한 건도 제시하지 않고 새로운 학문으로 안내했다.

– 오늘날의 커뮤니케이션학

2차대전 후 미국에서는 커뮤니케이션 연구가 확고한 기반을 획득하는 것이 더 강화된 학제성으로의 개방에 의해서만이 도달할 수 있었다는 통찰에 의해 자극을 받으면서 빠르게 발달했다. 그 결과 1951년 *National Society for the Study of Communication*의 기관지로 *Journal of Communication*이 설립되었다. 그럼으로써 오늘날과 같은 모양의 커뮤니케이션학이 탄생되었다(Berlo, 1960; Schramm, 1963). 국제적인 연구포럼은 1978년 *International Communication Association*의 *Communication Yearbook*과 더불어 만들어졌다.

독일에서는 이러한 발전이 다른 많은 분야에서도 전형적으로 나타나는 시간적 지연과 더불어 지난 수 십 년에 걸쳐서 다양하게 성공적으로 만회되었다(Aufermann, Bohrmann & Sülzer, 1973; Beth & Pross, 1976; Merten, 1977, 1999; Schreiber, 1990; Kübler, 1994; Faßler, 1997; Kutsch & Pöttker, 1997; Maletzke, 1998). 독일 통일 후에는 특히 구동독 지역에 설치된 학과들에 의해 한층 더 강력해진 커뮤니케이션학의 역동성과 견실성을 찾아볼 수 있다(Ruhrmann et al., 2000).

오늘날의 커뮤니케이션학은 이미 언급된 발전의 기초 위에서 인간 커뮤니케이션의 **모든** 국면들을 다룬다. Charles Berger와 Steven Chaffee(1987)가 제안하고 커뮤니케이션학의 현대적 개방에 기초를 이루고 있는 연구상의 규정은 오늘날에도 아직 유효하다:

> "커뮤니케이션학은 생산과 처리과정 그리고 효과와 관련된 현상을 설명하는 타당한 일반화를 포함하는 테스트가 가능한 이론을 개발하여 상징체계와 신호체계의 생산과 처리과정 그리고 효과를 이해하기를 추구한다."(Berger & Chaffee, 1987, p. 17)

커뮤니케이션학의 미래의 발전에서는 커뮤니케이션의 모든 분야에서 제기된 요구 사항에 부응하는 분과학문을 성립시키기 위해 왔던 길을 확고하게 고수해야 한다. Siegfried J. Schmidt와 Guido Zurstiege(2000)는 커뮤니케이션학의 미래의 발전에 대한 프로그램을 제안하는데 이러한 발전을 위해 **통합**과 **학제성**이라는 원칙이 제시되어 있다:

> **통합**은 커뮤니케이션학 내부에 존재하는 상이한 단서들의 상호 조정과 관련된다.
>
> **학제성**은 개념화와 이론 그리고 방법론과 관련해서 중요한 경험을 제공할 수 있는 다른 분과학문과의 필수적인 협동작업과 관계가 있다.

이제까지의 언급에 아마도 대부분의 커뮤니케이션학자들은 동의할

것이다. 이에 반해 이러한 통합과 학제성이 어떻게 구체적으로 전개
되어야 하는지는 의견이 분분하다. 커뮤니케이션학이 어떠한 부분 영
역들로 하위구분 되어야 하고, 이론적이고 방법론적인 방향 설정은
어떻게 해야 하는가? 이러한 문제를 해결하는데 이용되는 기본적 토
대가 다음 절과 2장과 3장에서 소개될 것이다.

2) 부분 영역들

인간 커뮤니케이션은 많은 분과학문들에 의해 연구되는 대상이다. 커
뮤니케이션학은 관심 있는 모든 학문들과 협동 연구를 한다. 개별 분
과의 관찰방식들은 이러한 제휴에서 단순히 병존하는 것이 아니라 보
충적인 관계에 있는 것이다. 이러한 협동작업을 위한 **이론적**이고 **방법
론적**인 방향의 동기 외에도 또 하나의 주요동기는 **실제적** 문제의 해결
이다. 사회의 점증하는 커뮤니케이션의 복잡성은 이러한 복잡성에 합
리적인 영향을 주는 수단들에 대한 수요의 증가를 불러일으킨다
(Münch, 1991).

　　앞장에서 분명해졌듯이 커뮤니케이션학의 성립은 점점 더 확대되
는 **학제성**이 특징이다. 분과 학문의 다양성이 얼마나 되는지는
*International Communication Association*의 섹션들과 특수 관심영역
들을 일견해보면 도움이 된다:

섹션들:
-정보 체계
-개인간 커뮤니케이션

−매스커뮤니케이션

−문화간/발전 커뮤니케이션

−정치 커뮤니케이션

−교육/발달 커뮤니케이션

−보건 커뮤니케이션

−커뮤니케이션 철학

−커뮤니케이션과 기술

−대중 커뮤니케이션

−홍보

−여성학

−언어와 사회적 상호작용

특수 관심영역들:

−커뮤니케이션 법률과 정책

−시각 커뮤니케이션

−동성애자 연구, 양성애자연구, 트렌스젠더 연구

가능한 많은 부분 영역들을 실제분야에 대한 중요성을 고려해서 요약해보면 Steven Chaffee와 Charles Berger(1987)가 제안한 **개인간 커뮤니케이션, 조직 커뮤니케이션, 공공 커뮤니케이션** 차원이라는 구분이 나타난다. 이 책에서 주장하는 것 같은 인지적 단서에서는 개인간 차원과 통합되는 Steven Chaffee와 Charles Berger에 의해서도 고려된바 있는 **개인 내적인** 차원과 더불어 커뮤니케이션학의 중요한 기본영역들이 정립 된다:

"우리가 여기서 추천하는 분석의 네 가지 차원은 (1) 커뮤니케이션 활동과 관련해서 개인 내에서 발생하는 개인 내적인 차원의 과정; (2) 둘 또는 그 이상의 개인들이 연관되는 커뮤니케이션 관계가 연구되는 개인간 차원; (3) 더 넓은 일군의 개인들이 일련의 계속적 관계라는 맥락에서 연구되는 네트워크 또는 조직 차원; (4) 좀 더 광범위한 사회적 체계의 커뮤니케이션 속성과 활동이 연구되는 거시적 사회적 차원, 흔히 이러한 체계에 몸담고 있는 사람들에 관한 직접적인 언급은 없다." (Chaffee & Berger, 1987, p. 107)

이러한 기본적 영역에 현대의 발전에 중요한 영역인 **문화간 커뮤니케이션**을 추가하면 이 책의 2부 목차를 이루기도 하는 커뮤니케이션학의 다음과 같은 응용분야에 이르게 된다:

-개인간 커뮤니케이션
-조직 커뮤니케이션
-공공 커뮤니케이션
-문화간 커뮤니케이션

개인간 커뮤니케이션과 조직 커뮤니케이션 그리고 공공 커뮤니케이션이 전체사회의 커뮤니케이션체계에서의 여러 **차원**인 반면에 문화간 커뮤니케이션은 이 세 차원에 걸쳐있으며 세 분야에서의 개별 국면들을 확장시킨다.

　커뮤니케이션학이라는 공통의 지붕아래 이러한 실제에 근거하는 부분 영역들의 밀접한 협동 작업은 한편으로는 커뮤니케이션에 대한 문제제기에 대한 공통의 관심에 의해 촉진된다. 그러나 다른 한편으로는 이러한 협동 연구는 상이한 학문적 유래에 의해 부분적으로 방해받기도 한다. 따라서 커뮤니케이션학이 생산적인 발전을 계속하기 위한 중심적 문제는 이론적이고 방법론적인 범주에 대한 생각을 개발하는 것이 될 것이고, 이러한 생각으로부터 부분 영역들의 협동이 체계적인 방식으로 유도될 수가 있다. 2장과 3장에서 이에 대한 가장 중요하고 최신의 고찰들을 소개하고 토론하게 될 것이다.

● ● ● ● 1장 요약

1. 커뮤니케이션은 파트너에 근거한 인지 위에서 성립되고 파트너모델링이 포함된 인지적 상호작용으로 정의될 수 있다.

2. 커뮤니케이션학의 중요한 차원은 개인간 커뮤니케이션, 조직 커뮤니케이션, 공공 커뮤니케이션이다. 여기에 세 가지 차원에서 모두 연구될 수 있는 문화간 커뮤니케이션이 추가된다.

● ● ● ● 1장에 대한 추천 참고 문헌

Altmann, G. & Koch, W. A. (Eds.)(1998). Systems: *New paradigms for the human sciences*. Berlin: de Gruyter.

Beer, R. D. (2000). Dynamical approaches to cognitive science. *Trends in Cognitive Sciences, 4*, 91-99.

Bowers, J. W. & Bradac, J. J. (1982). Issues in communication theory: a metatheoretical analysis.*Communication Yearbook, 5*, 1-27.

Glotz, P. (1990). Von der Zeitungs- über die Publizistik- zur Kommunikationswissen-schaft. *Publizistik, 35*, 249-256.

Ruhrmann, G., Kohring, M., Görke, A., Maier, M. & Woelke, J. (2000). Im Osten was Neues? Ein Beitrag zur Standortbestimmung der Kommunikations- und Medienwissenscahft. *Publizistik, 45*, 283-309.

2장: 이론적 기초

앞장에서 도입된 커뮤니케이션 개념의 토대 위에서 커뮤니케이션의 여러 이론적인 개념을 정리할 수가 있겠나. 이릴 때 커뮤니게이션체계의 개별 부분들의 구조와 특징들이 도움이 된다. 체계의 어떤 측면을 특히 강조하고 조금 소홀하게 다루는가에 따라서 커뮤니케이션을 바라보는 다양한 시각을 얻는다. 현재 논의되고 있는 이론들을 집단별로 요약하는 교수 법적인 이유에서 권장되는 목표를 추구하다보면 체계(이론)적 시각이 제시되는데 이 시각은 **정보, 상호작용, 상황**이라는 커뮤니케이션체계의 세 가지 차원을 기본으로 간주하고 있다:

정보
커뮤니케이션에서 진행되는 정보의 전달과 처리를 여러 이론들은 어떻게 서술하는가?

상호작용
여러 이론들은 어떠한 컨셉을 가지고 커뮤니케이션 파트너 사이에 일어나는 특별한 상호작용을 연구하는가?

상황

어떠한 상황에서 커뮤니케이션이 일어나는지에 정보처리와 사회적
상호작용이 영향을 받는다는 사실에서 여러 이론들은 어떠한 방식
으로 시작하는가?

정보처리는 물론 파트너의 상호작용과 상황에 관련해서 상이한 이론
들이 다양하게 제시되어 있다(Switalla, 1976; Steinmüller, 1972;
Dance, 1982; Arnold & Bowers, 1984; Berger & Chaffee, 1987;
Littlejohn, 1992; Meggle, 1997; Wood, 1997; Auer, 1999; Schmidt
& Zur Stiege, 2000).

이론의 세 가지 차원과 그 표현들에 대한 아래의 서술에서 분명하
게 되듯이 각자는 강점도 있고 약점도 있다. 그러나 커뮤니케이션에
대한 체계적인 시각의 한 측면으로 간주된다면 소홀하게 다루어진 측
면은 전체체계와의 관련하에서 인식할 수 있으며 필요시에는 보충할
수도 있다. 경험적 연구는 항상 실재의 단면들만을 파악할 수밖에 없
고 따라서 일정한 일면적으로 치우치게 되는 것은 피할 수 없기 때문
에 이러한 일면성을 건설적인 방식으로 다루기에는 무엇보다도 체계
이론에 바탕을 둔 이론형성이 적격이다.

1. 정보

정보에 치중된 커뮤니케이션이론들의 진술은 커뮤니케이션에 참여하
고 있는 인지적 체계에 의한 정보전달의 측면에 초점을 맞추고 있다.

인지적 능력의 주요부분이 정보의 송신(Transmission)에서 찾을 수 있는지 혹은 커뮤니케이션에 관련된 지식의 **구성**(Konstruktion)에서 찾을 수 있는지에 따라서 **송신이론**과 **구성이론**으로 구분되어질 수 있다.

1) 송신

송신이론은 커뮤니케이션에 대한 일상적 견해에 깊이 뿌리박고 있다. 일상어에서 커뮤니케이션을 기술하기 위해 사용하는 많은 은유적 표현들이 이러한 입장을 지지한다는 점이 추가된다. 이러한 의견은 특히 **송신자-수신자-은유**와 **도관(導管) 은유**로 알려져 있는 두 개의 구상에 반영되어 있다.

송신자-수신자-은유는 언어적 커뮤니케이션에서 한편으로는 화자가 발화를 하고 다른 한편으로 청자가 그 발화를 받아들이고 그런 다음에 반응을 한다는 일상적으로 하고 있는 관찰에서 시작된다. 화자가 이러한 발화를 이른바 하나의 물건처럼 청자에게 전달하는 것처럼 보여 진다. "그것은 나에게 와 닿지가 않았다" 혹은 "그 점을 난 전혀 전달할 수가 없었어"라는 은유적인 말에는 바로 커뮤니케이션은 송신이라는 구상이 들어 있다. 이러한 납득할 만한 의견은 특히 방송과 같이 널리 알려진 기술적인 "커뮤니케이션"-체계는 송신이라는 토대 위에서 작동한다는 점에 의해 강력한 지지를 받는다. 이러한 기술적인 정보전달을 설명하기 위한 Shannon과 Weaver(1949)의 구상은 그러한 이유로 자주 인간 커뮤니케이션의 분석을 위해서도 전용되었다.

송신자-수신자-은유의 경우와 비슷하게 소위 **도관 은유**(Conduit metaphor)도 우리의 일상언어와 밀접하게 연결되어 있다(Reddy,

1979). 언어적 표현을 **내용**과 **형식**으로 구분하는 것은 언어와 그와 유사한 기호체계가 한쪽에서 마치 도관으로 집어넣듯이 의미를 집어넣을 수 있고 다른 쪽에서 다시 끄집어낼 수 있는 것으로 간주된다는 점을 가리킨다. 이 두 은유에는 커뮤니케이션에 대한 **기계주의적** 해석이 깔려 있다. 기호와 그 의미 사이의 의미론적 관계는 고정된 것이고 더 이상의 영향은 있을 수 없다.

송신이론이 커뮤니케이션학 연구의 토대로 자주 이용되었다는 것은 이 이론의 간편한 적용가능성과 확실히 관련이 있다. 그러나 다른 한편으로는 이 이론의 토대 위에서 소위 공공 커뮤니케이션의 영역(6장 참조)에서 행하는 **영향연구**에의 직접적인 가교가 놓여질 수 있다는 점이 그 원인이다. 이렇게 단순화하는 분석에 대한 가장 잘 알려진 예가 이른바 *Lasswell* 공식이다:

"누가 무엇을 어떤 채널로 누구에게 어떤 취지로?"

(Lasswell, 1948, p. 37)

이 공식이 공공 커뮤니케이션에 대한 많은 연구에서 고려되어야 할 요소들에 대한 구조적 지침으로 이용되기는 했지만 체계(이론)적 시각에서 커뮤니케이션을 송신으로 제한시켰다는 점은 간과될 수 없다. 커뮤니케이션 파트너의 상호작용에 대한 지적도 없으며 커뮤니케이션이 상황 속에서 좌우 될 수 있다는 점도 지적하지 않고 있다. 특히 커뮤니케이션의 인지적 측면이 소홀히 다루어지고 있다.

송신이론의 현대적 버전들은 인지적 자원 특히 전달된 정보의 완전한 처리에 역행하는 **주의력**의 강력한 제한에서 시작하고 있다. 주의력의 능력제한은 현대 인지심리학에서 역동적 작업기억(working memory)의 토대 위에서 해명하려고 시도하고 있다(Neumann, 1992). 이러한 모델에서는 **인지적 학습이론**의 틀에서 전체 처리과정이 서로 중첩되기는 하지만 **수용**단계, **기억**단계, **생산**단계로 나누어진다 (Lang, 2000):

수용

감각적으로 지각되는 정보의 작은 부분만이 처리를 계속하기 위한 목적으로 의미론적 단계로 수용된다. **주의력**의 선별기준은 부분적으로 정보 자체에 있기도 하고 수용자에게 있기도 하다. 특히 정보제공에서 변화를 표시하거나 현재 목표의 달성에 중요한 정보가 고려된다. 많은 경우에 주의력은 수용자가 능동적으로 조절하는 과정이다.

기억

의미론적으로 수용된 정보를 나중에도 이용할 수 있으려면 이 정보는 우선 **작업기억**에 수용되고 이어서 **장기기억**에 수용되어야 한다. 이 두 번째 처리단계는 수용된 정보가 상호간에 또 이미 존재하는 지식과 밀접하게 네트워크를 구성하고 있으면 더 잘 성공한다.

생산

기억에 수용된 정보는 이용되기 위해서 현재의 응용상황에서 재활성화가 되고 재구성되고 **생산되어야** 한다. 여기서도 상황과 저장된 지식 사이의 현존하는 결합의 수와 질이 이 부분과정의 성공에 본질적 기준이다.

이 단순한 모델이 개인간 커뮤니케이션, 조직 커뮤니케이션, 공공 커뮤니케이션 영역에서 적용되는 것을 보면 인지적 토대를 갖춘 이론형성이 강력한 통합력을 발휘하고 모델링의 계속적 세분화를 위한 기초를 이룬다는 것이 밝혀진다(4, 5, 6장 참조).

2) 구 성

송신이론이 커뮤니케이션을 그 본질에 있어서 정보의 계속적 전달로 파악하고 있는 반면에 구성이론은 커뮤니케이션이 커뮤니케이션 파트너에 의한 새로운 지식의 **구성**에 의해 발생한다는 의견을 주장한다. 정보의 흐름처럼 표면적으로 보이는 것은 이 입장에 따르면 정신적 사회적 실재를 창안하기 위해 이러한 정보흐름을 계기로만 삼는 본질적으로 하나의 과정이다. 이를 위해 필수적인 커뮤니케이션 파트너 사이의 구성과정의 조정은 정보의 교환을 수단으로 일어나는 것이 아니고 파트너의 일정한 기능적 **접속**에 이르게 하는 상호간의 피드백 과정을 통해 일어난다.

커뮤니케이션의 구성이론 가운데 몇몇은 송신이론의 반대 입장으로 표현되었고 부분적으로 그 이상의 이데올로기적인 이유에서 주장되었다. 이 이데올로기적 영향은 특히 이른바 **급진적 구성주의**에서 왔다. 이 인식론적 단서는 신경학자인 Humberto Maturana와 Francisco Varela로부터 결정적인 영향을 받았다(Maturana, 1982; Maturana & Varela, 1985; Varela, 1990). 이들의 중심 테제는 유추에 근거 한다: 중추신경계의 작동방식을 외부의 작용에서 유도할 수 없듯이 인간의 인식능력도 직접적으로 경험에 의해 제한되지 않는다.

이 견해에 의하면 오히려 인간의 인식에서 먼저 내부적으로 외부의
방해에 의해 유발된 구성이 문제가 되는데 이 구성은 보통 "실재"라
불리는 것과의 행동을 통하여 뒤늦게 조정된다. 자기 자신에 응용해
보면 이 입장은 모순 일뿐만 아니라 불필요하기도 하다는 것이 쉽게
나타난다(Groeben, 1995).

이 구성주의적 입장과 사회학의 "체계이론"으로 불리는 학파
(Luhmann, 1986, 1995)와의 결합도 추가되지만, 이 학파는 그러나 1
장에서 서술된 구상과는 조화되기 어렵다. 구성주의적 생각이 커뮤니
케이션학에 받아들여져서 많은 논란이 일어나기는 했지만 (Merten,
Schmidt & Weischenberg, 1994; Schmidt, 1994) Alexander Görke
와 Mathias Kohring(1996)이 밝혔고 Manfred Rühl(1996)이 일목요
연하게 확인하고 있듯이 경험적 연구에서 인정할 만한 성과가 적었다.

구성주의의 온건한 버전은 이에 반해 송신이론을 대체할 입장이
어떻게 가능한가를 좀 더 심각하게 여기고 있다. 여기에는 특히 인지
적 구성성을 이미 현존하는 지식의 토대 위에서 설명하려는 단서들이
속한다(Gastil, 1995; Sucharowski, 1996).

Jesse Delia(1977)는 무엇보다도 **해석과정** 속에서 표현되는 커뮤
니케이션 파트너의 인지적 복합성이 커뮤니케이션 능력을 규정하는
본질적 요소라고 가정 한다:

> "구성주의의 틀 내에서 보자면 해석 과정은 개인적 행동과 사회적
> 행동에 중심적인 것으로 여겨진다."(Delia, 1977, p. 75)

해석에 토대를 이루는 것은 인지적 **범주**와 **스키마**인데 이들은 개인과
그 환경의 요구 사이의 상호작용의 결과로 생겨나서 더 복잡해지고
성인나이에서는 성격특성으로 굳어지게 된다. 한 개인이 지니고 있는
여러 가지 스키마의 네트워크는 그에게 고유한 복잡성을 지닌 범주체
계와 사회적 행동을 규정하는 함축적 규칙을 형성한다. 세분화된 네
트워크를 사용하는 사람은 상황에 대한 정보와 커뮤니케이션의 과제
와 커뮤니케이션 파트너를 효과적인 전략으로 결합하는 커뮤니케이
션에 대한 능력도 소유한다(O' Keefe, 1988, 1992).

3) 체계 (이론) 적 시각 : 인지적 의의(Kognitiver Sinn)

인간의 정보처리를 단순한 송신이나 구성과 같은 일방적인 방식으로
실행할 수 있기 위해서는 너무 복잡하고 여러 가지 종류의 많은 과제
들을 해결해야만 한다. 지난 몇 년에 걸쳐서 엄청나게 진전된 경험적
연구에 의하면 커뮤니케이션에서 일어나는 인지를 단 하나의 기본과
정으로 축소하려는 이 두 방식의 시도는 거의 실패한 것이다
(Rickheit, Hermann & Deutsch, im Druck).

경험적 연구의 토대 위에서 생겨난 커뮤니케이션의 정보처리에 대
한 생각은 **운동감각론**과 **통사론**과 **의미론** 등의 하위체계들이 서로 밀
접하게 작용하는 복합적 **지식영역**들을 보여준다. 이 모든 지식영역들
은 심도 있게 상호 작용하는데, 부분적으로 단편적이고 모호하고 심
지여는 종종 혼란을 야기하는 정보를 정합적으로 처리할 수 있기 위
해서는 특히 상호작용 차원에 중요한 **화용론**과 상호 작용을 한다
(Pavitt, 1982; Kintsch, 1988; Prestin, im Druck). 다른 한편으로 환

경 체계적 시각은 여러 지식영역들 외에 항상 인지의 **감정적 과정**과 **행동 과정**을 고려해야 한다는 점을 보여준다. 오늘날 이러한 측면들이 인지를 그 중요성에서 판단해서 **의의**를 부여하는데 본질적으로 기여한다는 사실이 분명해지고 있다(Strohner & Brose, 1992, im Druck).

2. 상호작용

커뮤니케이션에 참여한 사람들의 내부적 과정에 특히 관심을 기울이는 정보 중심적 이론에 대한 보충으로 상호작용 중심적 이론들은 사람들의 관계에 많은 역점을 두고 있다. 이 관계의 특성은 실제로 현존할 수도 있고 또는 단지 정신적인 생각으로 인정될 수도 있다. 사람 사이의 관계는 두 경우에 작용을 하고 커뮤니케이션에 대한 이론형성에서 고려 되여야 한다:

> "실제로 우리 경험의 어떤 측면에 대한 생각은 어떤 주워 진 만남에서 행동에 영향을 주는 잠재력을 지니고 있다. 그러나 커뮤니케이션 결과에 가장 중요할 것 같은 생각은 인간 상호작용의 본질에 대한 생각 그 자체이다." (Knapp, Miller & Fudge, 1994, p. 13)

이러한 시각에서도 부분적으로 서로 모순 되는 두 개의 입장이 나누어질 수 있다: 하나는 참여한 개인의 **행위**의 목표가 달성될 수 있는 정도에서 상호작용은 하나의 단위를 이룬다는 의견이고, 다른 하나는 커뮤니케이션상의 상호작용은 공통된 규범의 토대 위에서 파트너 사이의 **이해**라는 시각이다.

1) 행위

커뮤니케이션 상호작용은 커뮤니케이션파트너가 서로 관련하는 활동으로 구성되어 있다. 이 관계의 그물에서 연구의 초점이 참여자의 개인적인 기여에 맞추어지면 우리는 아마도 이 측면에서 세련되지만 축소된 상호작용에 대한 분석을 얻게 된다. 커뮤니케이션 상호작용은 이러한 시각에서는 본질적으로 참여파트너들의 개별적 **행위**의 연쇄로 파악된다.

20세기 60년대에 철학자 John Austin(1962)과 John Searle(1969)에 의해 창시된 이른바 **화행론**이 특히 이러한 방향으로 진행되어 왔다. 화행론은 언어적 발화를 **언표적 행위, 언표내적 행위, 언향적 행위**라는 여러 성분들로 구성되어 있다고 보고 있다:

언어행위의 **언표적** 측면은 사태의 서술과 관련이 있다. 예컨대 '**그 개는 문다**'라는 발화에서 언급된 개는 쉽게 문다는 사실을 서술한다.

언표내적 측면은 생산자가 자신의 발화로 추구하는 특수한 의도, 이를테면 경고를 하거나, 추천을 하거나, 판단을 하거나, 설득을 하는 등과 관련 된다. 이 경우에 화자는 '**그 개는 문다**'라는 발화로써 개를 쓰다듬으려는 행동에 대해 경고를 한다.

마지막으로 **언향적** 측면은 수용자에게 미치는 후속영향, 예컨대 '**그 개는 문다**'라는 발화의 수용자가 그 개에게서 좀 더 떨어지는 것과 같은 후속영향을 기술한다.

Austin과 Searle의 제안을 바탕으로 해서 인지적 면에서 토대가 있으며 커뮤니케이션의 본질적 차원들을 고려하는 **화행유형론**이 제시될 수 있다(Pörings & Schmitz, 1999). 기본적 차원인 **정보, 상호작용, 상황**에 각각 서로 관련되는 두 개의 화행유형이 소속될 수 있다:

정보: 정보적 화행

　　단언 화행, 예컨대 서술하기, 주장하기, 의도하기;

　　의문(정보를 청하는) 화행, 예컨대 질문하기, 문의하기,

　　인터뷰하기;

상호작용: 의무적 화행

　　지시 화행, 예컨대 부탁하기, 지시하기, 권유하기;

　　위임(자신의 활동에 관련된) 화행,

　　예컨대 약속하기, 제안하기, 확언 하기;

상황: 구성적 화행

　　정표 (비공식적으로 작용하는) 화행,

　　예컨대 감사하기, 칭찬하기, 사과하기;

　　선언(공식적으로 작용하는) 화행,

　　예컨대 임명하기, 결혼식 집전하기, 판결하기.

화행론에 대한 이 같은 구분은 위의 예 **'그 개는 문다'** 같이 항상 단순한 경우들일 때 언어 행위 안에서 복잡한 사건을 분석하는데 도움이 되는 것은 분명하다. 보통 어떤 특정한 화행이 출현하고 있는지 아니

면 다른 화행이 의도되었는지를 확정하려면 참여한 커뮤니케이션 파
트너들의 상호작용 관계를 집중적으로 분석하는 것이 필요하다(von
Savigny, 1969). Peter Auer(1999)가 상담대화의 예에서 일목요연
하게 보여주듯이 화행은 전체 상호작용의 역사가 분석토대로 사
용될 때 비로소 인식될 수 있다:

> "Searle과 같은 식의 화행분석에서 목표로 하는 추상적 화행들을 위
> 해 직관적으로 다소 납득될 수 있는 조건들이나 규칙을 규합하는 것
> 은 언어사용자의 능력을 매우 불충분한 방식으로 모방하는 것이다.
> 왜냐하면 이 능력은 청자의 역할을 심히 과소평가하기 때문이다."
>
> (Auer, 1999, p. 90)

그리고 예를 들어 Siegfried J. Schmidt와 Guido Zurstiege(2000)가
시도하고 있듯이 행위이론을 여기서 사용된 **미디어**와의 관련하여 확
대하려는 제안들도 커뮤니케이션에서 파트너 모델링에 필수적인 **사
회적** 가교를 만들 수 없기 때문에 너무 근시안적이다. 따라서 상호작
용의 분석에는 양쪽의 커뮤니케이션 파트너가 포함되어야 하는데 어
떻게 그 관계를 서술하는가하는 질문이 생겨난다.

2) 이해

일반적으로 커뮤니케이션은 여러 참가자들 사이의 일정한 연결을 형
성하기 때문에 이러한 연결의 특유한 종류에 대하여 질문을 하는 것
은 당연하다. 이에 대한 하나의 대답은, 현실적으로 그렇지 못하지만

우리의 희망사항은 인간 커뮤니케이션은 하나의 **협동적** 관계라는 것이다. 이 협동적 관계에서는 참여 파트너들이 최소한 어떤 **이해**에 도달할 수 있을 때까지는 공통 목표를 추구한다. 특히 파트너들이 공통의 행위를 수행하거나 계획하는 경우에 그 진행되고 있는 커뮤니케이션은 이러한 시각에서 파악된다(Fiehler, 1980; Goodwin, 2000; Inghilleri, 2000).

이해중심 이론 주창자들의 견해에 의하면 공통의 **규약**과 그와 결부된 상호간의 사회적 **의무**가 어느 특정한 문화의 모든 구성원에게 통용되는 커뮤니케이션의 기초를 형성한다. 이러한 견해의 가장 급진적인 버전의 하나가 **다같이 연주하기**라는 은유로 표현되고 있는데, 이에 따르면 커뮤니케이션을 하는 사람들은 서로 간에 오케스트라의 단원이 하는 것처럼 유사하게 행동한다는 것이다(Schütz, 1971; Paul, 1999).

물론 이 은유의 몇몇 측면은 인간 커뮤니케이션의 **협동**과 **조정**의 분석에 유용하게 사용될 수는 있지만 커뮤니케이션에 요구되고 있는 갖가지 상호작용에 대해 너무 엄격한 지침을 제시하고 있다. 따라서 좀 덜 급진적인 단서에서 출발하는 것이 의의가 있을 것이다. 커뮤니케이션의 원칙적 협동성에서 출발은 하지만 이를 준수하지 않는 것도 동시에 고려하는 생각이 이 같은 단서에 속한다.

철학자 Paul Grice(1975)는 언어적 커뮤니케이션의 협동원리라는 틀 내에서 이해의 이상형에 대한 근거를 마련하기 위해 몇 가지 대화 격률을 확정했다. Grice에 의하면 청자들이 신뢰할 수 있는 화자가 지켜야 할 규범적 의무에는 **질**, **양**, **관련성**(*relation*), **태도**(*manner*)와 같은 범주들이 속한다.

"양:

1. ((대화)교환의 현재 목적을 위해)

(대화)기여에서 요구된 만큼의 정보를 제공하라.

2. (대화)기여에서 요구된 것보다 더 많은 정보를 제공하지 말아라.

질: 진실한 (대화)기여가 되도록 하라.

1. 잘못됐다고 믿는 것을 말하지 말라.

2. 정확한 증거가 없는 것을 말하지 말라.

관계: 관련성이 있어야 한다.

태도: 명료해야 한다

1. 불분명한 표현을 피하라.

2. 모호함을 피하라.

3. 간결하라(불필요한 장황함을 피하라).

4. 조리 있어라."

(Grice, 1975, p. 26f.)

청자가 화자에 의한 이 격률의 준수를 신뢰할 수 없는 경우에는 이해는 어려워지고 심하면 불가능하게 된다(Sarangi & Slembrouck, 1992). 예컨대 **반어적** 언어사용에서처럼 명백하고 화자에 의해 의도된 격률의 위반은 이러한 이탈에 대한 근거를 찾으라는 지시를 청자에게 준다. 그러나 그럼으로써 청자가 화자에 의해 의도된 것을 협동원리에 기초하여 이해할 수 있는 상태로 전환되는 것은 아니다. 이를 위해서는 보통 많은 수의 다른 정보들이 고려되어야 한다(Attardo, 2000; Pexman, Ferretti & Katz, 2000; Prestin, 2000).

사회철학자 Jürgen Habermas(1981)는 Grice의 커뮤니케이션 격

룰들이 특정한 커뮤니케이션 상황에 너무 밀접하게 관련되었다고 비판한다. 언어적 **이해**의 보편적 토대로 발화와 그 환경 사이에 좀 더 일반적인 관계들을 설정하기를 제안하고 있다:

> "이해는 행위에 근거하는 기제로서 상호작용 참여자들이 자신들의 발화가 제기하는 타당성에 관해 합의하는, 즉 서로 제기하는 통용성 요구를 간주관적으로 인정하는 방식으로 기능한다."(Habermas, 1981, Vol. 1, p. 148)

이 커뮤니케이션상의 **통용성** 요구를 Habermas는 발회의 **진리성, 정당성, 진실성**의 요구로 설명 된다:

> "사용된 상징 표현들의 정형성은 차지하고, 이러한 의미에서 이해에 근거하고 있는 행위자는 자신의 발화로써 함축적으로 정확히 세 가지 통용성 요구를 제기한다, 즉 진술이 참이라는 (내지는 단지 언급된 명제 내용의 존재 전제가 실제적으로 충족된다는) 요구; 언어행위가 규범적 맥락과 관련하여 정당하다는(내지는 언어행위가 충족시켜야 하는 규범적 맥락 자체가 합법적이라는) 요구; 그리고 표출된 화자의도가 발화된 것과 같이 의도되었다는 요구"(Habermas, 1981, Vol. 1, p. 149)

Habermas에 의해 구분된 이 세 가지 통용성 요구는 아주 일반적이어서 언어적 이해에 대한 포괄적인 이론에서 고려될 수 있겠다. 진리성에 대한 요구는 양쪽 커뮤니케이션파트너가 처해 있는 공통된 환경에

놓여 있는 발화에서 거론된 사태와 관련이 있다. 정당성에 대한 요구
는 발화가 언어적 이해에 타당한 규약에 적합한 것인가라는 점과 관
련이 있다. 진실성에 대한 요구는 발화가 커뮤니케이션 파트너의 주
관적 의견에 상응하는가하는 것과 관련이 있다.

Habermas는 언어적 커뮤니케이션과 커뮤니케이션 파트너 사이
의 이해의 근거와의 내적 연관성을 형성하려고 시도 한다:

> "이해는 목적으로서 인간 언어에 내재한다."
>
> (Habermas, 1981, Vol. 1, p. 387)

그러나 Habermas에 의해 요청된 이해의 준비성은 단지 여러 근거 가
운데 하나이고, 그래서 가정된 언어적 커뮤니케이션의 기본구조에서
유도될 수 없는지 하는 점은 질문의 여지가 있다(Greve, 1999).

Herbert Clark과 그 동료들은 마찬가지로 언어적 이해의 **협동적**
특성을 부각시킨 **심리언어학적** 연구자에 속한다(Clark & Carlson,
1982; Clark & Murphy, 1982; Clark, Schreuder & Buttrick, 1983;
Clark & Brennan, 1991). Clark과 그의 동료들에 의하면 생산자들은
자신들의 발화를 **청취 디자인**이라는 원리에 입각하여 구성한다. 이 원
리는 수용자의 이해과정에 효과를 미친다:

> "청자는 수신자가 공통 근거에 입각하여 화자가 의도하는 것을 완전
> 히 이해할 수 있다는 것을 믿을 만한 충분한 이유를 화자가 갖고 있
> 다고 가정할 수 있기 때문에 − 이 것이 디자인 가정이다 − 청자는
> 화자의 의미를 따라가면서 생각할 수 있다."
>
> (Clark & Murphy, 1982, p. 295)

그러나 어떻게 공통적 기초(공통 근거)가 성립하는지 그리고 이것이 통상적으로 일상에서 발휘되는지 여부는 불분명하다. 일상 대화에서는 확실한 지식보다는 대부분 무의식적 추측과 가정이 흔하게 나타난다(Lee, 2001).

Herbert Clark(1992, 1996)은 나중에 **협동**보다는 *Joint Action*과 *Joint Project*라는 개념으로 화자와 청자 사이의 **조정**을 강조한다. 말하기와 듣기는 서로 독립적인 행동이 아니라 커뮤니케이션 파트너의 공동 "프로젝트"을 형성한다. 어떤 주워진 경우에 참여자 사이에 협동적 관계가 원해지는 여부와 관계없이 언어적 행위는 반드시 각자 추구하는 목표를 달성하는 방식으로 생산자와 수용자 사이에서 조정되어 진다는 견해이다. 파트너의 반응이 예감되어지고 자신의 발화는 이에 맞추어 형성되고 또 돌아오는 피드백에서 즉시 수정되기 때문에 언어적 행위는 개별적 행동이 아니라 생산자와 수용자 사이의 조정으로 파악된다. 이 것은 Clark의 견해에 의하면 **면대면 커뮤니케이션**뿐만 아니라 인간 사이에 발생하는 거의 모든 커뮤니케이션에 해당된다:

> "언어의 기본 세팅은 면대면 대화인데 여기서 청자는 광범위한 공동 활동의 많은 단계에서 화자와 긴밀하게 작업을 한다. 다른 세팅에서의 언어도 마찬가지로 사회적이나 어느 정도 거리를 두고 조정이 개입된다. 이와 같은 사회적 특색은 많은, 아마도 대부분의, 처리 단계에서 발생하는 이해에 영향을 주는 것으로 보인다."
>
> (Clark, 1997, p. 594)

많은 경우에 커뮤니케이션으로부터 이해가 아니라 **오해**가 생겨난다는 것도 확실히 할 필요가 있다. 그 이유는 부분적으로 현존하는 이해의 근거가 잘못 전환되는 것도 있고, 부분적으로 이해의 근거가 커뮤니케이션의 갖가지 목표규정 가운데 하나라는 것도 있다. 현대의 커뮤니케이션 연구는 따라서 이해문제의 제거뿐만 아니라 특히 그 원인도 주시해야 한다(Kindt & Weingarten, 1984; Dascal, 1999; Weigand, 1999).

3) 체계(이론)적 시각 : 사회적 창발적 진화(Emergenz)

앞의 두 절에서 설명한 논거들은 행위 중심적 단서와 이해 중심적 단서가 함께 해야 인간 커뮤니케이션의 사회적 측면을 적절하게 기술하고 설명할 수 있다고 짐작케 한다. 커뮤니케이션 과정을 정보 중심적으로 조직하는 문제에서처럼 상호작용의 조직 문제에서도 체계(이론)적 시각은 이 두 이론적 극단을 서로 결합하는 대안을 제시할 수 있다.

체계(이론)적 시각에서 보면 행위 시각과 이해 시각은 동일한 방식으로 인간 커뮤니케이션의 기초이다. 개인의 인지에 관한 화용론적 측면은 이미 어린아이에게 있어서도 커뮤니케이션 파트너와 관련을 맺고 있지만 많은 행동방식에서 아직 사회적으로 적응하는 것이 부족하다. 어린아이들은 인지적 행동에서 강력한 **자기중심주의**를 보여주는데, 이 자기중심주의는 예를 들어 아이들이 복잡한 이해상황에 필요한 **시각의 전환(역지사지)**을 수행하는데 방해가 된다.

파트너모델을 서서히 구축해가면서 비로소 정신적으로 파트너의 시각을 갖게 될 수 있는 인지가 가능하게 된다. 더 이상 개인에만 근거하는 인지 차원이 아니라 **자기모델**과 **파트너모델**을 통해 **간주관적**인

세계와의 **자기지시적**이고 **재귀적** 관계를 조성하고 −원하는 경우에
는− 이해도 구성하는 인지 차원이 생성된다(Watzlawick, Beavin &
Jackson, 1967; Planalp & Hewes, 1982; Brandom, 1994). 인지적
차원에서의 이러한 사회적 창발적 진화에 의해서 새로운 특질을 지닌
행동이 창안되고, 이 특질은 전체 커뮤니케이션체계의 광범위한 **자기
지시성**으로부터 지원을 받는다(Hausendorf, 1992).

경험적으로 지지된 커뮤니케이션의 창발적 진화과정에 관한 이론
의 완성에 심리학자인 William Horton과 Boaz Keysar(1996)은
Monitoring-and-adjustment 이론으로써 중요한 역할을 했다. 이 이론
은 발화계획의 첫 단계에서는 흔히 자기중심적 시가이 우세를 보인다
는 것에서 출발한다. 두 번째 단계에서 비로소 자기중심적 시각이 경
우에 따라서는 파트너의 시각으로 확대되고 그럼으로써 이해를 위해
유용하게 된다(Keysar, 1997; Polichak & Gerrig, 1998; Bard et al.,
2000; Keysar et al., 2000; Roßnagel, 2000).

3. 상황

정보와 상호작용 외에 커뮤니케이션의 세 번째 기본적인 차원은 **상황**
이다. 상황은 정보의 전달뿐 아니라 파트너 상호작용에도 결정적인
방식으로 영향을 줄 수 있다. 1장에서 강조되었듯이 커뮤니케이션 상
황은 커뮤니케이션체계의 **환경**이다. 즉 커뮤니케이션 파트너와 전달
된 정보에 영향을 미치는 세력이다. 여기에는 직접 지각할 수 있는 환
경뿐만 아니라 진행되고 있는 커뮤니케이션에 중요한 다른 사회적 요

소들 예컨대 가정적, 조직적, 사회적 배경 등이 속한다.

이것이 개별적으로 어떻게 일어나는지에 대한 이론들의 의견은 서로 다르다. **자율적** 처리라는 입장은 특별히 언어적 정보는 우선 광범위하게 독립적으로 처리된다고 주장한다. 곧이어 두 번째 단계에서 상황에 관계를 맺기 위해서 그렇게 처리된다는 것이다. 이 입장에 반대적인 포괄적인 **맥락개념**은 정보와 상호작용 그리고 상황의 연속적인 결합을 인간 커뮤니케이션의 구성적 특질로 강조한다.

1) 자율

커뮤니케이션 정보에 대한 자율적 모델링은 특히 **언어** 영역에서 시도되었다. 언어처리가 커뮤니케이션 상황에 비교적 독립적인 것으로 서술되는 이론 모델들이 언어학의 고전적 전통에 속한다. **문법**이 이론 형성의 중심이라는 생각을 토대로 해서 정보처리에 관한 인지과학의 기본생각인 **컴퓨터은유**에 자극을 받아 언어처리는 자율적인 인지적 **모듈**에서 일어난다는 이론들이 전개되었다. 이러한 처리가 어떤 결과에 도달해야 비로소 환경의 다른 정보들도 고려된다. 정보와 상황을 분리하는 이러한 모델의 장점은 모델링의 단순함이고, 점점 더 분명해지는 단점은 타당성이 부족하다는 것이다.

그래서 **언어수용** 영역에서는 상호작용 시각이 더욱 더 지지 기반을 얻고 있는 반면에(Bever, Sanz & Townsend, 1998; Kintsch, 1998; Friederici, 1999; Glenberg & Robertson, 2000; Rinck, 2000; Prestin, im Druck) **언어생산**은 여전히 자율적 단서들이 중요한 역할을 하고 있는 연구 영역이다(Levelt, 1989). 그러나 여기에서도 과정분

석 연구의 기초 위에서 상호작용 모델들이 경향을 이루는 것을 알 수 있다(Schade, 1992, 1999; Hermann & Grabowski, 1994; Hermann, 2000). 특히 심리언어학의 현대의 단서들은 실험 연구에서 흔히 과제중심 또는 파트너중심으로 실현되는 언어처리에 상황이 영향을 준다는 것을 그 전의 서술들 보다 훨씬 더 많이 고려하고 있다(Hermann, 1982, 1985; Forrester, 1996; Graumann, 2000; Rickheit, Herrmann & Deutsch, im Druck).

2) 맥락

자율 이론은 정보에서 출발하여 상황의 영향을 기껏해야 추가적인 영향으로 인정하는 반면에, 급진적 맥락이론은 정보가 상황에 포함되어 있다는 것이 우선한다는 사실에서 출발한다. 이 단서들에서 가장 잘 알려진 것은 이미 20세기의 60년대에 나온 Marshall McLuhan(1964)의 **미디어이론**이다. 그는 "The medium is the message"와 같은 슬로건으로 주의를 끌었다. 연구자들의 의견에 의하면 이 같은 테제와 결합된 예컨대 TV시청에서 방송의 내용과는 상관없이 수용태도의 일정한 수동성이 촉진된다는 함의는 그 후의 연구에서는 극단적으로 많이 TV시청을 하는 사람들에게만 적용된다는 것이 확인되었다(Huston & Wright, 1998). 6장에서 분명해 지듯이 일반적인 미디어효과 외에 중요한 방식으로 수용자에게 작용하는 것은 미디어에 의해 운반되는 정보라는 것이다.

　커뮤니케이션은 포괄적 조건들에 좌우되어 심하게 변화된다는 일상적 경험에서 맥락이론은 출발한다. 그래서 예를 들어 사회학적 단서인 **민족방법론**(*Ethnomethodology*)은 대부분 자명한 것으로 받아들이고 있는 일상세계의 구조를 밝히려는 것을 목표로 삼고 있다. **다큐멘트 해석**이라는 방법으로 특정한 행동에 토대가 되는 **문화적** 모형을 드러내려고 시도한다. 모든 언어적 발화는 그러한 모형의 다큐멘트로 간주된다. Harold Garfinkel(1967)은 행동과 기저에 깔려있는 모형 사이의 기호적 관계를 **지표성**이라는 말로 그 특징을 나타내고 있다. 그 경우 개별적인 행동방식은 모형을 가리키며 그럼으로써 그 모형을 분명히 드러낸다. 이러한 커뮤니케이션상의 전달은 다음과 같은 경우에 이해를 촉진하는 특성을 획득한다. 즉 행동의 뜻을 상대방이 인식할 수 있게 만드는 것이 상호간의 파트너모델을 통해 전달된 **재귀성**에 의해 파트너들에게 가능하게 되는 경우에 그러하다(Weingarten & Sack, 1979; Antos, 1999).

비슷한 방식으로 Dell Hymes와 John Gumperz(1972)도 **커뮤니케이션 인종지**(*Ethnography*)와 George Herbert Mead가 칭시한 소위 **상징적 상호작용주의**(*Stryker, 1976*)라는 단서에서 커뮤니케이션 상호작용은 사회적 환경에서 연구하여야 한다는 의견을 밝혔다. Jürgen Habermas(1981)에 의한 소위 **삶의 세계** 분석도 많은 가치 있는 세분화에 기여했다. 특히 John Gumperz(1982)는 이른바 **맥락화**라는 현상을 연구했는데, 커뮤니케이션 파트너들이 자신들의 (대화)기여로 각각의 상황에 반응하는 것뿐만 아니라 그럼으로써 이 상황을 스스로 만들어 내거나 의미 있게 변화시키는 가능성에 대한 연구이다(Auer & di Luzio, 1992). **담화분석**이라는 현대적 단서와 유사한 생각들은 이러한 자극을 받아들여 대화과정과 맥락 변인들과의 상호작용에 대한 자세한 개념화를 구축하였다(Nofsinger, 1991; Tannen, 1993;

Ehlich, 1994; Feilke, 1994; Psathas, 1995; van Dijk, 1997; Hutchby & Wooffitt, 1998; Brünner, Fiehler & Kindt, 1999).

실험을 하는 연구에서도 최근 몇 년간 더욱 맥락 영향에 주의하게 되었다(Waldron & Cegala, 1992; Waldron, 1995). 예를 들어 실험에서 조절된 커뮤니케이션이냐 혹은 조절되지 않은 커뮤니케이션이냐에 따라서 커뮤니케이션의 과정과 결과가 구분될 수 있다. 따라서 실험의 계획에서 이미 **환경적 타당성**에 신경을 써야 하고 실험의 외부에 있는 삶의 세계로의 **전달**(Transfer)이라는 문제에도 주의해야 한다:

> "최소한 우리는 우리의 연구 맥락이(어떻게 개념화되었건 간에) 우리가 발견한 것을 적용시키는 맥락과 조화가 되는 정도까지는 생각할 필요가 있으며 그리고 맥락을 직접 연구해서 맥락(어떻게 개념화되었던 간에)에 관해서 더 많이 배울 수 있을 정도로는 생각할 필요가 있다."(Knapp, Miller & Fudge, 1994, p. 13)

이 요구는 쉽지 않은 과제이다. 방법론적이나 이론적이나 지금까지 만족하게 해결되지 않았다. 위에 언급된 많은 단서들에서 맥락개념은 직접 처리되는 정보에 속하지 않는 모든 요소들이 수용되는 저장장소로 이용된다. 여기에 언어적 맥락과 마찬가지로 참여자의 인지적 능력과 외부 상황의 영향도 속한다(Harris, 1988; Akman, 2000). 이 같이 처리하는 방식의 위험은 영향 영역의 체계적인 차이가 쉽게 시야에서 벗어나는 것과 정보와 상호작용 그리고 상황이라는 차원들 사이의 경계선이 불분명해진다는 것이다. 때문에 이론적 모델링을 위해서뿐만 아니라, 실제를 위해서도 중요한 것은 여러 가지 영향권들을 분

리하고 환경요소들을 분명하게 상황으로 밝히는 것이다. 정보와 상호
작용 차원에서처럼 상황차원에서도 환경체계적 개념화를 통해 필연
적인 명확성에 도달하는 좋은 기회가 있다.

3) 체계(이론)적 시각: 커뮤니케이션 환경체계

어떠한 방식으로 인간 커뮤니케이션이 각각의 상황과 결합하는가하
는 질문에 급진적으로 자율적인 견해로도 대답이 안되고, 급진적으로
맥락적인 견해도 대답이 되지 않는다. 자율적 단서는 커뮤니케이션의
상황적 유연성을 다룰 수 있기에는 너무 경직돼 있고, 맥락적 단서는
이에 반해 정보와 상호작용 그리고 상황 차원의 상이한 작용방식을
설명할 수 있기에는 불분명하다. 때문에 상황의 분석에서도 이 같은
극단적 입장들을 서로 결합하는 해결책이 요구된다.

상황의 자율성과 통합의 문제에 대한 해결책은 정보와 상호작용
그리고 상황이 분리된 단위로 기능하지만 동시에 서로 밀접하게 관련
을 맺고 있다는 구상에서 찾을 수 있다는 것이 우리의 신념이다. 체계
(이론)적 시각이 **커뮤니케이션 환경체계**에 대한 생각을 제공한다. 이
환경체계에서는 생물학적 환경체계에서의 생물과 환경의 체계적 결
합에 영향을 받아 커뮤니케이션 층위에서 상응하는 사회적 체계형성
이 개념화되고 경험적으로 연구된다(Finke, 1983; Fill, 1992, 1996;
Backes, 1995; Finke & Strohner, im Druck).

1장과 이 장에서 윤곽을 제시한 것처럼 환경체계적 개념화의 장점
에는 무엇보다도 다음과 같은 측면들이 속한다:

전달된 **정보**와 **상호작용** 그리고 **상황**에 의해 제한된
인지적 **처리 차원**들의 구분,

그 때 진행되는 **역동성**의 고려,

이 과정의 **진화론적** 토대에 대한 주의.

현대 커뮤니케이션 체계의 **미디어적** 전개에서 특히 인지적이고 사회적 그리고 기술적인 측면들도 환경체계적 시각에 속한다(Jackson, 1996).

커뮤니케이션 상황에 대한 이러한 환경론적 시각에서 출발하면서 **경제적** 요소들의 영향도 고려되어야 한다(Habermas, 1981). 특히 사회적 **권력**과 연관되는 모든 측면들은 인간 커뮤니케이션의 포괄적 조건을 이루고 있다. 이에 대해 Pierre Bourdieu(1980, 1982; Robbins, 2000)는 **언어적 시장**이라는 개념으로 지적한다. 이 입장에 따르면 인간 커뮤니케이션도 하나의 경제적 교환이다. 이 교환에서 생산자는 특정한 커뮤니케이션 시장에서 물질적이나 사회적 혹은 정신적 목표들을 달성하기 위해 자신의 언어적 능력을 투입(input)한다. 투입(input)된 능력은 시장경제에서의 투자된 자본에 해당한다. 이에 의하면 경제 분야에서처럼 커뮤니케이션 영역에서도 모든 시장 참여자들이 따르는 시장의 법칙이 통용된다. 이 책의 2부에서 분명해 지듯이 개인 간 층위에서뿐만 아니라 조직 층위와 공공 층위에서도 커뮤니케이션에 대한 상황의 강력한 영향이 확인될 것이다.

● ● ● ● **2장 요약**

1. 전달된 정보의 처리에 관련하여 송신이론과 구성이론이 논쟁을 하고 있고, 반면에 환경체계적 시각은 송신과 구성의 결합을 통해 인지적 의의의 구성을 하기 위해 노력하고 있다.

2. 커뮤니케이션 상호작용은 행위이론이나 이해이론 하나만을 통해서는 설명될 수 없고, 인지적 체계 층위와 사회적 체계 층위와 그럼으로써 행동과 이해 사이의 체계(이론)적 창발적 진화 관계에 의해 설명될 수 있다.

3. 커뮤니케이션에 대한 상황의 영향은 환경체계적 배경에서 가장 잘 파악될 수 있다. 자율 이론뿐만 아니라 맥락 이론도 이에 대해 충분하게 세분화되지 않았고 이러한 과제에 필수적인 개념적 명확성을 갖추고 있지 않다.

2장에 대한 추천 참고 문헌

Auer, P. (1999). *Sprachliche Interaktion: Eine Einführung anhand von 22 Klassikern.* Tübingen: Niemeyer.

Fill, A. (Ed.)(1996). *SprachÖkologie und Ökolinguistik.* Tübingen: Stauffenburg.

Keysar, B. (1997). Unconfounding common ground. *Discourse Processes, 24,* 252-270.

Lee, B. P. H. (2001). Mutual knowledge, background knowledge and shared beliefs: Their roles in establishing common ground. *Journal of Pragmatics, 33,* 21-44.

Prestin, E. (2000). *Ironie in Printmedien.* Wiebaden: Deutscher Universitätsverlag.

3장 : 방법론적 기초

어떤 학문에 대한 방법론적 고찰은 이론적 근거와 연계하여 관찰된다. 2장에서 제시된 **학제성**과 **통합**이라는 이론적으로 정초된 목표에서 출발하면서 이러한 지침은 커뮤니케이션학의 방법론에서도 고려되어야만 한다. 여기에다 2장에서 **정보**와 **상호작용** 그리고 **상황**이라는 커뮤니케이션 차원과 관련하여 윤곽을 제시했던 것처럼 환경체계적 개념화로부터 생겨난 요구들이 더해진다. 여기에서 도출된 방법론에 대한 몇몇 결론을 이 장에서 다루려 한다.

커뮤니케이션학의 방법론은 서로 밀접하게 관련되는 **연구**와 **응용**에 대한 다양한 방법들을 포함하고 있다. **연구방법**들은 학문적으로 정초된 커뮤니케이션에 관한 지식을 이용하게 하는 것을 목표로 삼는다. 이 지식은 **응용방법**들의 도움을 받아 두 영역 사이에 합리적인 관계가 구축될 수 있도록 실행되어 진다.

실제에서는 시간직인 압박과 여러 조직적이고 재정적 그리고 다른 포괄적 조건들의 제약 하에서 행동할 수밖에 없기 때문에 연구방법과 응용방법의 실천은 흔히 참여자의 **주관적인** 판단에만 맡겨져 있다. 그 결과의 하나가 학문적으로 충분히 확인되지 않은 **조언도서**의 범람이다(Jendral, 1998; Märtin, 1998; Bergmann, 1999). 학문은 응용에 훨씬 더 중심을 두는 연구를 통해 이러한 주관성이 최소한 부분적이나마 늘 객관적인 성과에 의해 보충되고 확인되는 일에 기여할 수 있다(Broom & Dozier, 1990; Merten & Teipen, 1991; Brünner, Fiehler & Kindt, 1999; Lipsey & Cordray, 2000).

1. 연구

커뮤니케이션학의 다양한 대상과 응용가능성에 부응하여 커뮤니케이션학은 방법에 관한 풍부한 레퍼토리를 지니고 있다. 유감이지만 이것은 어느 특정한 문제제기에 적절한 방법이 그 자체로 생겨난다는 것을 의미하지는 않는다. 어느 특정한 연구에 들어맞는 방법을 찾을 때에 특히 방법과 추구하는 **연구목표**와의 의존성을 고려하여야 한다.

1) 연구목표

모든 연구방법들이 모든 **목표**에 동일한 정도로 적합한 것은 아니다. 때문에 방법을 선택하기 전에 연구의 목표와 방법이 정확하게 정해지고 명시적으로 표현되어야 한다. 사건들에 대한 학문적인 설명을 위한 중요한 단계는 **가설**을 설정하는 것이다. 이 때 **가설**을 **생성하는** 방법과 **가설을 검토하는** 방법으로 나눌 수 있다:

가설 생성 방법은 결과로서 변인들에 관한 연관성에 대한 가설의 설정을 추구하는 모든 과정들을 포함한다. 그럼으로써 우선 무엇보다도 이러한 변인들의 특질이 밝혀지기 때문에 이 방법들은 일반적으로 **질적 절차**라고 불린다.

연구의 관심이 어느 특정한 가설이 맞는 것인지 아닌지를 알아보는 것이라면 **가설 검토 절차**가 사용되어야 한다. 이를 위해 대부분 양적 데이터가 활용되기 때문에 **양적 절차**라고 말한다.

방법과 학문 목표와의 이러한 관계는 그러나 어느 하나의 방법이 다른 방법보다 가치가 덜하다는 식으로 이해되어서는 안 된다. 오히려 실제 중심적 커뮤니케이션학은 이 두 방법이 서로 보충하는 방식으로 사용되어 질 경우에 복잡한 대상에 더 잘 접근할 수가 있다(Ellis & Donohue, 1986; Pemerantz, 1990; Schegloff, 1993).

양적 절차는 질에 대한 고려 없이는 지장을 받고, 질적 절차는 양적 판단 없이는 지장이 있지만 이 두 방법집단은 여러 차원으로 나뉜다. 이 차원들 가운데 가장 중요한 차원은 **객관성, 신뢰성, 타당성**이라는 **준거**와 **연구의 디자인**과 **신빙성** 그리고 특히 **이론형성**이다(Smith, 1988; Wimmer & Diminick, 1991):

양적 연구의 중요 목표의 하나는 **객관적인** 방식으로 즉 각 연구하는 사람에 좌우되지 않는 결과를 얻는 것이다. 이 목표를 이루기 위해 여러 사람에 의해 사용될 수 있는 연구방법들을 개발하는데 가장 큰 가치를 두게 된다. 대부분의 질적 연구가 객관적인 진술을 추구함에도 연구자들은 얻고자 하는 정보를 획득하기 위해 온 개성을 대해 연구과정에 참여한다. 이로부터 마침내 모든 사회과학적 방법에 들어있는 질적 방법의 완전히 해결될 수 없는 딜레마가 생겨 난다. 어느 한 방법이 객관적이면 객관적일수록 표면에 머무를 위험이 더 커진다; 주관적이면 주관적일수록 그 결과는 더 흥미는 있으나 일반화되기에는 더 적절치 못하게 된다.

추구되는 **객관성**의 연관성에서 양적 연구에서는 사용자와는 독립적으로 활용될 수 있는 측정도구들이 사용된다. 특히 이 도구들은 반복해서 사용될 수 있어야 하고 가설에서 특징을 이루는 것을 측정해야 한다. 이러한 추가적인 품질 준거는 **신뢰성**과 **타당성**이라고 불린다. **타당성**은 여기에서 무엇보다 상이한 연구에서의 반복되는 **타당성**을 말한다. 양적 연구에서 세 가지 준거 모두가 최고로 중요한데 반해 질적 연구의 연구자들은 특히 연구의 타당성에 가치를 두고 있다. 이들에게 특별히 중요한 것은 소위 **환경적 타당성**인데 즉 연구는 가능한 한 삶의 세계의 세팅과 관련을 맺어야 한다는 것이다.

양적 절차를 응용하는 계획에서는 **연구의 디자인**은 고려되지 않은 사건을 가능한 한 배제할 수 있기 위해 자료수집 전에 자세히 표현된 가설의 기초에 정확하게 충실해야 한다. 이러한 요소들은 질적 연구에서는 보통 방해요소로 간주되지 않고 경우에 따라 연구대상과 관련된 특징이라는 암시로 간주되기 때문에 이러한 엄격한 분리는 질적 연구에서는 필요하지 않다.

양적 연구는 가설에서 고려되는 변인들만을 관찰하기 때문에 경우에 따라 등장하는 다른 측면들은 가능한 배제하거나, 그렇지 못한 경우에는 이 측면들을 관찰되는 영역에 골고루 배분하도록 노력한다. 연구대상에 대한 이러한 영향을 질적 연구는 거부한다. 왜냐면 질적 연구는 그 대상을 **신빙성**을 보장하기 위해 가능한 영향을 받지 않는 상태로 관찰할 수 있도록 노력하기 때문이다.

양적 연구와 질적 연구의 기본적인 차이는 학문에 있어서 중심적인 문제인 **이론**의 형성에 대한 관계이다. 양적 연구는 이미 존재하는 이론 또는 그로부터 파생된 진술들을 가설을 기초로 해서 지지하거나 논박하는 반면에, 질적 연구는 연구의 과정에서 나오는 해석을 기초로 하여 이론을 개발하려고 시도한다.

이제 가설을 생성하는 질적 방법유형과 가설을 평가하는 방법유형이 본질적 차원과 관련하여 특징이 서술되었고 앞으로는 이 두 방법유형의 개별적인 실현을 소개하고자 한다.

2) 질적 방법

질적 방법은 연구되는 대상의 특색을 인식하는데 이용되는데 이러한 기초 위에서 관련되는 요소들 사이의 있을지도 모르는 연관성에 대한 추측을 표현하고자 한다(Denzin & Lincoln, 1994; Flick, 1995; Heinze, 1995; Becker-Mrotzek & Meier, 1999; Kindt, 1999; Kuckartz, 1999; Wagner, 1999; Alvesson & Kärreman, 2000). 이

방법은 무엇보다 **관찰**과 **여론조사** 그리고 이에 이은 획득된 자료에 관한 **해석**을 포함하고 있다.

– 관찰

공개 관찰에서는 연구 시작 전에 연구대상이 되는 사람들에게 자신들의 행동방식이 학문적 목적으로 관찰된다는 것을 통지한다. 물론 그렇게 하면 행동방식이 다소 심하게 변화되고 따라서 대상을 가능한 영향이 미치지 않은 상태에서 파악하려는 질적 방법의 목표를 전적으로 이불 수 없게 된다는 결과가 있을 수 있다. 다른 한편으로 **비밀 관찰**에서는 일정한 윤리적 문제가 발생하는데 이는 관찰되는 사람들에게 관찰이 끝난 후에 알려주고 결과의 사용에 대한 허락을 받아내는 것으로 부분적으로나마 완화될 수 있다.

연구자들이 자신들이 관찰하고자 하는 활동에 스스로 참여하면 참여하지 않은 경우에는 가능하지 않은 많은 것을 가까이 그리고 몸소 체험하는 장점이 있다. **참여 관찰**의 명백한 단점은 그러나 그와 결합된 더 큰 주관성이다. 관찰되는 활동에 개입하지 않으려는 연구자들도 이른바 **관찰자 딜레마**를 전적으로 피하지는 못 한다: 관찰자가 같이 있다는 것은 관찰되는 사람들의 사회적 행동을 의식적이나 무의식적으로 변화시킨다.

– 설문 조사

설문 조사는 **구술**이나 **필기**로 실시될 수 있다. 정보 획득에 있어서 특히 중요한 형식은 **자유로운** 형식이나 **구조화된** 형식으로 실시될 수 있는 **인터뷰**이다(Friedrichs & Schwinges, 1999). 자유 인터뷰의 예는

이야기체 인터뷰인데 여기서는 서두의 중심 질문을 통해 좀 긴 주요 이야기가 유인된다. 인터뷰하는 사람은 이 국면에서는 엄격하게 **청자 역할**에 제한하여 머물고 정보제공자가 이야기가 끝났음을 명백하게 알리기까지 이 역할에 상응한 이야기를 지원하는 수용 신호를 보낸다. 구조화된 인터뷰에는 이른바 **지도(가이드) 인터뷰**가 속하는데 여기서는 인터뷰하는 사람에 의해 특정한 범위의 질문이 제기되고 이 질문에 상세하게 대답이 있게 된다.

– 해석

관찰과 설문 조사를 통해 그리고 가능한 이에 이은 전사를 통해 데이터베이스가 만들어 진 다음에, 다른 여러 결론을 이끌어 내기 위해 자료에 대한 일정한 진술들이 다듬어져야 한다. 이것은 **해석**이 해야 하는 과제인데 이에 대해 객관성과 신뢰성 그리고 타당성을 높이기 위해 지난 몇 년에 걸쳐 탄탄하게 이론적이고 방법적으로 확정된 토대가 갖춰져 있다(Busse, 1992; Kindt, 1999).

　뒤에서 분명해 지듯이 그러나 양적 방법들도 일정한 해석 없이는 지장을 받게 된다. 때문에 이 방법들에 대한 해석의 품질이 확보되는 것이 절대 필요하다.

3) 양적 방법

주로 양적 방법으로는 연구대상의 질적 특성들을 알려고 할뿐만 아니라 이 특성 가운데 몇몇과 관련하여 그밖에 그 양적 형성도 획득하려고 노력한다. 양적 자료가 지니는 큰 장점은 여러 무작위 추출 견본 사이에 등록된 차이의 중요성을 정하기 위해 양적 자료에 **통계적** 절차가 이용될 수 있다는 것이다. 커뮤니케이션학의 중요한 양적 방법은 **실험, 설문 조사, 내용 분석, 이용 측정**, 마지막으로 이러한 방법들의 **추적연구**로의 발전이 있다.

– 실험

연구실 실험의 목표는 소위 독립 변인들의 통제된 도입을 통해 특정한 행동방식 즉 **독립 변인들**에 대한 그 작용을 인식하고 그럼으로써 이 두 변인 유형 사이의 **인과관계**를 평가할 수 있게 하는 것이다. **환경적 타당성**을 실험에서 확보하기 위해 소위 **현장 실험**이 가능한 실제의 세팅에서 실시되지만 관련 변인들에 대한 완벽한 통제를 항상 허용하지는 않는다(Rickheit & Strohner, 1993).

– 설문 조사

설문 조사는 특히 특정 집단을 대표하는 피설문자 무작위 추출 견본의 **태도**와 **행동의도**에 관한 연구에 이용된다. 연구대상의 배경에 대한 질문을 고려하는 정도에 좌우되어 **기술적** 설문조사와 **분석적** 설문조사로 구분된다(Hüfken, 2000; Kirchhoff et al., 2000; Porst, 2000).

– 내용 분석

내용 분석의 목표는 개별적인 혹은 많은 부분 정보들 예컨대 기호, 단어, 그림이 양적으로 평가되면서 커뮤니케이션된 정보에 대한 무엇인가를 알게 되는 것이다. 이 방법은 비교적 용이하게 실시될 수 있는 반면에, 정보의 특질로부터 제한적으로만 그 특질과 관련 있는 커뮤니케이션 참여자들의 인지적 과정이 추론될 수 있다는 점이 분명한 단점이다(Merten, 1995; Titscher et al., 1998).

– 이용 측정

공공 미디어에 대한 이용 측정은 지난 몇 년간 꾸준히 개선되어 왔고 오늘날 표준조사뿐만 아니라 특별한 수용 집단 또는 특별한 방송프로그램을 정확하게 조사하기 위해 개인적 성향에 맞추어진 분석도 가능하게 한다(Gleich, 1996; Müller, 1997, 1998; Berger, 1998). 중요한 추가 정보는 **언어적 반응**과 **생리적 반응**의 조사에서 생겨날 수 있다(Grimm, 1997; Mangold et al., 1998; Vitouch, Tinchon & Jansch 다, 1998). **프린트 미디어**에서는 판매된 **발행부수**의 양이 이용 지표를 나타내듯이 **전자 미디어**에서는 객관적인 이용 지표가 부재하기 때문에 그 자리에 다른 지표가 자리를 차지한다: **시청률**. 시청률을 통해 광고시간에 대한 가격이 계산되고 이를 통해 민영방송에 중요한 수입원이 정해진다. 때문에 시청률은 방송국과 광고주 그리고 연구에서도 높은 관심을 끌게된다.

– 추적 연구

지금까지 서술된 양적 방법은 어느 특정한 시점에서의 사람이나 정보에 대한 상태나 변인 관계를 조사하는 반면에, 추적 연구는 추가적으로 변인들의 시간적 변화의 차원도 해명한다. 커뮤니케이션 연구의 많은 실제적 응용에서는 커뮤니케이션의 여러 측면의 변화가 관심의 중심에 있기 때문에 추적 연구는 가치 있는 많은 정보를 제공한다. 추적 연구는 하지만 지금까지 언급했던 다른 방법들보다 더 많은 시간이 요구되는 것이 가장 중요한 단점이다. **트렌드 연구, 코호트 연구, 패널 연구** 등 세 가지 종류의 추적 연구가 구분 된다:

> **트렌드 연구**에서는 어느 집단의 대표성을 갖는 여러 무작위 추출 표본을 여러 시점에서 연구한다. 예를 들면 선거를 앞두고 정당 선호도의 전개양상을 규정하기 위해 사용된다.

> **코호트**는 특정 집단의 구성원을 말하는데 예컨대 같은 년도에 태어난 사람들이나 같은 해에 학교에 입학한 사람들 또는 같은 해에 군에 입대한 사람들을 말한다. 이들은 이런 사실에 입각하여 유사한 외적 영향에 노출되어 있다. 이러한 여러 코호트의 전개과정을 서로 비교하면 **코호트 연구**라고 한다.

> 마지막으로 **패널 연구**는 동일한 사람이 여러번 잇따라 설문조사를 받는 것이다.

이미 강조한 바와 같이 문제 제기에 따라 이 모든 양적 방법들은 질적 방법에 의해 준비되거나 보충되어 진다. 중요한 것은 항상 결정의 준거가 정확히 세밀하게 확정되어야 하고 방법의 실시가 상세하게 기록되어야 하는 것이다(Wimmer & Dominick, 1991).

2. 응용

커뮤니케이션학의 응용 방법들은 실제에서 커뮤니케이션의 연구와 영향이라는 틀 안에서 여러 가지 제기된 과제들이 다루어지는 절차들 이다. 응용 방법들의 학문성을 보장하기 위해 위에서 서술된 연구 방 법들이 당연히 응용 방법들의 토대를 이룬다(Grunig, 1992; Ferguson, 1994). 일목요연한 **기록**이 기초를 이루는 이러한 응용 과 제에는(C. Weiß, 2000) **기획, 상담, 컨설팅, 평가** 그리고 특히 **최적화**가 속한다.

지난 몇 년간에 걸쳐 기업과 언론 그리고 행정관서와 기관들의 커뮤 니케이션 활동이 경솔한 효과라는 위험을 줄이기 위해 충분히 **기획 되어야** 한다는 점이 더 분명하게 되었다. 기획을 가능한 포괄적으로 하기 위해 해당 조직의 모든 층위와 모든 잠재적 파트너를 기획에 포함시켜야 한다(Kaufmann, 1992; Redding & Catalanello, 1994). 좋은 기획은 초기 **브레인스토밍**(*brainstorming*)부터 가능한 실제에 가까운 상황에서의 상세한 **기획게임**에 이르기까지 일련의 국 면들을 포함하고 있고 관련 사항들에 대한 충분한 **리서치** 위에 서 있 다(Haller, 1989).

공공 조직과 영리 조직은 일반적으로 전문가가 아닌 사람들에게 커 뮤니케이션 업무를 위임하기 때문에 전문적인 **상담**에 의한 지원에 의존하고 있다. 이 상황에서 커뮤니케이션학에 여러 가지 새로운 직 업의 가능성과 연결되는 다양한 과제가 주워 진다(Dozier, Grunig,

1995; Brünner, Fiehler & Kindt, 1999).

공공 조직과 영리 조직에서의 의사결정을 준비하기 위해 많은 경우에 관련 기관과 전문가의 상세한 **컨설팅**이 필요하다. 컨설팅의 대부분은 기획하고 실시하고 평가하는 등의 여러 커뮤니케이션으로 구성되어 있다(Ferguson, 1998).

실시된 프로그램에 대한 자세한 **평가**는 이뤄 낸 성과에 대해 그 장점과 약점으로 해명만 하는 것이 아니라 미래의 계획에 대한 탄탄한 토대를 제공해 준다. 특히 평가는 학문적 연구에 이르는 자연적 교량 역할을 한다(Fink, 1993; Lipsey & Cordray, 2000).

기획과 연관된 평가의 토대 위에서 커뮤니케이션 과정의 **최적화**는 커뮤니케이션학 응용의 가장 중요한 목표 가운데 하나이다. 최적화의 준거는 다양한 조합으로 정보와 상호작용 그리고 상황의 차원에 관련되고 참여자 모두와 조율되어야 한다(Diekhans et al., 2000).

기획, 상담, 컨설팅, 평가의 영역에서 이러한 능력을 갖추고 있는 커뮤니케이션 실무자는 개인간 커뮤니케이션, 조직 커뮤니케이션, 공공 커뮤니케이션, 문화간 커뮤니케이션의 전 영역에서 활동한다. 급변하는 요구에 대응하기 위해서는 이 사람들은 한편으로는 이론과 방법에 대한 탄탄한 기초지식을 소유하여야 하며, 다른 한편으로는 기초지식의 실제적 응용과 관련하여 일련의 추가적 능력도 보유하여야 한다 (Dulisch, 1998; Meckel, 1998; Moss, 1998; Wannewitz, 1999). 이 모든 부분 영역들에서 **커뮤니케이션 기술**의 투입도 점점 더 중요해지고 있다.

커뮤니케이션 영역에서 전문가에 대한 수요가 늘어나는 것에 발맞춰 이 수요에 부응할 수 있는 교육과정이 요구되고 있다는 것은 더 명확해 지고 있다. 커뮤니케이션학이라는 **전공**은 언급된 업무분야의 모든 영역들을 이론적이고 방법적인 토대뿐만 아니라 실제적인 응용이라는 면에서도 충분하게 고려하여야 한다. 이는 졸업생들에게 탄탄하고 넓은 기초지식을 전달할 수 있기 위해서이다. 이러한 교육의 중요한 목표의 하나는 이같이 급변하는 분야에서 낙오되지 않기 위해 지식을 항상 광범위하게 보충하고 새로운 방법과 기술을 익히려고 준비하는 것이다.

▫ ▫ ▫ ▫ 3장 요약

1. 연구 방법은 가설 생성 절차와 가설 검토 절차를 포함하고 있는데 이 절차들은 연구 과정의 상이한 목표와 국면에 속한다. 이 때문에 이른바 질적 방법과 양적 방법은 서로 강력하게 관련 되여야 한다.

2. 응용 방법은 학문적 인식의 토대 위에서 실제를 다룰 수 있도록 하는데 이용된다.

▫ ▫ ▫ 3장에 대한 추천 참고 문헌

Brünner, G., Fiehler, R. & Kindt, W. (Eds.)(1999). *Angewandte Diskursforschung* (2 Vol.). Opladen: Westdeutscher Verlag.

Flick, U. (1995). *Qualitative Forschung: Theorie, Methoden, Anwendung in Psychologie und Sozialwissenschaft.* Reinbeck: Rowohlt.

Schegloff, E. A. (1993). Reflections on quantification in the study of conversation. *Research on Language and Social Interaction, 26,* 99-128

Wannewitz, B. (1999).*Geisteswissenschaftler in der Wirtschaft: Ein integratives Modell zur Verbesserung der Berufseintrittschancen.* Wiesbaden: Deutscher Universitäts-Verlag.

Wimmer, R. D. & Dominick, J. R. (1991). *Mass media research: An introduction.* Belmont, CA: Wadsworth.

2부 실제적 응용

- 개인간 커뮤니케이션
- 조직 커뮤니케이션
- 공공 커뮤니케이션
- 문화간 커뮤니케이션

ÖFFENTLICHE EBENE

ORAGANISATIONALE EBENE

NTERPERSONASE EBENE

4장: 개인간 커뮤니케이션

개인간 커뮤니케이션은 이인 관계 또는 더 큰 집단에서 발생하는 **개개인**의 상호작용과 관련되는 커뮤니케이션의 층위이다. Joseph Cappella(1987)가 제안한 개인간 커뮤니케이션에 대한 특징묘사가 *Handbook of Interpersonal Communication*(Knapp & Miller, 1994)에서 구상의 토대로 사용되고 있다:

> "기본적 주장은 간단하다. 개인간 커뮤니케이션이 어떠한 본질적 자질을 지닌다면 그것은 사람들이 행동의 보통 기준보다 훨씬 더 다른 사람의 행동에 영향을 미친다는 것이다." (Cappella, 1987, p. 228)

Cappella 자신이 **최소주의적**이라고 지칭한 이 서술이 본질적으로 말하고자하는 바는 사람들이 서로간에 영향을 준다는 것과 관련이 있다. 이를 설명하기 위해 인지적 경향의 커뮤니케이션학자 Dean Hewes와 Sally Planalp(1987)는 서로 관련될 수 있는 커뮤니케이션 파트너의 **지식**에 의해 이루어지는 개인간 커뮤니케이션의 과정에서의 **간주관성**의 역할을 강조한다. 1장에서의 커뮤니케이션에 대한 정의에서처럼 Cappella의 특징묘사에서도 방법적 이유에서 나타나는 행동에서 있을 수 있는 의도성에 대해서는 아무것도 말하지 않고 있다. 그러나 이러한 함축된 요구 가운데 하나는 모든 인간 커뮤니케이션은 **조직**의 **범주**나 **공공**의 **범주** 또는 **문화간 범주**에서 일어난다 하더라도 개인간 커뮤니케이션으로도 간주된다는 것이다(Knapp, Miller & Fudge, 1994).

개인간 커뮤니케이션에 대한 아래의 서술은 커뮤니케이션의 세 가지 본질적 차원 즉 **정보**와 **상호작용** 그리고 **상황**을 담고 있다. 상황의 연관성에 대한 서술을 시작으로 상호작용과 정보처리에 대해 다룰 것이다. 이러한 서술방식은 앞으로 계속되는 장에서도 이어진다.

1. 개인간 상황

개인간 커뮤니케이션은 2인 이상의 사람들이 서로 커뮤니케이션을 하면 항상 존재한다. 개인간 커뮤니케이션은 **사적** 세팅에서 일어날 수도 있으며, 어느 정도는 **조직** 커뮤니케이션과 **공공** 커뮤니케이션에서도 이루어진다. 그 때문에 개인간 커뮤니케이션은 사적 영역뿐만 아니라 인간 커뮤니케이션이 일어나는 다른 모든 영역에 관련된다. 다음의 고찰에서는 개인간 커뮤니케이션의 근원 즉 **가정**에서의 커뮤니케이션에서 출발한다. 이와 관련된 측면은 무엇보다 가정에서 우세한 **커뮤니케이션 스타일**과 이와 연관되는 **친구관계**와 **파트너관계**이다.

1) 가정

가정은 일반적으로 사람들이 먼저 기초적인 커뮤니케이션 태도를 습득하고 나중에 이를 사용하는 사회적 공동체이다(Fitzpatrick & Badzinski, 1994; Hart et al., 1997). 이에는 **부모와 자녀**와의 관계와 **부모** 사이의 관계 그리고 **형제자매** 사이의 관계가 속한다:

> 부모는 자녀들의 커뮤니케이션 행동의 최초의 중요한 모델이자 영향의 원천이다. 우선 자녀의 커뮤니케이션의 기회와 방향을 결정하는 사람이 특히 부모인 것이다. 특히 부모는 자녀에게 밀려오는 많은 외부 영향을 중재하는 중재자로서의 기능을 한다(Stafford & Bayer, 1993; Cappella, 1994; Parke & Kellam, 1994; Margolin & Gordis, 2000). **부모와 자녀**의 화목한 관계는 가정 밖 사회적으로도 인정받는 자녀의 커뮤니케이션 행동 발달을 위한 훌륭한 토대이다. 자녀가 가정에서 체험하는 다정다감함은 자녀에게 안정감을 주고 외부에서 오는 스트레스와 방해요소로부터 자녀를 지켜준다. 자녀들은 흔히 이러한 긍정적 태도를 동료와 대화 파트너에게도 보여준다(Parke & Ladd, 1992).

> 전통적인 2인 부모 가정은 오늘날 가정 형식 가운데 하나의 형식이다. 이혼 가정과 단독 보육 가정의 수가 최근에 지속적으로 증가하고 있다. 이로부터 많은 새로운 가정구도가 전개된다. **부모**사이의 관계에 문제가 있는 가정의 자녀들은 커뮤니케이션 문제를 일으킬 위험이 더 높다(Hetherington & Stanley-Hagen, 1995).

형제자매간의 커뮤니케이션 관계에서는 긍정적인 측면과 부정적인 측면이 같이 존재한다. 긍정적으로 보여지는 것은 형제자매와의 상호작용은 여러 가지 커뮤니케이션 상황을 체험하고 자신만의 고유한 전략을 시험해보는 다양한 가능성을 제공한다는 측면이다. 흔히 부정적으로 작용을 하는 측면은 형제자매 사이에도 경쟁과 공격성이 우세할 수도 있다는 것이다(Piotrowski, 1995).

언급된 가족구성원들 사이의 사회적 관계는 가정의 물질적, 사회적, 문화적인 배경에서 관찰되어야 한다. 여기에는 대체적으로 봐서 가정의 친지가 주는 영향관계도 속한다(Parke & Ladd, 1992). 특히 오늘날의 가정의 삶은 **공공 미디어**의 영향을 강하게 받는 것이 특징이다(6장 참조).

2) 개인간 커뮤니케이션 스타일

청소년 집단 지도자의 행동 연구에서 출발한(Lewin, Lippitt & White, 1939) 여러 가지 커뮤니케이션 스타일이나 교육 스타일의 영향 연구에서는 교수법적 이유로 교육 스타일을 **전제적 스타일, 관대한 스타일, 민주적 스타일**로 구분하는 것이 믿을 만 하다고 입증되었다(Stapf et al., 1972; Robinson et al., 1995):

전제적 교육 스타일은 부모의 목표를 실행하는데 징벌한다는 위협을 하거나 징벌을 가한다. 부모의 이러한 전략은 대부분 직접적 성공을 가져오지만 장기적으로 자녀들이 이런 행동을 배우게 되고 자녀 자신이 많은 상황에서 공격적으로 행동하는 결과를 불러일으킨다. 이것은 또다시 자녀가 자신의 환경에 대한 부정적 반응을 결과로 이끌어 내고 이를 통해 긍정적 커뮤니케이션 전략을 획득하는 기회가 자녀들에게 적게 주워진다.

관대한 스타일은 부모가 자녀의 문제 행동과 부족한 결과에 대체적으로 주의를 기울이지 않는 것이 특징이다. 이 스타일은 흔히 부모의 무관심하거나 태만한 행동과 관련이 있다. 이를 통해 자녀들에게 생기는 현실에 대한 불안감이나 일방적인 판단은 진제적 교육 스타일에서와 유사하게 이상한 행동 문제로 이를 수 있다.

민주적 스타일은 결정사항에 대한 가족구성원의 고른 참여, 자녀와 부모간에 상호간의 감정이입과 열린 상호작용이 특징이다. 이 스타일은 행동의 결과와 대안이 공동으로 토론되고 상의되며 특히 갈등 상황이 나타나도 이렇게 진행된다. 이점은 자녀들이 커뮤니케이션을 긍정적으로 체험하고 이런 판단을 자신의 친구들과의 상호작용에도 적용하는데 기여한다.

다른 영향과 더불어 가정에서의 커뮤니케이션 스타일은 다른 개인간 관계가 전개되는 상황적 배경을 형성한다. 이에는 특히 다른 친숙한 사람들과의 관계가 속한다.

3) 친구 관계와 파트너십

가정에서의 경험에서 출발하여 사람들은 친구와 파트너와의 가장 상이한 관계를 이루어 낸다. 이 관계의 견고함에 대한 기본 전제는 **이해**하려는 준비이다. 이해는 파트너가 지니는 주관적 시각을 용인하는 의지를 포함한다(Hewes, 1995a, b; Fehr, 1996). 이러한 상황에서 **믿음**이 자라고 이는 다음 절에서 분명해 지듯이 다수의 개인간 상호작용 과정에 대한 하나의 전제이다.

2. 개인간 상호작용

개인간 커뮤니케이션 틀 안에서의 커뮤니케이션 상호작용은 **인지적 전제**들이 고려될 때만이 이해될 수가 있다. 때문에 개인간 커뮤니케이션의 몇 몇 **상호작용 파트너**와 **상호작용 과정**을 다루기 전에 먼저 이러한 전제 가운데 중요한 몇 개를 논의하기로 한다.

1) 인지적 전제

개인간 커뮤니케이션은 **사회적 상호작용**의 틀 안에서 많은 수의 인지적 전제들 위에서 성립한다. 여기에는 우선적으로 **사회적 인지**와 그와 연관하여 **인지적 태도**가 속한다. 사회적 상호작용의 이 두 부분 영역은 **사회적 학습 과정**에 의해 형성되고 본질적으로 개인간 커뮤니케이션에 참여하는 사람들의 상이한 **커뮤니케이션 능력**에 기여한다.

– 사회적 인지

2장에서 분명해졌듯이 인간 커뮤니케이션은 정보의 입력에 의해서뿐
만 아니라 커뮤니케이션 파트너의 지식에 의해서도 영향을 받는다.
이 공동작용의 특정한 부분 과정들은 개인간 커뮤니케이션의 본질적
전제 즉 **사회적 인지**라는 전제를 이룬다. 사회적 인지는 어떤 사람이
다른 어떤 사람에 대한 정보를 인지적으로 처리할 때에만 일어난다
(Chaiken & Trope, 1999; Higgins, 2000). 이러한 처리에서 **감정**이
종종 중요한 역할을 한다(Fiehler, 1990; Metcalfe & Mischel, 1999).

사회적 인지에 있어서 기본 능력인 타인에 대한 지각과 판단은 알
려져 있는 사람에 대한 확실한 지식이나 단순한 추정에 근거하기도
하지만 알지 못하는 사람에게 다소간에 효과적으로 적용하는 것에도
기인한다. 이 두 과정의 기본 토대는 사람에 대한 지식의 개념적 **범주**
들과 이와 연관된 인지적 과정들이다. 이 과정들은 **활성, 응용, 억제**로
나눌 수 있다(Macrae & Bodenhausen, 2000):

> 지식 일반이 그러하듯이 사람과 관련한 지식과 가정도 범주들로 구
> 성되어 있다. 그 범주의 부분 개념들은 종종 거의 자동으로 **활성화**될
> 수 있다. 예컨대 **불**이라는 범주에 의해 **뜨거운**이라는 개념이 활성화
> 되듯이 흔히 **나이든 사람**이라는 인물범주의 토대 위에서 **쇠약한** 그
> 리고 **완고한**이라는 개념이 활성화된다.

> 범주들은 활성화 다음에 여러 가지 기능과 관련하여 **응용**되어질 수
> 있다. 가장 중요한 기능 가운데 하나는 인지에 안정감을 주는 **기대**의
> 구축이다.

방금 서술된 사회적 범주들의 활성화와 응용의 과정은 재빠르게 단
순화된 스테레오 타입에 이르게 된다. 예를 들어 한 노인이 비교적
정정하고 시사문제에 **관심이 있는** 경우에는 뒤이어 오는 정보는 그
기대를 저버릴 수도 있다. 이 때문에 범주적 사고에 대한 **억제**의 임
무는 범주에 대한 세분된 의견에 이르기 위해 성급한 차별을 저지하
는 것이다.

우리 세계의 사회적 측면에 관련된 범주적 사고는 인간의 인지 체계
에 뿌리 깊이 자리 잡고 있어서 많은 경우에 특정한 목적으로 영향을
미치기에는 매우 어렵다. 바로 그렇기 때문에 여러 집단의 차별 없는
공동생활의 도상에 자리 잡고 있는 방해물을 인식하는데 그리고 또한
편견 없는 커뮤니케이션을 위한 기회를 높이는데 바로 학문이 요구되
는 것이다. 이러한 과제의 필연성을 다른 어느 영역보다 **인지적 태도**
라는 영역에서 더 잘 찾아볼 수 있다.

– 인지적 태도

인지적 태도는 비교적 변하지 않는 정신적 성향이어서 **단기적인 기분**
과는 구분된다. 다른 모든 인지처럼 태도도 역시 **지식**과 **감정** 그리고
행동의 측면을 포함하고 있다:

> 태도와 관련된 **지식 성분들**은 태도 자체와 마찬가지로 다양한 성질
> 을 띄고 있다. 이를 분석하려고 한다면 **태도**의 **대상** 영역, **사회 환경**
> 영역, **자체** 영역 등 세 가지 영역이 제시된다. **태도**의 **대상**에 대한 인
> 지적 재현은 대부분 많은 경우에 서로 느슨하게만 관련되어있는 여
> 러 지식 영역들을 포함하고 있다.

태도는 지식 부분뿐만 아니라 태도의 대상에 대한 **감정**까지도 포함하고 있다. 지식처럼 감정도 태도의 대상과 자체 모델 그리고 사회 환경으로부터 영향을 받는다. 태도가 작용하는데 결정적인 것은 이러한 환경의 측면들을 어떻게 **평가하는가** 이다.

태도는 외부에서 관찰 가능한 **행동방식**의 실행을 위한 중요한 내부적 전제이다.

여기에다 많은 태도는 상호작용과 상황에 좌우된다. 이에 반해 이러한 영향이 경험을 통하여 작용하는지 또는 그저 이미지로만 작용하는지는 대체적으로 부수적인 것으로 보인다. 이점은 개인의 정신세계가 객관적인 요소와 주관적인 요소가 상호 작용하는 하나의 통일체라는 점을 지적하고 있는 것이다(Wood, 2000).

모든 사회 층위에서의 사회적 공동생활에 가장 중요한 인지적 태도 가운데 하나는 파트너와 상사 또는 지도층에 대한 **믿음**이다. 다른 모든 태도처럼 믿음도 지식 측면과 감정 측면 그리고 행동 측면이 합쳐져 있는데 이에는 각각 부여된 **권한**과 **공감** 그리고 긍정적 경험이 **신뢰성**과 관련하여 높은 정도로 기여를 한다. 이렇게 부여된 많은 것들은 커뮤니케이션을 통해 이루어지는 것이므로 커뮤니케이션 연구가 이처럼 민감한 분야에서 특별히 요구된다(Strohner & Brose, 1994; Schulz, 1995).

태도 변화의 동기가 오히려 태도의 대상이나 사회적 영향 또는 그 자체로부터 기인하고 있는 것인지와는 상관없이 태도 변화의 과정 자체는 다음절에서 서술되듯이 서로 다른 성질일 수가 있다.

– 사회적 학습

사회적 학습은 지식 영역과 감정 영역 그리고 행동 영역에서의 사회적 인지에 의해 전달되는 많은 변화를 포함하고 있다. 이 학습 과정은 인지의 **수용적** 측면과 **생산적** 측면 그리고 **모델관련** 측면과 관련될 수 있으며 다양한 복잡성을 보인다. 그러나 인지적 변화를 불러일으키는 것은 항상 간단하지는 않다. 특히 어려운 것은 인지적 태도를 변화시키는 것인데, 이 인지적 태도가 오래 전부터 지속되고 있고 태도 소유자에게 높은 중요성이 있는 경우라면 특히 그러하다. 무엇보다도 태도의 변화가 그 대상인 사회적 학습 이론들은 따라서 커뮤니케이션학에게 특별히 중요하다.

초기 사회적 학습 이론은 일차적으로 **인지적 수용** 분야에서의 처리 과정을 주제로 삼고 있었던 반면에, 새 이론들은 **모델 학습**과 **인지적 생산** 분야를 포함하고 있다(Bandura, 1986, 1989a; Askew, 2000). 인지적 학습 이론에서 고려되고 있는 **수용**과 **기억** 그리고 **생산**의 세 단계가 확장되면서 특히 수용 단계에서 어떤 **모델**의 도움으로 정보가 받아들여지는 학습 과정이 관찰된다(1장과 2장 참조). 추가적으로 이미 정보 수용 전에 존재하는 **동기**와 어쩌면 있을 수 있는 행동 실행 후에 기대되는 **결과**가 고려되어 사회적 학습의 다음의 서로 겹치는 다섯 단계가 성립 한다:

사회적 학습 과정에 참여하는데 사람들이 갖고 있는 **동기**는 그들의 선지식과 이미 존재하는 태도에 좌우된다.

모델 프레젠테이션의 도움을 받는 **수용**에서 중요한 것은 상황에 대한 정보와 모델 행동에 대한 결과이다. 수용은 이해와 평가 그리고 실행의 세 가지 부분 과정을 포함하고 있다.

어떤 정보가 **기억**에 남는 지는 무엇보다도 그 중요성과 감정의 특성에 의해 결정된다.

적합한 상황과 상응하는 동기가 있는 경우에는 다른 정보와 더불어 이전에 수용되고 저장된 특정한 정보가 재활성화 되고 재구성되고 마지막으로 **생산**된다. 수용과 유사하게 생산도 의도와 평가 그리고 실행의 세 가지 부분 과정을 포함하고 있나.

기대되고 있는 **결과**에 따라서 행동은 오히려 촉진되거나 또는 오히려 제한된다.

종합해 보면 사회적 학습은 인지의 수용 분야, 생산 분야, 모델 분야에서 다수의 학습과정을 필요로 한다. 이 학습 과정에서 지식 측면과 감정 측면 그리고 행동 측면이 다양하게 뒤섞여서 하나의 역할을 한다. 태도의 변화는 인지적 처리의 부분 과정 모두에 좌우된다. 이런 학습 과정의 중요한 산물이 사회적 능력들의 습득이며 특히 **커뮤니케이션 능력**의 습득이다.

– 커뮤니케이션 능력

커뮤니케이션 능력이라는 일반적 개념을 정의하려는 시도에서는 흔히 **효율성**과 **적절성**이라는 두 개념이 사용된다(Canary & Spitzberg,

1987; Westmeyer, DiCioccio & Rubin, 1998). **효율성**은 어떤 사람이 그에 의해 의도된 커뮤니케이션 효과를 실제로도 달성한 경우에 나타난다. 보통 어느 특정한 상황에서의 커뮤니케이션이 명시적이고 함축적인 관례와 잘 어울리는 경우에 **적절성**에 대해 말한다. 이런 의견에 의하면 어떤 사람이 효율적일 뿐만 아니라 적절하게 커뮤니케이션 행동을 하는 능력이 있을 때 그에게 커뮤니케이션 능력이 있다고 할 수 있겠다.

커뮤니케이션 능력을 이렇게 기능적으로 규정하는 토대 위에서 이 복잡한 구성체는 가장 중요한 구성성분들로 나뉘어 자세히 연구될 수 있다. 커뮤니케이션은 모든 인지적 과정처럼 지식 성분과 감정 성분 그리고 행동 성분으로 합쳐져 있어서 이에 속하는 능력을 이러한 세 가지 성분들의 도움을 받아 분석하는 것이 당연하다:

커뮤니케이션 능력이 **지식관련** 성분은 효과적이고 적절한 커뮤니케이션에 관련된 정보들을 처리할 수 있는 능력을 포함하고 있다. 이에는 커뮤니케이션 대상에 대한 충분한 지식뿐만 아니라 각 상황의 사회적 관례와 커뮤니케이션 관례에 대한 지식도 속한다(Giles & Street, 1994).

감정적 커뮤니케이션 능력은 개인적 측면과 개인간의 측면들을 포함한다(Metts & Bowers, 1994). 개인적 측면에는 무엇보다도 **원만함**과 **개방성**과 같은 인성적 특성이, 개인간 측면에는 특히 **감정이입** 능력이 속한다.

인지적이고 감정적인 부분 외에도 인간 커뮤니케이션은 언어적이고 비언어적인 **행동들**이 다양하게 얽혀져서 구성되어 있다. **언어**와 적절한 **비언어적 행동**의 숙달 그리고 이러한 능력을 일정한 목표를 달성하기 위해 투입하는 것의 통제는 커뮤니케이션 능력을 실현하기 위한 행동과 관련된 전제들이다(Parks, 1994).

중요한 것은 이 세 부분 능력 모두가 **정보 생산자**에게 해당될 뿐만 아니라 **수용자측**에게도 유효하다는 것이다. 정보 수용에 있어서도 인지적이고 감정적인 면에서뿐만 아니라 행동 층위에서도 효과적이고 적절해야만 유능하다고 말할 수 있다(Graumann, 1981). 그밖에 개인간 커뮤니케이션에서도 생산 측면뿐만 아니라 수용 측면에서도 추가적으로 오늘날 점점 더 중요해지는 **미디어 능력**이 고려될 수 있다 (Winterhoff-Spurk & Vitouch, 1989; 6장 참조).

2) 개인간 상호작용의 파트너

개인간 커뮤니케이션의 상호작용 과정은 참여하고 있는 **파트너**에 의해 본질적으로 영향을 받는다. 개인간 커뮤니케이션의 핵심 영역인 가정에서 출발하여 앞으로 **아동**과의 커뮤니케이션, **노인**과의 커뮤니케이션, 끝으로 **성별에 따른 특수한** 커뮤니케이션을 자세히 관찰하기로 하자.

- 아동

아동의 커뮤니케이션 능력 발달은 여러 가지 요소에 의해 영향을 받

는데 이 요소들은 부분적으로는 아동 자신으로부터 기인하고 또 부분
적으로는 아동과 근접해 있는 환경과 좀 멀리 떨어져 있는 환경에서
기인한다(Moerk, 1992; Plunkett, 1997; Butzkamm & Butzkamm,
1999; Gopnik, Meltzoff & Kuhl, 1999, Klann-Delius, 1999;
Meltzoff, 1999). 이 때문에 인간의 개체 발생을 **체계(이론)적** 단서의
틀 안에서 기술하려는 쪽으로 점점 강력하게 전환되고 있다(Strohner,
1976; Bronfenbrenner, 1986; Moen, Elder & Luscher, 1995; Hart
et al., 1997). 다른 사회적 측면의 연구에서처럼 아동 커뮤니케이션의
분석에서도 여러 가지 영향 요소들이 구분된다. 이에는 특히 아동의
성별과 **성격** 그리고 **동무**가 미치는 영향 등이 속한다:

현대 서구 문화에서는 대부분의 부모가 남아와 여아를 동등하게 키
우려고 함에도 불구하고 여전히 커뮤니케이션 행동에 대한 일정한
성별에 따른 특수한 차이점이 존속한다고 보여진다. 미국에서의 연
구는 부모가 문제가 있는 행동방식에 대하여 여아보다 남아에 더 긍
정적으로 반응한다는 점을 지적하고 있다(Maccoby, 1990).

아동의 성별 외에도 아동 커뮤니케이션에 영향을 주는 것은 특히 **기
질**과 같은 **성격 요소**들이다. 기질에는 무엇보다도 사람이 보여주는
긍정적 또는 부정적 **감정**의 빈도수와 이를 통제하는 능력이 속한다.
'어려운' 기질을 지닌 아동은 이미 젖먹이 때에 빈약한 관심을 보이
고 나중에 덜 눈에 띄는 아동보다 더 강한 권위적인 교육 스타일을
경험한다. 활기에 찬 아동들은 이러한 압력에 순응되지 않은 행동양
식으로 반응한다. 많은 부모가 자녀들과 이런 갈등에 과중함을 느끼

기 때문에 부모들은 때론 양보하고 때론 양보하지 않는 반응을 보인다. 이런 일관되지 않은 결과는 아동의 문제 행동이 더욱 더 굳어지고 지속되는 성격 특징으로 자리잡게 되는 것에 기여한다(Dodge, Bates & Petit, 1990; Huang, 1999).

흔히 *Peer Group*으로 종합되는 **동무들(동년배)**과의 상호작용은 아동에게 커뮤니케이션 능력을 습득하고 시험해보는 다양한 가능성을 제공한다. 여기에는 특히 갈등 상황에 대한 대처와 팀 능력의 연습 그리고 친구관계와 관련된 경험이 속한다(Newcomb, Bukowski & Pattee, 1993).

– 노인
노화 연구가 여러 학문 분야에서 많은 관심이 되고 있는데 **노인**의 커뮤니케이션 능력도 점 점 연구 시야로 밀려들어오고 있다(Coupland, Coupland & Giles, 1991; Nussnaum et al., 1996; Fiehler & Thimm, 1998). 노인의 커뮤니케이션 능력 연구에서 논의되고 있는 희망적인 시각 가운데 하나는 **평생 발달**이라는 시각이다(Brose, 1994, 1998). 이러한 시각은 모든 삶의 시기가 동일하게 중요하다는 것이다. 커뮤니케이션과 관련하여 다른 능력과 비교하면 고령에 이르기까지 지속되는 능력 향상과 적응이 확인 된다:

"노인 인구의 가장 흥미로운 측면 가운데 삶을 더 즐겁게 만드는 사건에 항상 적응한다는 것이다. 나이가 들어감에 따라 우리의 생각과 믿음 그리고 가치는 세련될 수 있고, 우리의 언어는 우리 생각을 더 잘 표현할 수 있으며 언어가 좀더 유능한 방식으로 생산될 수 있으며 또한 우리 관계가 성숙해질 수 있다."(Nussbaum et al., 1996, p. 38)

노인 커뮤니케이션에 대한 연구 경향은 미국에서는 이미 20세기 70년대에 시작되었고 그 사이 독일에서도 자리를 잡았다(Fiehler & Thimm, 1998). 이와 연관하여 늘 주의를 끄는 현상들에는 이른바 *Painful Self-Disclosure*와 *Elderspeak*이 있다:

*Painful Self-Disclosure*는 예를 들면 병에 대한 문제나 사망 등과 같은 고통스러운 경험에 대한 정보가 공개되는 커뮤니케이션 행동이다(Coupland, Coupland & Giles, 1991). 이 행동은 노인에게는 젊은 대화 상대자에 의해 자주 충분히 인정받지 못하는 중요한 기능을 지닌다. 노인들은 이것으로 무엇보다도 자신들의 인생경험과 운명을 지적하려고 하는 반면에 젊은 사람들은 이를 경우에 따라서는 자기중심적 행동으로 생각해서 부정적으로 평가한다.

*Elderspeak*은 노인들에 대한 젊은 사람들의 커뮤니케이션 행동을 지칭하는 말인데 이 행동은 의미 중복, 통사적 단순화, 음성적으로 과장된 억양 등의 특징이 있다(Ryan, Meredith & MacLean, 1995). 이는 많은 어른들이 어린 아이들에게 하는 *Baby Talk*라고 불리는 대화 스타일을 연상시킨다. 그래서 몇 몇 연구에서는 이를 *Secondary Baby Talk*라고 지칭하기도 한다. *Elderspeak*이 특정한 노인들에게 적절한 것인가 하는 문제는 특히 간호를 요하는 노인들의 특수한 필요성과 관련하여 논의되어야 한다(Kemper et al., 1998).

– 여성과 남성

성별에 따른 특수한 커뮤니케이션 차이점은 파트너쉽에 있어서의 토론의 계기를 늘 제공할 뿐만 아니라 학문적 연구의 대상이기도 한다. 세계적으로 아마 가장 잘 알려진 책은 미국 언어학자 Deborah Tannen(1990)의 *You just don't understand* 일 것이다. Tannen은 이 책에서 최소한 북미 사회에서 여성과 남성은 다른 '문화들'에서 성장하고 상이한 세계관의 토대 위에서 상이하게 커뮤니케이션을 한다는 테제를 증명하려고 시도한다. 이에 의하면 여성과 남성의 커뮤니케이션은 오해에 이르는 문화간 커뮤니케이션이다. 이러한 차이에 대하여 경험에 기초한 인식과 이해는 상호간에 더 훌륭한 이해를 가능하게 한다(Tannen, 1994).

커뮤니케이션학자 Daena Goldsmith와 Patricia Fulfs(1999)는 그러나 Tannen에 의해 제안된 시각보다 더 세분화된 시각이 경험적 결과에 더 잘 부합한다는 결론에 도달한다:

가장 흔히 토론된 문제 가운데 하나는 여성이 남성보다 **더 많이 말하는가** 아니면 여성보다 남성이 말이 더 많은가 이다. 남성들이 공식적인 상황에서는 여성보다 더 많이 말한다는 가정은 James와 Drakich(1993)의 개괄적 연구에서 확인될 수 있었다. James와 Drakich는 그러나 비공식적 상황에서는 이런 경향이 반대라는 명백한 증거를 발견하지 못했다.

남성들이 대화에서 여성보다 **권위적**이고 **덜 공손**하게 행동한다는 가정은 여러 연구에서 부분적으로만 지지를 받고 있다. 몇몇 연구에서는 실제로 여성들이 공손하다는 결론에 이르는 반면에 다른 연구에서는 이것은 애정관계에서는 무조건 해당하는 것은 아니라고 짐작하고 있다(Canary & Emmers-Sommers, 1997). 여성과 남성의 **갈등 행동**과 상이한 **감정성**은 마찬가지로 특히 상황적 요인들과 논쟁의 대상에 좌우되는 것으로 여겨진다(Cupach & Canary, 1995).

여성이 대화에서 남성보다 보통 **더 주의 깊다**는 가정은 몇몇 연구에서 입증될 수 있었다(Stiles et al., 1997). Tannen(1990)은 여성이 남성만큼이나 상대자의 대화(기여)를 중단시키지만 여성은 특히 자신의 관심을 보여주기 위해 그렇게 한다고 주장한다. 해당 연구는 제한적으로만 이런 방향으로 해석될 수 있고 매우 차별된 생각도 담고 있다(Aries, 1996).

남성과 여성의 **대화 주제**는 서로 분명하게 나뉜다: 남성과 여성에 있어서 일, 돈, 여가 등과 같은 주제들은 가장 자주 선택되는 주제에 속함에도 불구하고 미국 남성들은 스포츠와 취미에 대해 많이 이야기하고 여성들은 개인 관계와 문제점들에 대해 많이 이야기한다(Bischoping, 1993; Fehr, 1996). 남성과 여성 사이의 이러한 차이는 점점 더 없어지는 추세가 있는 것으로 보인다. Dindia와 Allen(1992)의 메타분석에 의하면 여성들은 특히 자신들만이 있었을 경우에만 한층 **비밀스러운** 정보를 털어놓는 경향을 보인다.

요약하자면 Goldsmith와 Fulfs는 성별에 따른 특수한 커뮤니케이션 행동에 대한 문헌의 개관으로부터 미래에는 특히 **상황적인** 측면을 좀 더 강하게 주목해야 한다고 결론을 내린다:

"커뮤니케이션에서의 성차이에 관한 연구는 남성과 여성이 커뮤니케이션 하는데 다른 점을 지적하지만 이분법적 차이에 대한 단순한 설명을 찾아볼 수가 없는 것도 마찬가지로 분명하다. 대조적으로, 우리가 살펴보았던 문헌에서는 적당한 차이가 나타날 수도 있는 상황에 의해 강조된 남성과 여성의 커뮤니케이션에서의 실질적인 유사성이 드러난다."(Goldsmith & Fulfs, 1999, p. 31)

개인간 상호작용의 개별적 부분 과정들을 이제 연구하려고 한다면 우리도 유사한 단순화를 경계해야만 한다. 다음절에서 밝혀지듯이 특히 **언어적** 커뮤니케이션과 **비언어적** 커뮤니케이션의 관계가 다뤄진다.

3) 개인간 상호작용 과정

다음에는 개인간 커뮤니케이션의 특별한 상호작용 과정이 소개된다. 먼저 **언어적** 커뮤니케이션과 **비언어적** 커뮤니케이션의 몇몇 특징을 다룬다. 그 다음에 개인간 대화에서 그 둘의 공동작용이 서술된다. 특히 문제가 되는 것은 사회적 **갈등** 상황에서의 대화이다.

– 언어적 커뮤니케이션

언어적 커뮤니케이션은 대단히 다양한 표현 형식에서 나타난다. 이 표현 형식은 언어적 커뮤니케이션이 일어나는 상황과 행위연관성 만큼이나 다양하다. 망치가 엄지를 때릴 때 나는 갑작스런 비명에서부터 시장을 보기 위해 기록한 메모와 예를 들어 이 책과 같이 더 기획되고 지루한 이야기에 이르기까지 다양하다(Lenke, Lutz & Sprenger, 1995; Hartig, 1997; Müller, im Druck). 이에 대한 경험적 연구는 이

질적 구조와 과정 그리고 상황적 의존성에 대해 지적하고 있다(Clark, 1994; Schiffrin, 1994; Graesser, Swamer & Hu, 1997; Bever, Sanz & Townsend, 1998; Brown & Hagoort, 1999; Willig, 1999).

일상어를 대충 관찰해서는 흔히 알 수 없는 것은 **다의성**과 **모호성**이다. 일상어의 이 두 특질은 중요한 커뮤니케이션 기능을 충족시키고 있어서 결함으로만 평가되어서는 안된다(Nerlich & Clarke, 2001). 일상어와 여러 가지 **전문어**는 단어의 유연한 결합 가능성 이외에도 매우 특수한 의미와 결합하는 관용적이고 상투적인 표현들을 지니고 있다(Wray & Perkins, 2000).

그동안에 언어학적 연구에 의해 입증된 사실 즉 청각장애인들에 의해 사용되는 **수화**는 음성언어와 문자언어에 비교될 수 있는 구조를 나타낸다는 사실이 언급되지 않고 지나칠 수 없다(Boyes-Braem, 1992; Becker, 1997; Erlenkamp, 2000). 이 때문에 수화는 특히 윤리적 이유에서라도 다른 언어와 동등한 가치가 있는 언어로 인정되어야 하고 가능한 모든 삶의 영역에서 사용되어야 하겠다.

– 비언어적 커뮤니케이션

비언어적 커뮤니케이션은 인간의 육체가 허용하는 바와 같이 아주 다양한 형태로 나타난다. 먼저 비언어적 커뮤니케이션은 **운동학**에 통합될 수 있는 **신체** 운동을 포함하고 있으며 다음으로 요약해서 **접촉학**(*Proxemik*)이라 불리는 **접촉**에 대한 여러 가지 가능성에 의해서도 발생될 수 있다. 마지막으로 **시간학**(*Chronemik*)이라는 **시간적** 요소들 그리고 사람에 의해 정해진 모든 **인공물들**도 중요한 비언어적 정보를 전달할 수가 있다(Burgoon, Buller & Woodall, 1996; Nöth, 2000):

운동학에는 커뮤니케이션에 기여할 수 있는 모든 신체 운동이 속한다. 이는 우선 **신체의 자세**와 **제스처** 그리고 **표정** 특히 **눈동자의 움직임**이다.

접촉학은 커뮤니케이션 파트너의 공간적 거리와 관계있는 비언어적 커뮤니케이션 영역이다. 여기에는 흔히 **촉각학**이라고 불리는 **촉각 커뮤니케이션** 그리고 이른바 **영역 행동**이 속한다.

시간학은 비언어적 커뮤니케이션의 모든 시간적 측면을 포함하는데 예컨대 상호작용의 지속성과 빈도수 등을 말한다.

신체적, 공간적, 시간적 측면뿐만 아니라 의복, 주택, 자동차 등과 같은 **인공물**도 비언어적 커뮤니케이션의 일부분이다. 왜냐면 이들은 흔히 **신분의 상징**이고 일반적으로 **자기과시**를 위해 사용되기 때문이다.

언어적 커뮤니케이션과 비교하여 비언어적 커뮤니케이션은 특히 전달된 정보의 **코드화**의 방식과 **시간적** 실현가능성의 방식이 특징을 이룬다:

언어적 커뮤니케이션은 특히 **디지털** 방식의 코드화에 기인하고 있는 반면에 비언어적 커뮤니케이션은 디지털 방식과 **아날로그** 방식의 코드화가 함께 작동한다. **디지털** 방식의 코드화는 예컨대 언어의 단어들처럼 일정한 양의 불연속적 즉 서로 분리된 기호를 기초로 해서 기능한다. **아날로그** 방식의 코드화는 이에 반해 기호의 일정한 연속적 변화 가능성을 전제로 한다. 두 대화 상대자의 공간적 거리나 악수할 때 마주잡는 압력 또는 시선 접촉 시간 등이 그 예이다. 아날로그 방식 코드화가 지니는 분명한 장점은 의미를 세밀하게 등급화 할 수 있는 가능성이 있다는 것이다. 단점은 이와 연결된 부정확성과 모호성이다.

비언어적 커뮤니케이션은 여러 신체 부위와 물체로 수행될 수 있어서 **시간적** 견지에서 보면 **동시적** 실현가능성이라는 결론이 나온다. 그리고 언어적 커뮤니케이션을 비언어적으로 동반할 수 있는 가능성도 생겨난다. 반면에 언어적 커뮤니케이션은 대체적으로 **연쇄적** 실현에 구속 되여 있다. 여러 행동 양식이 동시에 실현된다는 것은 비언어적 커뮤니케이션의 전체 의미는 복합적인 방식으로 개별 구성 성분들과 서로 간의 관계로부터 생성된다는 결과를 만들어 낸다. 이러한 방식으로 언어적 커뮤니게이션에서는 거의 가능하지 않는 의미의 다층성이 달성될 수 있다.

미약한 **통제성**이나 풍부한 **감정성**과 같은 비언어적 커뮤니케이션의 특질은 마찬가지로 중요한 특성이지만 언어적 커뮤니케이션과는 단지 정도의 차이만을 보여준다.

표정이나 제스처 같은 비언어적 커뮤니케이션의 몇몇 측면들의 발생과 관련하여 가장 자주 토의되는 문제 가운데 하나는 이들이 **생득적**인가 아니면 **습득된** 것인가와 관련이 있다(Müller, 1987, 1990; Blake & Dology, 1993; Velichkovsky & Rumbaugh, 1996; Jenkins, 2000). 갖가지 연구결과는 언어적 커뮤니케이션과 비언어적 커뮤니케이션에 공통적인 유전적 토대는 존재하지만 이는 **문화적** 영향에 의해 매우 심하게 초과해서 형성될 수 있는 것으로 요약될 수 있다 (Tomasello, 1999). 따라서 이런 영향은 여러 문화 사이에 손쉽게 오해에 이를 수가 있다(7장 참조).

– 개인간 대화

개인간 대화는 보통 언어적 커뮤니케이션과 비언어적 커뮤니케이션 이 뒤섞여서 분리될 수 없다. 이 결합이 얼마나 밀접한지는 예를 들어 **전화**상에서조차 자신의 주장을 제스처를 동원하여 뒷받침하는 것을 보면 알 수 있고(Rutter, 1987) 또 본질적으로 언어적인 코드에 기인하 는 **이메일**을 통한 **채팅**에서 소위 **이모티콘**이라고 하는 도상 기호가 부족 한 비언어적 커뮤니케이션을 보충하기 위해 많은 파트너에 의해 삽입 되고 있는 것에서도 역시 알 수 있다. 특별히 알려진 것은 이른바 *Smileys*라는 얼굴 상징인데 이로써 **표정**에 대한 정보를 전달할 수 있 다(Runkehl, Schlobinski & Siever, 1998; Döring, 1999).

대화에서 진행되고 있는 커뮤니케이션 상호작용은 참여 파트너에 게 고도의 상호적 조정을 요구한다(Sacks, Schegloff & Jefferson, 1974; Burgoon, Stern & Dillmann, 1995; Kallmeyer, 1996; Liebert, Redecker & Waugh, 1997; Schegloff, 2000; Ventola, 2000). 이때 파 트너 사이에 **일치적, 보충적, 보상적** 조정이 즉흥적으로나 의도적으로 이뤄진다:

> **일치적** 조정은 양쪽 파트너가 예컨대 똑같은 방식으로 의자에 기대 > 거나 동일한 목소리 톤과 크기로 이야기하거나 비슷한 표현을 사용

하면서 유사한 행동 양식을 보이는 경우에 이루어진다.

보충적 조정에서는 행동 양식은 비슷하지는 않으나 그럼에도 서로 잘 맞는다. 왜냐면 양 쪽 파트너가 자신의 행동 양식을 서로 조절하기 때문이다. 예를 들어 한쪽 파트너가 너무 많이 이야기하면 다른 쪽은 최소한 겉보기에는 관심 있는 청자의 역할을 맡는다.

보상적 조정의 경우에는 한쪽 파트너는 다른 파트너에게서 지각된 결점을 특정한 도움을 통해 보충하려고 노력한다. 이를테면 화자에게 어떤 특정한 단어가 떠오르지 않으면 적당한 말을 찾는데 화자를 청자는 도우려고 한다.

물론 이렇게 잘 조정되지 않고 진행되는 대화도 있는데 특히 파트너들이 서로 **갈등**을 유지하거나 다른 곳에 감정을 빼앗기는 경우에 그러하다. 자세히 살펴보면 **오해**는 대화에서 자주 나타나는 현상이지만 전혀 인지되지 않거나 겨우 부차적으로만 인지된다(Kindt & Weingarten, 1984; Dobrick, 1985; Antos, 1996; Fiehler, 1998, Hinnenkamp, 1998).

– 개인간 갈등

누구나 알고 있듯이 **갈등**이 있는 개인간 상호작용은 특히 문제가 많다 (Hofer & Pikowsky, 1994; Metts & Bowers, 1994; Samp & Solomon, 1998). 갈등 상황에서 잘못된 행동으로 인해 갈등이 대부분 더 악화될 뿐이다. 흔히 개인간 관계에서는 문제를 심화시키는 전략에 정통하는 것이 아니라 문제를 해결하는 전략에 정통하는 것이 중

요한데 많은 경우에는 관계를 구원할 정도로 중요하다. 여기서 기본
적인 역할을 하는 것은 갈등해결을 위한 조처를 회피하거나 지연시키
는 능력이 아니라 이를 전문적으로 주도하는 능력이다. 갈등을 커뮤
니케이션을 통해 처리하려는 것에 대한 이러한 통제는 일련의 요소들
에 의해 긍정적인 영향을 받는다(Markoul & Roloff, 1998):

> 결과에 대한 예측 가능성,
> 자신의 능력에 대한 판단과 특히
> 관계의 중요성.

또한 갈등의 해소 가능성에 대한 판단과 장기간 지속되는 경우에 문
제 해결에 투자되는 에너지도 이러한 요소들에 좌우된다(Johnson &
Roloff, 1998).

3. 개인간 정보전달

이 장의 앞 절에서는 개인간 커뮤니케이션의 관점에서 상황과 상호작
용의 차원이 다루어졌고 이제는 정보 차원으로 넘어간다. 이미 여러
번 강조되었듯이 정보 처리는 지식 측면에만 국한 되어서는 안 되고
감정과 행동도 고려해야 한다. 감정과 연결된 **태도 변화**의 문제는 커
뮤니케이션 연구에 특히 중요하기 때문에 이에 대해 비교적 상세히
다루기로 한다. 그 전에 개인간 지식 전달과 개인간 정보 전달의 **감정
적 측면**과 **행동적 측면**도 짧게 지적하고자 한다.

1) 개인간 지식 전달

개인간 커뮤니케이션 틀 안에서 지식은 대부분 구두나 문자로 된 **보도**나 **이야기**로 계속 전해진다. 먼저 이러한 텍스트의 언어적 형식에 특히 연구가 집중되었지만 오늘날에는 **텍스트 생산**과 **텍스트 수용**에서 일어나는 인지적 과정과 커뮤니케이션 과정도 중점적으로 고려되고 있다(Rickheit & Strohner, 1993, 1999; Strohner 1990, 2000; Prestin, 2001; Strohner & Brose, 1992, im Druck).

2) 개인간 커뮤니케이션의 감정적 측면

우리 모두 알고 있듯이 개인간 커뮤니케이션은 이 세상 가장 아름다운 것 가운데 하나이다. 그리고 대부분의 인간은 여기에다 많은 시간과 에너지와 수단을 투자한다. 현재의 **휴대전화 붐**도 타인과의 접촉이 전혀 필요하지도 않음에도 접촉하려고 노력을 기울이는 것을 우리는 매일 눈으로 보고 있다. 이러한 긍정적 감정과 더불어 개인간 커뮤니케이션은 부정적 감정도 유발하는데, 이에 대해 조금 상세히 다루어 보고자 한다.

　　커뮤니케이션(에 대한) 불안은 많은 사람들의 경우에 커뮤니케이션 능력과 성과의 긍정적 발달을 저해하거나 방해한다. 커뮤니케이션이 개인에게 요구되는 사회적 요구 사항 가운데 중심적 역할을 차지하는 사회에서는 커뮤니케이션 불안은 심각하게 받아들여져야 하며 그리고 심각하게 다루어져야 한다. 이것이 가능하려면 먼저 방해가 되는 것이 무엇인지 정확히 분석되어야 하고 특히 그 출현 조건과 관련하여 기술되어야 한다. 이러한 분석의 토대를 이루는 이론적 가정들은 그러나 부분적으로 매우 심히 다르다(Patterson & Ritts, 1997; Katschnig, Demal & Windhaber, 1998).

불안은 특히 **감정적 흥분**으로 체험되기 때문에 특별히 이러한 체험의 개별적 측면들에 대한 연구가 집중되고 있다. 이 체험이 매우 격렬하거나 예컨대 손이 떨리거나 땀이 나고 아니면 신열이 갑자기 나는 등의 신체적 현상과 함께 하면 커뮤니케이션을 회피하게 되는데 이를 납득할 만한 변명도 제시하지 않고 회피하는 것이다. 회피를 통해 불안이 그 순간에는 줄어들지만 다음 기회에는 아마 더 심한 정도로 다시 나타난다(Richmond & McCroskey, 1992; Scherer, 1993).

이를 통해 성공적 커뮤니케이션에 방해가 되는 행동 양식이 생겨날 수 있다. 여기에는 불안정한 시선 접촉과 대화 상대자에 대한 약화된 주의력이 있는데, 이렇게 되면 상대방의 반응과 의도를 적확하게 인식할 수 없게 된다. 이점은 자신의 무능력에 책임이 있는 커뮤니케이션 조정의 약화에 영향을 준다. 때문에 **치료**의 목표는 환자로 하여금 자신의 능력을 확신하도록 하거나, 이 능력을 다양한 학습 기법의 도움을 받아 구축하는 것이다(Patterson, 1995).

사회적 상황에 대처하는 상이한 경향은 아이들에게는 이미 생후 첫 해에 나타난다. 위에서 언급된 원인과 요인으로 인해 수줍어하는 경향이 강화되면 이는 비교적 확고한 성격 특성이 될 수 있고 아이가 커뮤니케이션과 추후의 발달에서 어려움을 겪게 될 수도 있게 된다(Margraf & Rudolf, 1999).

3) 개인간 커뮤니케이션의 행동적 측면

지식의 전달과 비슷하게 개인간 행동의 조절도 오늘날에는 예전보다
더 두드러지게 커뮤니케이션 틀 안에서의 인지 과정의 상호작용으로
보고 있다(Hermann, 1982, 1985).

이에 대한 분명한 예는 Joachim Grabowski(1994)의 일련의 실험
이다. 이 실험들에서 실험 대상자들은 자신의 자동차를 일정한 언어
적 지시에 의거하여 주차하는데 그 주차장소를 말하는 과제를 갖고
있었다. 두 가지 선택의 가능성이 있었다: 차가 달리는 방향으로 오른
쪽 도로 가장자리에 폴크스바겐 한 대가 서있는데 주차 가능성 중 하
나는 그 앞이고 다른 하나는 그 뒤다. 추가적으로 두 가지 포괄적 상황
이 주워졌다: 하나는 운전면허 시험 중이고, 하나는 친구 한 명과 함께
귀가하는 길이다. "비틀 앞에 세우세요"라는 말에 운전면허 시험 상황
에 있는 실험 대상자 대부분은 폴크스바겐의 냉각기 보네트 앞의 장
소를 선택했고, "비틀 뒤에 세우세요"라는 말에는 트렁크 뒤의 장소를
선호했다. 흥미로운 것은 이제 이에 반해 귀가 상황에서는 "앞에"라는
말이나 "뒤에"라는 말이나 자동차의 뒤 트렁크 쪽이 가장 많이 선택된
다는 것이다.

이러한 이해 문제에 의해 제기된 의문 즉 어떻게 개인간 행동의 조
절이 **최적화**될 수 있을까라는 의문은 계속해서 연구되어야 한다. 그래
서 예컨대 Strohner et al.(2000)의 실험 연구에서는 지시관계가 모호
한 지시(instruction)는 한 편으로는 그 지시를 받기 전에 해당 행위에
초점이 집중되는 일이 선행된 경우와 다른 한편으로는 커뮤니케이션
파트너들에게 이해성향의 태도가 지배적인 경우에 잘 이해된다는 점
이 밝혀졌다.

4) 개인간 커뮤니케이션에 의한 태도 변화

사회과학의 가장 어려운 도전 가운데 하나는 태도 변화의 유발이다. 그러나 상황적 포괄 조건들과 인지적 기초를 충분하게 준수하면 특정한 영향을 통해 이런 학습 과정이 달성될 수가 있다는 것이 배제되지는 않는다(Krauss & Fussell, 1986).

이 절의 주제는 어떻게 태도 변화의 시도가 개인간 커뮤니케이션의 도움을 받아 실행될 수 있는가를 서술하는 것이다. 커뮤니케이션 파트너의 태도를 변화시키는 시도가 성공한다면 **설득**이라는 사건이 나타나는 것이다. 설득 연구의 입문서에서 Daniel O' Keefe(1990)는 설득이라는 개념을 다음과 같이 정의하고 있다:

> "(설득은) 어떠한 상황에서 커뮤니케이션을 통해 타인의 정신 상태에 영향을 미치는데 들이는 성공적이고 의도적인 노력인데 그러한 상황에서 설득 당하는 사람은 자유라는 수단이 있다."
>
> (O' Keefe, 1990, p. 17)

이 정의에서는 설득을 구성하는 다음의 측면들이 특히 강조되고 있다: 설득이라는 개념은 설득 시도의 일정한 **성공**을 힘축하고 있다; 전달자는 커뮤니케이션 파트너에 영향을 주려는 **의도**를 갖고 있다; 그 영향은 우선적으로 파트너의 **정신 상태**의 변화를 목표로 하는데, 이는 곧 이어서 당연히 파트너의 행동으로 나타날 수도 있다; 그 영향은 **커뮤니케이션**을 통해서 이뤄진다; 그리고 마지막으로 정보 수용자는 그 영향을 받아들일 것인가 아닌가에 대한 일정한 **자유**를 지니고 있다.

개인간 맥락에서 흔히 출현하는 설득의 경우는 성공적인 **부탁**인
데, 부탁 받는 사람은 우선 그 부탁에 대해 거부감이 생긴다(Chaiken
& Stangor, 1987; Roskos-Ewoldsen, 1997). 아래에서는 우선 이와
관련된 **인지적 불협화음**이라는 고전적 이론에 대해 개관을 하고 이어
서 부탁의 예에서 개인간 **설득 전략**을 조금 기술한다.

– 인지적 불협화음

인지적 불협화음 이론은 Leon Festinger가 이미 1957년에 소개하였지
만 오늘날에도 여전히 영향력이 강하다. 아마도 학술 연구와 공공 영
역에서의 그 커다란 영향은 많은 사람에 의해 납득할만하고 실감할
수 있는 것으로 평가되는 단순한 통찰에서 그 이론이 출발하기 때문
일 것이다. 이 이론에 의하면 사람들은 인지 사이에 존재하는 모순을
회피하려는 경향을 보인다. 왜냐면 사람들은 이러한 불협화음을 불편
한 것으로 느끼기 때문이다. 커뮤니케이션학에게 Festinger의 이론은
커뮤니케이션 영향을 인지적 불협화음의 생성과 그 감소를 통해 설명
할 수 있는 가능성을 제공한다. 불협화음은 다음과 같은 인지적 전략
에 의해 감소될 수 있다:

> 불협화음 원인의 제거,
> 일치적 인지의 추가,
> 불협화음적 인지의 중요성의 하향조정,
> 일치적 인지의 중요성의 상향조정.

Festinger 자신이 기술한 예가 이러한 인지적 전략을 잘 나타낼 수가

있다: 한 흡연자가 담배 광고에 흡연은 건강을 해친다는 것을 읽고는 인지적 불협화음을 느낀다. 왜냐면 이런 정보는 그가 담배를 피운다는 자신의 행동에 대한 지식에 모순 되기 때문이다. 이런 인지적 불협화음을 감소시키는 첫 가능성은 흡연의 중지를 통해 불협화음의 원인을 제거하는 것이다. 두 번째 가능성은 자신의 지식에 흡연습관과 일치하는 인지 예컨대 흡연은 긴장 완화와 체중 조절에 기여한다는 가정을 추가하는 것일 것이다. 세 번째 인지적 전략으로 그는 폐암을 다른 질병과 위험과의 비교에서 비교적 발병률이 낮다는 것을 강조하면서 불협화음을 일으키는 인지의 중요성을 낮출 수가 있다. 그리고 마지막으로 네 번째 반응의 경향에서는 흡연의 긍정적 측면을 자신이 포기할 수 없는 것이라고 평가하면서 일치적인 가정의 중요성을 높일 수가 있다.

불협화음을 일으키는 정보의 영향에 대한 최초의 연구 가운데 하나에서 Festinger와 Riecken 그리고 Schachter(1956)는 예언된 홍수 재해 후에 오로지 자신들만이 살아남는다고 믿던 종파를 연구했다. 홍수 재해가 발생하지 않은 후에 나타난 반응은 상이했다: 특히 재난이 예언된 시점에 혼자 있었던 그 종파의 신자들은 자신이 믿던 미신과 결별했다. 그러나 서로 연락을 유지했던 신도들은 새로운 일치적 인지를 발견하는데서 그 탈출구를 찾았다. 그래서 많은 이들은 신이 자신들의 강한 신앙 때문에 홍수를 저지했노라고 주장했다.

1957년부터 수 백 명이 실시한 연구에서 수많은 변인과 효과가 연구되었는데 그 결과에 의거하여 Festinger 이론의 기본 가정들은 잘 확증된 것이라고 간주할 수 있다(Brehm & Cohen, 1962; Wicklund & Brehm, 1976; Beauvois & Joule, 1996; Schultz & Lepper, 1996;

Harmon-Jones & Mills, 1999). 그러나 많은 연구에서 대체적으로 해명이 안 된 문제는 불협화음 감소의 특정 **전략**으로 이끄는 동기의 종류이다. 여기서는 여러 가지 감정적, 상호작용적, 특히 상황적 측면들이 고려되어야 하는데 이들을 방법적으로 처리하는 것은 지극히 어려운 일이다.

– 개인간 설득 전략

Gerald Miller(1987)는 개인간 설득 연구에서 논의된 여러 가지 **전략**들을 네 가지 큰 집단으로 요약할 수 있다고 제안했다. 이 집단은 **포상 중심** 혹은 **징벌 중심** 그리고 **생산자 중심** 혹은 **수용자 중심**이라는 두 차원의 결합에서 생겨난다. **부탁**의 경우에 부탁하는 사람은 포상 혹은 징벌 중심의 견지에서 자신의 설득 발화에 부탁이 이루어지는 긍정적 결과를 드러나게 할지 또는 부탁이 이루어지지 않는 부정적 결과를 드러나게 할지 결정할 수 있다. 생산자 중심 혹은 수용자 중심과 관련해서 부탁하는 사람은 포상이나 징벌에 대한 자신이 갖는 가능성에 대한 지적과 수용자에게 일어나는 다른 결과에 대한 지적 사이의 선택이 있다:

> **부탁하는 사람에 의한 포상**
> 예를 들어 포상 약속, 다른 긍정적인 결과에 대한 예보나 이미 실행된 포상에 대한 지적;
>
> **부탁하는 사람에 의한 징벌**
> 예를 들어 징벌 위협, 부탁하는 사람에 의해 야기된 다른 부정적 결

과 위협이나 특혜의 중지 위협

다른 긍정적 결과

예를 들어 수용자의 높은 도덕심에 어필 또는 부탁이 성취되리라는 좋은 느낌의 예보

다른 부정적 결과

예를 들어 도덕적 견지에서 타락하지 말라는 어필 혹은 부탁의 성취되지 않는다는 나쁜 느낌의 예보

이러한 대안들에 대한 선택은 여러 가지 조건들에 의해 좌우되는데 그 가운데 특히 부탁하는 사람의 설득 가능성과 그 전의 설득 시도에서의 양쪽 파트너의 경험에 좌우된다(Boster & Stiff, 1984; Krauss & Fussell, 1986).

그러나 부탁하면 성공하기를 원하는 사람들이 고려하여야 할 다른 측면들이 더 있다. 여기에는 부탁의 성취를 어렵게 하는데 있을 수 있는 **방해물**들을 제거하는 것이 우선이다. 부탁하는 사람이 부탁하는 때에 이미 이러한 방해물들을 참작하는데 성공하고 이 방해물들이 극복될 수 있다는 식으로 부탁을 표현하게 되면 부탁하는 사람은 부탁 받는 사람에게서 이런 방해물을 부탁이 성취될 수 없다는 것에 대한 근거로 끌어들이는 가능성을 빼앗는 것이다(Francik & Clark, 1985; Gibbs, 1986; Ifert & Roloff, 1994, 1998). 이것은 개인간 커뮤니케이션에만 적용되는 것이 아니라 변화된 포괄적 조건 하에서 **조직** 커뮤니케이션과 **공공** 커뮤니케이션에도 적용되는 것이다.

● ● ● ● 4장 요약

1. 개인간 커뮤니케이션의 상황적 배경은 다른 개인간 관계에도 영향을 주는 사회의 가족구조와 이로부터 생겨나는 커뮤니케이션 스타일에 의해 본질적으로 규정된다.

2. 개인간 커뮤니케이션은 사회적 인지, 인지적 태도, 사회적 학습, 커뮤니케이션 능력이라는 전제에 근거를 두고 있으며 언어적으로나 비언어적으로 표현된다.

3. 개인간 커뮤니케이션의 정보 처리 과정은 여러 가지 측면 즉 지식 측면, 감정 측면, 행동 측면, 태도 측면 등을 포함하고 있는데 그밖에 상호작용적 요인과 상황적 요인에 의해 좌우된다.

● ● ● ● **4장에 대한 추천 참고 문헌**

Bandura, A. (1986). *Social foundations of thought and action: A social cognitive theory.* Englewood Cliffs, NJ: Prentice Hall.

Cappella, J. N. (1987). Interpersonal communication: Definitions and fundamental questions. In C. R. Berger & C. H. Chaffee (Eds.), *Handbook of communication science* (pp. 184-238). Newbury Park, CA: Sage.

Goldsmith, D. J. & Fulfs, P. A. (1999). "You just don't have the evidence": An analysis of claims and evidence in Deborah Tannen's *You just don't understand. Communication Yearbook,* 22, 1-49.

Grabowski, J. (1994). Kommunikative Unschärfen: Zur Rezeption und Produktion von Richtungspräpositionen am Beispiel von "vor" und "hinter". In H.-J. Kornadt, J. Grabowski & R. Mangold-Allwin (Eds.), Sprache und *Kognition: Perspektiven moderner Sprachpsychologie* (pp. 183-208). Heidelberg: Spektrum Akademischer Verlag.

Wood. W. (2000). Attitude change: Persuasion and social influence. *Annual Review of Psychology,* 51, 539-570

5장: 조직 커뮤니케이션

조직 커뮤니케이션은 **조직** 안에서 또는 **조직**에 의해 일어나는 커뮤니케이션과 관련된 모든 과정을 포함한다. 여기서 조직은 시간적으로 지속되면서 형성되고, 특수한 목표를 추구하고, 일정한 규칙 체계를 갖추고 있는 사람이나 대상의 집합으로 이해된다(Spieß & Winterstein, 2000). 이러한 의미에서의 조직의 친숙한 예는 학교, 기업, 병원, 협회, 정당 등이 있다.

이미 언급했듯이 개인간 커뮤니케이션과 조직 커뮤니케이션은 두 개의 영역으로 병존하는 것이 아니라 커뮤니케이션에 대해 서로 중첩되어 있는 **층위**로서 다루어져야 한다. 가정에서와 마찬가지로 조직에서도 사람들이 함께 행동하는 것이며 이런 점에 있어서 조직에서도 항상 개인간 커뮤니케이션이 일어난다(Stohl, 1995; Sarangi & Roberts, 1999). 이 점에다 조직의 기능에 의해 제한을 받는 커뮤니케이션 기능이 추가된다(Monge, 1987; Theis, 1994; Miller, 1996; Hahne, 1997; Szyszka, 1999). 특별히 이에 대해 이 장에서 주목을 할 것이다. 조직 커뮤니케이션에 대한 다음의 특징들에 주목을 할 것이다:

커뮤니케이션은 단체(Institution)의 여러 구성원들 사이에서 **내부적**으로 일어날 수도 있고 조직과 그 환경 사이에서 **외부적**으로 일어날 수도 있다.

참가하는 사람의 **수**는 2인 접촉에서부터 팀을 거쳐 조직 외부의 전체 사회에 이르기까지 심히 유동적이다.

참가자들 사이의 커뮤니케이션 관계는 각자 부여된 임무에 의거하자면 **비대칭적**이다.

조직 내부 커뮤니케이션과 조직에 의한 커뮤니케이션은 조직의 내부 구조뿐만 아니라 환경의 개인적 층위와 조직 층위와 공공 층위 그리고 조직의 **효율성**에 크나 큰 영향을 끼친다(Farace, Monge & Russell, 1977; Downs & Hain, 1982).

조직 커뮤니케이션이 효율적일 수는 있지만 어떤 목표를 지향하는가에 대한 사회적으로 결정적인 문제는 여전히 해명되고 있지 않다. 조직 커뮤니케이션에 의해 달성된 영향은 개인적인 시각이나 사회적인 시각에서 관찰해보면 해가 될 수도 있고 유익할 수도 있다:

"커뮤니케이션 이론들은 사람들이 담배를 사도록 하는데 이용되기도 하고 담배를 끊도록 설득하는데 이용되기도 한다."(Chaffee & Berger, 1987, p. 100)

우선 다음에는 조직 커뮤니케이션의 **상황적** 포괄 조건들에 대해 어느 정도 지적하고 그 다음 이어지는 절에서는 조직 커뮤니케이션의 **상호작용적** 측면과 **정보관련** 측면들을 좀 자세히 다룬다.

1. 조직의 상황

모든 조직과 그 밖의 사회적 집단에 있어서 커뮤니케이션은 각자의 목표를 성취하기 위한 가장 중요한 수단 가운데 하나이다. 여기에다 예를 들어 사회적, 재정적, 법률적, 신체적 조치와 같이 특수하고 개별 조직에 전형적인 목표 달성을 위한 도구들이 등장한다. 커뮤니케이션 이 어떤 역할을 하는지는 몇몇 중요한 조직 유형에서 예를 들어 설명 될 수 있을 것이다. 다음에 이어지는 절들에서는 교육 체계와 기업과 행정 체계와 법체계와 보건 체계와 특히 단체에서의 커뮤니케이션에 주목한다.

1) 교육 체계

정보 사회에서 **교육**과 **연수**는 인생의 모든 단계에서 발전의 기본적 전 제에 속한다. 그러나 이런 형식적인 학습이 시간적 차원에서 확장되 는 것과 더불어 특히 **교수**와 **학습의 상호작용**이 질적으로 개선되는 것 이 필요하고 이와 결부된 커뮤니케이션도 요구된다. 이를 위해서는 무엇보다도 이와 관련된 조건들에 대한 더 나은 인식과 그리고 제도 내적 맥락과 학습자들의 욕구에 대한 충족의 강력한 조율이 필요하다 (van Kleeck & Daly, 1982; Retter, 2000; Spring et al, 2000).

점점 더 중요성이 더해 가는 교육 기관의 과제는 커뮤니케이션과 **팀 능력**에 대한 일반적 원리의 연습과 준수 이외에도(5장 2. 참조) 특히 **미디어 교육**의 틀 안에서 **미디어 능력**의 구축을 들 수 있다(6장 참조).

2) 기업

기업에서의 커뮤니케이션은 대단히 중요한 정도로 기업의 효율성에 반영되는 하나의 요소이다(Becker, 1998; Bruhn & Boenigk, 1999; Cornelius, 1999; Pepels, 1999; Mast, 2000; Welge, Häring & Voss, 2000). 이 때문에 최근에는 많은 기업들이 그 전보다 이 분야에 대해 더 많은 주의를 기울이고 있다. 커뮤니케이션 매니지먼트에 대한 특별한 조치에 대한 여러 기업의 설문 조사에서 Manfred Schwaiger, Peter Jeckel, Volker Saffert(1995)는 무엇보다도 다음과 같은 결과에 도달했다:

거의 모든 대기업과 많은 중소기업은 기업 커뮤니케이션에서 전략적 **성공 요인**을 보고 있으며 이 주제를 계획적으로 다루고 있다.

많은 기업은 **커뮤니케이션 문제**의 원인으로 직장 상사들의 부족한 관심과 기업의 크기와 관련된 어려움을 지적한다.

문제 해결을 위한 조치로 특히 언급된 것은: 정보 흐름의 개선, 기업 문제에 대한 기민한 대처, 특히 간부 직원 층의 변화 과정의 지원.

커뮤니케이션 매니지먼트와 관련한 조직의 권한에 관해서 Schwaiger et al.은 설문 조사 당시에는 대부분의 기업에 여전히 내부 커뮤니케이션을 담당하는 부서가 없었다는 것을 밝혀냈는데 이점은 부분적으로 알력에 의한 높은 손실을 초래했다:

> "커뮤니케이션 컨셉이 큰 효과가 나도록 실행하는데는 그 과제가 어딘가에 분명하게 소속되어야 한다는 전제가 있어야 한다; 여러 부서가 참여하게 되면 당면 문제의 해결을 어렵게 하는 기업 내적 어려움에 이르는 것이 거의 불가피하다."(Schwaiger et al., 1995, p. 36)

많은 기업에서는 이에 반해 **기술적 커뮤니케이션** 영역은 더 잘 조직되어 있고, 아직도 바라는 바가 많이 남아 있기는 하지만 고객의 요구에 부응하고 있다. 또한 기업 내부 커뮤니케이션에 관련해서도 많은 새로운 활동이 기록되고 있다(Bischl, 2000).

3) 행정 체계와 법체계

시민과 국가의 행정 관청 사이의 커뮤니케이션은 관료주의 국가의 제약을 결코 모두 제거하지 못하고 있다. 언어적 장애를 극복하는 것뿐만 아니라 민주적 의식의 길도 닦아야 하겠다(Eckardt, 2000; Schedler & Proeller, 2000).

판결은 개인과 집단에 다방면으로 중요한 결정이 다뤄지기 때문에 조직 커뮤니케이션에서 특별히 민감하고 까다로운 분야이다. 판결은 모든 참여자들을 도와 각자의 권리를 얻게 하는데 기여하여야 한다.

여기에는 무엇보다도 **재판**에서의 커뮤니케이션 그 가운데 특히 **증언** (**증인의 진술**) 등이 속한다(Ekman, 1985; Peiffer & Oswald, 1989).

ㄴ) 보 건 체 계

흔히 인간의 최고의 자산으로 불리는 **건강**은 점차로 본래의 목표인 질병의 치료를 훨씬 넘어서 포괄적인 목표설정으로 발전되고 있다. 오늘날에는 **삶의 질**과 **초기 예방**과 같은 동인들이 전면에 부상하고 있다 (Haisch, 2000).

　　보건 체계에서의 커뮤니케이션은 여러 가지 많은 실현 형식과 상황에서 일어나는데 이 가운데 몇 개가 다음에 언급된다(Pettegrew & Logan, 1987; Lalouschek, 1995; Weinhold, 1995; Jazbinsek, 2000):

　　개개인 사이의 커뮤니케이션
　　(예를 들어 의사-환자, 간병인-환자, 의사-간병인),

　　집단에서의 커뮤니케이션 (학제적 치료팀, 자조 그룹, 감시 그룹),

　　특별한 조직 내부에서의 커뮤니케이션 (종합병원, 병원, 간병 기구),

　　여러 가지 건강 위험 요소들 (니코틴, 술, 여타 마약, 잘못된 식습관) 과 그로 인한 질병 (암, 심장-순환기 질병, 에이즈 등) 에 대한 커뮤니케이션 캠페인,

　　컴퓨터에 의한 의학 정보 체계.

이렇게 열거해보니 보건 체계에서의 커뮤니케이션은 다양하고 상이한 기능과 과정을 포함하고 있는 것이 밝혀진다(Klinzing & Klinzing, 1985; Hoffmann-Gabel, 1999).

5) 기타 단체

아마도 대부분의 협회와 정당과 노동조합 그리고 여타의 단체는 지난 몇 년간에 걸쳐서 각 모임의 구성원들뿐만 아니라 사회의 늘어나는 요구에 부응할 수 있기 위해 조직 커뮤니케이션이 더욱 전문화되어야 한다고 인식해야만 했다(Arlt, 1998; Moeller, 2001).

2. 조직의 상호작용

개별 조직의 여러 사회적 기능과 구조에 좌우되면서 조직에서 진행되는 상호작용도 변화가 있게 된다. 먼저 상호작용의 기본적인 **인지적 전제**가 다루어지고, 이어서 상호작용의 주요 **파트너**와 **과정**을 파악한다.

1) 인지적 전제조건

조직 커뮤니케이션에 필수적인 인지적 전제는 개별 조직에서 커뮤니케이션에 대한 상응하는 능력이 현존하는 것이다. 이 능력은 개별 조직 구성원들 개개인의 능력에 근거한다. 그 외에 물론 특별한 능력이 뒤따라야만 한다. 특히 조직 커뮤니케이션에 중요한 것은 충분한 지식과 **커뮤니케이션 매니지먼트** 분야에서 이론적으로 정초된 경험이다. 그 외에 많은 조직 커뮤니케이션 분야에서 중요한 능력은 **팀 능력**이다.

– 커뮤니케이션 매니지먼트

모든 거대 조직들과 그 사이 많은 중소 조직들도 해당 조직에 특수한 커뮤니케이션에 대한 기획과 형성과 평가를 담당하는 부서나 담당자를 두고 있다. 조직 **커뮤니케이션 매니지먼트**의 과제는 내부와 외부로의 방향이 있으며 뛰어난 커뮤니케이션 능력뿐만 아니라 방법적 능력(3장 참조)도 요구한다.

　　외부 관계 형성에서 특히 중심적 과제는 전통적으로 **홍보**(*PR*) 분야이다. **공공 미디어**에 의해 전파되는 많은 양의 정보는 PR 매니저에 의해 준비되거나 최소한 상당한 영향을 받는다. 미국에서는 여러 평가가 있지만 PR의 영향을 받는 보도의 비율이 50 퍼센트를 넘는다는 평가도 있다(Cameron, Sallot & Curtin, 1997). 때문에 PR 매니저는 **공공 커뮤니케이션 체계**의 중요한 파트너이다(Dees, 1996; Szyszka, 1999; Faulstich, 2000; Röttger, 2000).

　　홍보의 성공에는 홍보의 **사회적 중요성**과 **공공 미디어**와의 특수한 관계뿐만 아니라 조직의 **이익**도 고려해야 한다:

　　Agenda-Setting(6장 참조)에서 공공 미디어의 역할을 보충하면서, PR 분야는 조직의 정보를 선택하는데서 유사한 기능을 떠맡는다. 이 견해는 PR이라는 두 글자 뒤에 얼마나 크나큰 **사회적** 권력이 도사리고 있는지를 분명히 해준다. 물론 이는 윤리적 문제와도 결부되어 있다(Becker, 1996).

공공 미디어와 PR분야의 파트너들간의 밀접하고 신뢰성 있는 협력은 이 중요한 미디어의 정보 원천이 효과적으로 기능 하는 것을 보장하는데 공중의 반응과 영향도 항상 고려되어야 한다(Schantel, 2000).

PR 매니저는 PR 부서가 소속되어 있는 기구의 특별한 **이익**에 의해 상당한 정도로 영향 받는 조직의 분야에서 일하고 있다. 그러나 이 점이 PR 작업의 학문적 정초가 소홀히 되는 것으로 흘러서는 안 된다(Grunig & Hunt, 1984; Grunig, 1992; Bentele & Szyszka, 1995).

협력이 외부에 대한 커뮤니케이션 매니지먼트의 성공을 위한 하나의 중요한 전제인 것처럼 내부적으로는 **팀 능력**이 그러하다. 아래에서는 어떻게 이 중요한 능력이 촉진될 수 있는가 하는 문제를 조사하려고 한다.

– 팀 능력

조직에 있어서 커뮤니케이션 과제의 대부분은 **그룹**에서 일어난다. 이런 이유에서 4장에서 이미 다뤄진 **커뮤니케이션 능력** 이외에 개인적 효율성과 조직 효율성의 증대를 위한 중요한 전제로서 **팀 능력**이라는 핵심 자질이 자주 언급된다. 그밖에도 오늘날 많은 조직에서 **연수와 지속적 교육**에 큰 의미를 부여하고 있는데, 왜냐하면 이는 단기간이 아니라 특히 장기적인 안목에서 더 나은 성과에 이르기 때문이다. 특정한 조건 하에서의 **팀**에서의 학습의 진전은 전면 수업에서의 학습 진

전보다 뚜렷하게 우세하다고 밝혀졌다(Brunstein, 2000). 때문에 특별히 팀 학습 과정에서의 교수법을 계속 발전시키는데 중심적인 측면들을 파악하고자 한다.

이미 **학교**에서의 그룹 수업의 장점으로 다음과 같은 이유를 들고 있다(Dann, Diegritz & Rosenbusch, 1999):

가정과 친구라는 소그룹으로서의 친숙감으로 인해 그룹에서의 연구는 젊은이들의 욕구에 부응한다.

그룹 연구로 사회적 학습과 너불어 민주적 의사 결정 과정으로의 편입이 다른 수업 형태보다 더 잘 가능하다.

마지막으로 그룹 연구에서 또한 사회적으로 관련 있는 학생들의 자립성이 가장 잘 발달될 수 있다.

이런 지적에서 그룹 연구는 커뮤니케이션 능력과 사회적 능력을 기르기 위해 가능한 자주 이용되어야 한다는 것은 분명해 진다. Dann et al. (1999)의 연구에서 확인됐듯이 그러나 그룹 연구도 학교에서 이용되면 문제가 없는 것은 아니다. 다음의 비판적 측면들이 고려되야 한다:

학생들이 종종 그룹 연구의 **목표**와 **과제** 그리고 **방법**에 충분히 대비하지 못하고 있다.

특히 그룹에서의 **과제 분배**가 항상 최적의 상태가 아니고 흔히 불분명하고 분쟁의 소지조차 있다.

경험이 없는 교사가 자주 **간섭**하여 발전되고 있는 그룹 과정이 교란되는데 기여하기도 한다.

이런 관찰에서 얻은 중요한 결론은 그룹 수업의 성공은 이에 상응하는 교사의 양성 없이는 거의 불가능하다는 것이다. 성공을 위한 또 하나의 전제는 교사들간의 모범적 협력인데, 그렇지 않은 경우에는 현존하는 교수법과 체험된 현실 사이에 모순이 드러난다. 이 드러나는 모순을 피하기 위한 협력이 또 하나의 전제이다.

2) 조직에서의 상호작용 파트너

개별 조직의 과제와 구조가 상이하듯이 조직의 외부와 내부에서 서로 상호작용하는 사람들의 과제도 다르다. 때문에 다음에는 비교적 많은 조직에 나타나고 그래서 일반적인 관심의 대상이 되는 중요한 몇몇 역할을 예를 들어 골라본다. 여기에는 교수자와 학습자와 상사와 직원 그리고 사업자와 고객이 속한다.

- 교수자와 학습자

교수자와 학습자의 역할은 교육 체계에만 특징적인 현상이 아니라 오늘날 **평생 학습**의 시대에서 다른 많은 조직에서도 찾아볼 수가 있다. 흔히 수업에서는 주로 **지도**한다는 틀에서 **지식**의 적절한 전달에 신경을 쓰고 있다. 이 때 교수자의 역할은 흔히 학습자에게 있어서 인지적 정보 처리가 진행되도록 하기 위한 정보의 단순한 전달자로 간주된다. 그러나 이러한 시각에서는 교수자가 학습자에게 교수-학습 과정의 **상호작용**의 방식과 그 놓여진 **상황**도 함께 전달한다는 점이 간과되기 쉽다. 교수자와 학습자간의 관계는 따라서 지도의 측면에 국한돼서는 안되고 커뮤니케이션의 전반적인 차원을 포괄해야 한다 (Nuthall, 1999).

– 상사와 부서 직원

한 조직의 **기능적 구분**의 중요한 사질은 **정보의 흐름**과 그 구성원의 **협력**이다. 많은 수의 연구에서 조직의 능률에 본질적인 측면들이 연구된다. 거기서 논의되는 측면들은 **상사와 부서 직원**간의 커뮤니케이션과 **부서 직원 상호간**의 커뮤니케이션 그리고 특별히 **팀**에서의 커뮤니케이션에 관련이 있다:

> **상사와 부서 직원간**의 커뮤니케이션은 조직의 능률을 결정하는 요인으로 밝혀졌다. 여기서 특히 중요한 것은 상사의 능력과 지도력에 대한 신뢰가 강화된다는 것이다(Northouse, 1997; Wunderer, 2000). 이를 위해 필수적인 것은 정직성과 개방성과 일관성인데 이들은 특히 **비언어적** 커뮤니케이션에서도 표현된다(Winterhoff-Spurk, 1994).

> **부서 직원 상호간**의 관계는 전체적으로 봐서 최상의 정보 흐름과 공동의 성과에 근거하는 기업 풍토를 위한 토대를 만든다(Wucknitz,

2000). 정보를 신속하게 전달하는 직원은 보통 정보를 전략적으로 다루는 직원보다 공동의 성공에 더 관심이 많다고 평가된다. 이를 위해 가장 중요한 전제 가운데 하나가 직장에서의 능력 있는 지식 매니지먼트이다(Reinmann-Rothmeier & Mandl, 2000).

팀의 커뮤니케이션 구조는 그 결과를 통해 함께 결정된다. 이런 견해로 인해 지난 수 십 년간에 걸쳐 조직들이 작고 비교적 독립적인 팀을 형성하고 그 구성원들은 집중적이고 동등하게 서로 커뮤니케이션하는 쪽으로 강력히 나아갔다(Hawkins & Fillion, 1999). 이점은 유형, 무형의 성과 촉진 시스템과 연계되어 그룹 구성원들의 성과를 내려는 동기를 본질적으로 강화시킬 수 있다.

– 사업자와 고객

고객이 한 기업의 제품을 구입하는 것을 고려하는 것만이 아니라 구입 후에도 고객이 얼마나 만족하는지도 바로 기업과 고객의 커뮤니케이션에 좌우된다. 이 때문에 **마케팅**의 전통적 목표에는 점차 다양한 목표 그룹의 시각을 정확하게 연구하는 관심이 추가된다(Scherer & Brosius, 1997; Pepels, 1999).

기업과 고객이 만나는 커뮤니케이션 이음새는 **고객 서비스**이다. 전에 간과되었던 것이 오늘날에는 대부분의 회사들에 의해 심각하게 받아들여지고 있다: 고객 서비스는 만족스런 배달이나 제품 수리하고만 관계가 있는 것이 아니라 고객에 의해 본질적으로 기업과의 커뮤니케이션으로도 인식된다(Ford, 1999).

그러나 예를 들어 간접적으로만 회사와 연결되는 **콜센터**를 통한 고객 서비스의 해결에 의해 커뮤니케이션의 방식도 변화된다는 것을 고려해야 한다. 고객과 기업 대리인의 개인적 관계에서 순수하게 기능적인 성격을 지닌 익명의 접촉이 된다(Gutek, 1995). 고객 서비스의 이런 변화로부터 생겨나는 커뮤니케이션 문제는 자명하다. 왜냐면 현재 결여되어 있는 인간적 관계는 그렇게 쉽게 다른 제안들로 대체될 수는 없기 때문이다. 여기서 어떻게 최선의 결과를 이룰 수 있을 것인가는 현장 실험에서 밝혀질 것이다.

3) 조직의 상호작용 과정

여러 종류의 과제가 있는 개개의 상호작용 파트너들에 좌우되면서 조직 커뮤니케이션의 개별적 상호작용 과정도 많은 차이가 난다. 교수-학습 상황에서의 상호작용 과정은 상업적으로 조절된 과정과는 상이한 기능성에 의해 구별되며, 이런 과정은 또 다시 보건 체계에서의 상호작용과는 구별된다. 또 한편으로는 행정이나 법체계라는 틀에서의 상호작용의 분석에서는 다른 측면들에 주의를 기울여야 한다.

따라서 여기서는 예를 들어 설명하겠다. 특히 중요하게 보이는 것은 **커뮤니케이션 캠페인**과 **대화** 그리고 **협상**이다. 왜냐면 이런 상호작용 유형들은 거의 모든 조직에서 다루어져야 하고 경험상 큰 문제를 일으키기 때문이다.

– 커뮤니케이션 캠페인

커뮤니케이션 캠페인은 조직의 커뮤니케이션 조치와 관련이 있는데 이 조치는 제한된 시간에 비교적 많은 수의 사람들에게 일으키는 특수한 효과를 겨냥한다. 미국에서는 커뮤니케이션 캠페인 연구는 커뮤니케이션학의 오래된 주제이다(Rogers & Storey, 1987). 이 연구는 어느 특정한 연구 단계에서 이런 캠페인의 영향에 대해 비관적 평가와 더불어 **공공 커뮤니케이션**에 대해서도 비관적 평가를 지지하기도 했으나, 다른 어떤 단계에서는 오히려 긍정적인 평가를 지지하기도 했다. 그러나 이러한 경향은 경험과 이론의 모순에서 자유롭지 않다(6장 참조).

첫 번째 연구단계는 40년대와 50년대에 특히 Paul Lazarsfeld의 주도 하에 Columbia대학교 응용사회연구회(Bureau of Applied Social Research)의 연구와 더불어 그 정점을 맞이했다. 이 연구물의 하나는 1940년 오하이오의 Erie County에서의 대통령 선거에서의 투표 행동을 분석하는 것이었는데 유권자들은 한번 확정한 투표 의향을 선거 캠페인에도 불구하고 단지 소수만 바꿨다는 결과에 이르렀다(Lazarsfeld, Berelson & Gaudet, 1948). 이에 반해 **개인간** 영향은 훨씬 더 중요한 것으로 보이는데 이점은 Elihu Katz와 Paul Lazarsfeld(1955)가 커뮤니케이션 영향의 **두 단계 흐름**(*Two-step-flow*) **모델**을 형성하는 자극이 되었다. 이 모델에 의하면 캠페인은 특히 개인간 커뮤니케이션을 통해 작용하게 된다는 것이다. 캠페인의 미미한 성공에 관한 다른 지적은 **최소 효과 이론**에 대한 이 입장의 일반화에 이르게 했다(Hyman & Sheatsley, 1947; Star & Hughes, 1950; Cartwright, 1954; Klapper, 1960).

캠페인 영향에 대한 이어지는 상세한 연구에서 확인된 것은 캠페인은 일정한 실행 전략과 조건을 고려할 때 성공할 수 있다는 것이다(Mendelsohn, 1973; Salcedo et al., 1974). 80년대 이후로는 이 때문에 커뮤니케이션 캠페인의 영향에 대한 온건한 입장이 성공을 거두었는데 이 입장은 캠페인에서 벌어지는 과정의 복잡성을 참작한다(Rice & Paisley, 1981; Rogers, 1983). 특별히 여러 가지 많은 경험적 방법의 사용은 이 분야에서 지극히 풍성한 결과가 있는 연구에 이르게 하였고 이는 조직 커뮤니케이션뿐만 아니라 공공 커뮤니케이션을 위해서도 고도로 중요한 것이다(Moffitt, 1999).

커뮤니케이션 캠페인은 의도된 **목표**의 종류에 따라서, 추구하는 **수신자**에 관련하여, **이익 분배**에 따라 여러 가지 유형으로 구분될 수 있다(Kimsey & Atwood, 1979; Rogers & Storey, 1987):

캠페인에서 추구하는 목표는 인산 인지의 본질적 측면에 상응하여 **지식**의 전달에 있을 수 있으며 **감정**의 유발에 있을 수 있으며 **행동**과 **태도**의 변화에 있을 수 있다. 감정 유발은 비교적 쉽게 달성될 수 있으나, 지식의 전달은 현저하게 어렵고, 행동과 태도의 지속적 변화는 흔히 거의 이룰 수 없는 목표이다.

캠페인에서 호소의 대상이 되는 **수신자**는 개별적 개인이 될 수도, 사회 그룹이 될 수도, 특정 지역의 전체 주민이 될 수도 있다. 그래서 예컨대 금연은 개인적인 차원에서의 목표이고, 협회의 신입 회원 모집은 조직 차원에서의 목표이고, 마을 미화는 공공 차원에서의 목표이다.

대부분의 캠페인에서는 결과로 나오는 **이득**은 캠페인 생산자와 수용자에게 분배된다. 그러나 담배 광고와 금연 광고간의 비교가 분명히 보여주듯이 이러한 분배는 상이한 이익 차원과 이익의 크기와 관련하여 서로 다른 캠페인에서 일어난다.

커뮤니케이션 캠페인에 대한 이런 세분화된 시각과 완전히 일치하면서 Shanto Iyengar와 Adam Simon(2000)은 **선거전**에서의 커뮤니케이션의 이론적 모델을 선호한다. 선거전에서는 정치가의 유권자에 대한 **반향**과 그 반대되는 측면과 상대 정당에 대한 **전략** 측면이 강조 된다:

> **반향**이라는 측면은 정치적 전달자와 유권자간의 상호 의존성을 지적한다. 전달자에 의해 제공된 메시지는 수용자의 이미 존재하고 있는 태도와 동인과 만나게 된다. 상호간의 반향의 정도는 이런 태도가 지식 관련 분야와 감정적 분야에서의 변화를 일으키는데 일정한 준비를 하게 만든다.

> **전략**이라는 측면은 추가적으로 상대방의 커뮤니케이션 수행 양식을 고려하면서 영향 연관성의 분석을 계속하여 평가한다. 한 정당의 캠페인은 여타의 정당과 전체 정치 상황의 배경을 염두에 두고 관찰되어야 한다.

Iyengar와 Simon은 선거전의 영향에 대한 세분화된 연구를 옹호하는데 이 연구에는 앞으로 실험적 디자인과 정확한 내용 분석이 한층 더 이용되어야 한다는 것이다.

독일에서도 지난 수년에 걸쳐 지난 선거전에 대한 집중적인 커뮤니케이션학적 분석이 실시되었는데, 이 분석은 민주 사회에서 주기적으로 반복되는 커뮤니케이션 캠페인이 강화되는 **전문화**를 보여주고 있다(Holtz-Bacha & Kaid, 1996; Schulz, 1998; Holtz-Bacha, 1999;

Krüger & Zapf-Schramm, 1999; Noelle-Neumann, Kepplinger & Donsbach, 1999; Bohrmann et al., 2000; Brosda, 2000a; Schicha, 2000a; Schmitt-Beck, 2000).

– 조직에서의 대화

조직에서의 많은 대화 상황에서 각각의 종종 아주 상이한 목표를 달성하기 위해 대화 양측은 다양한 커뮤니케이션 능력을 실행해야 한다. 이점은 **면접 대화**와 **판매 대화**에서 분명히 설명될 것이다:

조직의 시각에서 보면 예컨대 **면접 대화**는 가능한 짧은 시간에 지원자에 대한 포괄적인 정보를 획득하려는 목표를 갖고 있고, 지원자 입장에서는 자신의 능력에 대해 조직의 대리인이 확신을 갖도록 설득한다는 바램을 갖고 있다(Sarges, 2000). 때문에 특히 집중적인 준비를 하는 것이 합당하다. 연구에 의하면 면접 대화에 대한 **구조화되고** 광범위하게 **표준화된** 형식의 면접 대화는 한층 강화된 신뢰성을 제공하고 개인적 선입견에 덜 사로잡히게 된다(Hough & Oswald, 2000).

다른 예는 **판매 대화**인데 여기서는 판매인은 고객이 구매하게끔 애를 쓴다. 고객의 시각에서 보면 이것은 특히 정보와 상담인 것이다. 판매 대화는 따라서 양측에게 이해 조정에 대한 다양한 커뮤니케이션 가능성을 열어준다(Pothmann, 1997).

조직에서의 성공적인 대화는 지식 차원에서의 능력뿐만 아니라 감정
과 행동 차원에서의 능력도 요구한다. 이를 위해 자신의 행동 양식에
대한 기획은 물론 대화 상대자의 이해와 태도에 대한 고찰도 포함하
는 충분한 준비가 필수적이다. 그밖에도 지난 수 년 간의 연구에서 기
획 외에 추가적으로 계획에 대한 유연하고 적용할 수 있는 실행이 대
화 성공에 결정적으로 기여한다는 것을 분명하게 밝혔다. 이러한 커
뮤니케이션 능력은 곤란한 대화 상황에서 특히 중요한데 **협상**에서 종
종 이러한 어려운 상황이 나타난다.

– 협상

지난 수십 년에 걸쳐 협상에 대한 연구로 많은 양의 연구물이 나왔는
데 여기서 정보와 상호작용 그리고 상황이라는 변인들의 영향이 중심
적 역할을 한다. 이 가운데 많은 연구물은 협상 파트너가 각각의 협상
상황을 해석하는데 의지하고 있는 흔히 비교적 단순한 인지적 **전략**을
보유하고 있다는 것을 밝혀낼 수가 있었다(Putnam & Roloff, 1992;
Jordan & Roloff, 1997; Pavitt & Kemp, 1999; Osterkamp, Kindt &
Albers, 2000). 그러나 이러한 전략은 항상 도움이 되는 것은 아니지
만 그 중 몇몇은 다음과 같은 **성향**이다(Bazerman et al., 2000):

협상 성공에 대한 너무 큰 믿음,

자신이 선호하는 것과 상대편이 선호하는 것이 일치하지 않을 것이
라는 가정과 타협의 기회를 간과하는 것,

상대편의 시각을 무시하는 것과 상대편의 양보를 대수롭지 않은 일

로 처리하기,

다른 가능성이 상존하더라도 갈등의 심화로 치닫는 성향,

부정적 맥락에서의 요구보다 긍정적인 요구에서 더 많은 양보를 한다는 준비자세.

협상에서 이렇게 명백한 인지적 처리의 약점들에 대처할 수 있기 위해 최악의 협상 실수를 막기 위한 예방적 조치가 취해져야 한다. 그래서 협상 파트너들은 성공 전망의 판단과 자신의 능력에 대한 과대평가에서 나타나는 **자기중심주의**의 성향을 극복해야 한다. 이는 협상 파트너들의 기회와 전략을 의식화하는 것에 의해 최상으로 이루어진다.

그밖에도 협상의 진행과 결과에 **협상 분위기**가 주는 영향도 간과되서는 안 된다. 정보 처리의 합리성에 미치는 **감정**의 영향도 고려해야 한다. 긍정적 감정은 합의에 이르게 하지만 부정적 감정은 논거를 잘못 판단하고 그래서 타협의 기회를 망치게 만든다. 다른 한편으로는 감정은 또한 전략적으로 상대편에 영향을 미치는데 이용될 수도 있다. 자연스럽게 감정은 조직과 사회의 **갈등**에서 종종 중요한 역할을 하며 그래서 상호작용의 **조정**과 그리고 전문적 갈등 조정의 틀 안에서 즉 **중재**에서는 특별히 예민한 감수성으로 다루어져야 한다(Folger & Jones, 1994; Lehman, 1998).

협상 가능성에 대한 자기 비판적이고 현실에 근접한 연구처럼 **매체**의 올바른 선택도 주워진 조건 하에서 최상의 협상 성공을 이루는데 기여할 수가 있다. 협상 파트너와 이러한 합의를 유도할 수 있기 위해 매체의 영향을 고려하는 것이 중요하다:

면대면 커뮤니케이션은 협상 파트너간의 사회적 관계의 구축을 지원한다. 면대면 커뮤니케이션은 더 많은 협력을 이끌어 내고 속임수 전략의 방어에 효과를 발휘한다. 특히 **비언어적 신호**(*Cues*)는 신뢰 분위기를 조성하는데 기여한다. 이에 반해 불균등한 권력 분배에서는 면대면 커뮤니케이션은 오히려 감정성을 강화시키고 이를 통해 비이성적 협상 전략을 지원한다(Thompson, 1998).

전화나 **이메일** 등의 **매체지원 커뮤니케이션**은 스트레스를 협상에서 배제하는데 기여할 수 있다. 하지만 이런 커뮤니케이션은 많은 협상 파트너들이 전화나 이메일로 자신들의 요구 사항을 면대면 상황에서 보다 더 직접적으로 표현하는 경향이 있다는 단점이 있다. 특히 이메일이 이런 경우인 것 같다(Döring, 1999). 다른 한편으로 이메일에서는 사회적 위계질서가 다른 매체보다 협상에 덜 방해가 된다.

이런 상호작용적 측면 외에도 협상에서는 당연히 **논증**의 구축에도 주의해야 한다. 이와 관련된 몇몇 문제는 다음 절에서 다루어진다.

3. 조직의 정보 전달

각각의 조직이 처해 있는 배경을 염두에 두면서 그리고 일정한 상호작용 과정의 틀 안에서 설정된 목표를 수신자에게서 정보 처리를 통하여 달성하는 것이 조직의 정보 전달에서 중요하다. **지식의 전달, 감정의 영향, 행동의 조절, 태도의 변화** 등의 상이한 과제 설정 때문에 조직 커뮤니케이션 분야에서도 이러한 커뮤니케이션 기능들을 조직 커뮤니케이션의 정보 처리 과정에 대한 이 절의 구조화의 토대로 삼는 것이 적절하다.

1) 조직에서의 지식 전달

오늘날 흔히 들을 수 있는 **학습하는 조직**이라는 말은 널리 인정된 목표이지만 유감스럽게도 아직 자동적으로 실현되지는 않고 있다. 그 자체로 바람직한 주도적 생각의 실행이 얼마나 어려운지는 조직에서의 **지식 전달**의 도움으로 분명하게 설명될 수 있다. 이에 대한 특히 노골적인 예는 **실용텍스트**라는 문제이다. 조직의 지식 전달을 앞으로 계속하여 개선할 수 있기 위해서는 특히 한편으로는 **연수**와 **재교육**에 대한 효과적인 방법을 개발하는데 성공하여야 하고, 다른 한편으로는 이를 통해 이루어진 행동의 변화를 조직의 일상으로 **전환**하는데 성공해야 한다.

– 실용텍스트

정보와 상담 그리고 서비스에 대한 증가하는 요구와 더불어 접하게 되는 여러 가지 **실용텍스트**에 대한 비판적 태도도 늘어나고 있다. 이에는 특히 **기술적 커뮤니케이션** 분야에서의 사용설명서와 **행정 커뮤니케이션** 분야에서의 서식 그리고 **보건 커뮤니케이션** 분야에서의 동봉설명서(Beipackzettel)가 이에 속한다. 아마도 독자들께서는 이런 종류의 텍스트에 대해 분통이 터지는 일이 있었을 뿐만 아니라 어떻게 이렇게 수용자의 이해를 명백하게 무시하는 일이 오늘날에도 여전히 가능한지 의문을 품어 보았을 것이다. 잘못은 확실하게 이런 텍스트를 생산하는 조직에도 일부 있으며 또 지금까지 전혀 관심을 기울이지 않았거나 혹은 불충분한 방법으로 이런 일을 대해 왔던 학문에도 그 일부 잘못이 있다.

독일에서는 오랜 시간 이른바 **함부르크 이해 모델**이 **텍스트 이해성**의 중요한 기초로 간주되고 있다(Langer, Schulz von Thun & Tausch, 1974). **단순성, 질서, 간단성, 자극적 보충**이라는 그 모델의 텍스트에 근거한 차원은 텍스트 형성에 대한 모호한 암시 외에는 별반 제시하는 바가 없다. 이에 비해 새로운 단서들은 관련된 인지적 과정을 분명하고 방법적으로 잘 정초되어 분석한다(Schriver, 1989; Rickheit, 1995; Diekhans et al., 2000). 인터넷을 위한 하이퍼텍스트는 특히 세심한 연구가 필요하다. 이 텍스트에서는 사용의 가능성이 인쇄 텍스트보다 더 다양하기 때문이다(Edelmann, 인쇄 중).

– 연수와 재교육

다른 모든 교수–학습 과정처럼 조직의 연수와 재교육도 **지식**이라는 측면 외에 **감정과 행동**이라는 측면을 포함한다. 따라서 커뮤니케이션 훈련에서는 출발점의 편향성에 의해 행동 스펙트럼의 일부분만이 달성되는 위험에 빠지지 않기 위해 세 가지 측면이 모두 다루어져야 한다. 그 외에도 세 가지 모든 기본적인 커뮤니케이션 차원 즉 **정보와 상호작용** 그리고 **상황** 형성에서의 능력도 최적화되거나 안정되어야 한다. 많은 수의 연수와 재교육이 제공 되고 있지만 예를 들어 서술하기 위해 커뮤니케이션과 밀접하게 관련이 있는 분야 즉 대화 훈련 분야를 골라 보고자 한다.

대화 훈련이 특별하게 도전하고자 하는 바는 대화가 대부분의 독화적 커뮤니케이션 종류처럼 기획되고 처리되지 않도록 하는 것이다. 그래서 대화 훈련에 있어서 특수한 대책이 마련되어야 한다(Fiehler & Sucharowski, 1992; Henninger, Mandl & Pommer, 1994; Brons-Albert, 1995; Günther & Sperber, 1995; Brünner, Fiehler & Kindt, 1999). 이런 배경 하에서 Annette Lepschy(1999)는 대화 훈련의 **재현 방법**과 **처리 방법**을 구분하고 있다.

재현 방법의 목표는 훈련하고 있는 대화 상황을 가능한 포괄적으로 서술하는 것이다. 여기서는 **활성화 방법**과 **수용적 방법**을 구분할 수 있다:

활성화 재현 방법은 대화가 시뮬레이션 되거나 대화에 중요한 부분 과정들이 소개되는 모든 진행 양식을 포함하고 있다. 이 방법은 그렇게 해서 언어적 행위의 지식과 감정적 측면뿐만 아니라 행동적 측면까지도 관련이 있다.

수용적 재현 방법은 이에 반해 대화나 대화의 부분 과정의 실현을 목표로 하는 것이 아니라 단지 **경우의 서술** 내지는 **전사된 것**의 도움으로 이런 대상들에 대한 기술을 도모하자는 것이다.

처리 방법은 여러 가지 방금 서술된 방법으로 재현된 대화를 훈련 참가자들에게 학습 성공의 결과가 생기도록 처리하는 목표를 추구한다. Lepschy는 **재귀적** 방법과 **분석적** 방법으로 구분 한다:

Lepschy는 피드백의 도움으로 훈련 참가자들의 **자기 경험**에 기여하는 진행 방식을 **재귀적 처리 방법**이라 칭한다.

분석적 처리 방법은 이에 반해 대화의 여러 측면에 대한 더 나은 **세분화**를 겨냥하고 있는 방법들을 말한다. 이 대화의 측면들은 대화 상황과 관계가 있을 수 있으며 대화 과정과 관련이 있을 수 있다.

커뮤니케이션 학습 과정의 포괄적인 이론적 토대를 마련해주는 사회-인지적 학습 이론의 배경 하에서(4장 참조), 언급된 모든 방법들은 행동 변화를 유발하는 일정한 기회를 제공한다. 이 이론으로부터 직접적인 피드백이 포함된 현실과 근접한 모델링과 연습 가능성 그리고 또한 인지적 처리를 위한 가능성은 포기할 수 없는 대화 훈련의 부분들이다. 따라서 이러한 부분들이 서로 결합되어 있는 훈련이 구상되어야 한다. 이러한 구상은 훈련 참가자들 개개인의 상이한 학습 전략이 통합될 수 있는 장점을 갖출 수도 있을 것이다. Lepschy는 이런 구상과 경험의 토대 위에서 **지식 차원**과 **감정 차원** 그리고 **행동 차원**에서의 훈련 방책의 결합을 권고 한다:

"방법의 선택에 있어서 고려해야 하는 것은 커뮤니케이션은 다양한 차원에서 전달되고 경험될 수 있고 또 그래야만 한다는 것이다. 이 방법들은 시험적 행위에서, 감정적 동인이 생겨나는 자기 경험에서, 커뮤니케이션에 관한 지식의 인지적 습득에서, 도구를 다루는 능력의 습득에서 경험 학습을 가능하게 해야 한다. 이점은 세심하게 조정된 방법의 교체에 의해 보장될 수 있다."(Lepschy, 1999, p. 70)

많이 커뮤니케이션을 해야 하지만 대부분 훈련이 충분치 않은 그룹 예컨대 **대학의 교원**의 경우처럼 비디오 피드백이 있는 연속적 훈련을 조금만 해도 놀라운 성공을 가져올 수 있다(Jensen, 1999). 과연 이렇게 빨리 얻어진 성공이 장기적으로 지속되는 것인지 아니면 곧 다시 효과를 보지 못하는 것이지는 물론 의문의 대상이다. 다음 절에서는 훈련의 실행을 지원하기 위한 제안이 제공된다.

– 훈련의 실행

조직의 재교육 조치의 성공은 흔히 훈련의 직접적인 결과 예를 들어 참가자의 만족에 의거하거나 학습 성공의 제시에 근거하여 검토된다. 이 기준들의 중요성에 비해 이 기준들은 훈련에서 습득한 능력을 직업적 일상에서 바람직한 실행에 대해서는 말하는 바가 적다. 따라서 훈련의 지속적인 성공을 판단할 수 있기 위해서는 이런 실행에 대해 아는 것이 무조건적으로 필요하다(De Corte, 1999; Hatano & Greeno, 1999). 이런 생각을 배경으로 하여 심리학자 Petra Heinemann(1999)은 다음과 같은 단계를 갖는 실행 중심 재교육 모델을 개발했다:

훈련 참가자를 통한 각각의 직장에 중요한 학습 목표의 확정에 의한 **실행 기준,**

훈련 참가자들과 그 동료간의 훈련 성공에 대한 측정 기준에 대한 합의에 의한 **수요 계획 수립,**

실행 기준과 수요 계획 수립을 배경으로 한 참가자들에 의한 훈련의 **학습 목표 검토,**

훈련에 이어서 훈련 결과의 행동 관련성에 대한 분석에 의한 **실행 검토,**

훈련 참가자들과 그 동료들에 의한 훈련 결과에 대한 **실행 계획 수립,**

전 참여자들의 직장에서의 협력적인 문제 해결에 의한 획득된 능력에 대한 **실험적 확인,**

마지막으로 직장의 일상에 훈련 결과의 **통합의 확보.**

경험적 연구에서 Heinemann은 이런 실행 중심 조치의 도움으로 재교육을 받았던 직원들은 훈련 직후에 재교육에 높은 만족감을 표시했던 다른 그룹보다 직장에서 훈련의 실행이 더 좋았다고 보고했다는 것을 확인할 수 있었다. Heinemann이 제안한 실행 기준에 있어서 다른 재교육 조치에도 중요한 측면은 직장 동료를 포함시킨다는 것이다.

2) 조직 커뮤니케이션의 감정적 측면

조직은 우선 그 기능과 구조 그리고 전략에 있어서 합리성이 뛰어나야 한다. 이 책에서 주장하고 있듯이 광범위한 인지적 단서에서는 **감정성**도 또한 합리성에 속하며 조직의 내부와 외부에 있는 인간을 비껴가지 않는다. 조직은 차갑고 느낌이 없는 것으로 보여 져서는 안 되며 사람들의 **믿음**을 얻고자 한다면 따뜻하고 감정 이입이 되어야 한다

(Strohner & Brose, 1994).

조직이 주는 영향의 사회적 감정적 차원은 이미 미국에서는 20세기의 30년대에 *Human Relations*라는 명칭아래 알려졌다. 이른바 **기업 풍토**라는 현상은 물론 조직의 **이미지**로 표현되는 외부에 대한 조직의 영향으로서의 *Corporate Identity*의 의미에서의 조직과의 **일체감도** 이와 연계되어 있다. 많은 조직은 감정적 작용의 중요성을 인식하고 안으로나 밖으로 자신의 인상을 가장 좋게 하려고 노력한다(Jablin & Krone, 1987; Parkinson, 1991).

3) 조직 커뮤니케이션의 행동적 측면

조직 행동 조절은 직원의 성과에 대한 결의의 증가에서 사회적으로 바람직스럽지 못한 경향의 회피에 이르는 여러 과제들을 포함한다. 잘 연구된 영역은 **위험 커뮤니케이션**인데 다음에 상세히 다루게 된다.

위험 커뮤니케이션은 사람들에 의해 자신과 타인을 위험에 빠트릴 수 있고 그래서 가능한 피해야만 하는 행동 방식이 연구 대상이다. 이에 대해 잘 알려진 예는 담배와 마약 소비와 관련이 있는 건강상의 위험이다. 이런 위험과 관련이 있는 태도와 그래서 이에 대한 커뮤니케이션에 중요한 이 같은 위험의 측면들은 그 **사회적 문화적** 통합과 또 목표 그룹의 **행동 변화**를 포함 한다:

이 위험에는 개인적인 의미뿐만 아니라 **사회적인 의미**도 부여된다.

위험과 결합된 행위의 결정은 **문화적 가치**를 배경으로 하여 이루어진다.

위험커뮤니케이션은 목표 그룹의 일반적인 태도 변화뿐만 아니라 특히 **행동 변화**를 목표로 삼는다.

위험 커뮤니케이션의 성공 여부에 결정적인 것은 따라서 얼마나 밀접하게 행동 영향의 사회적 층위를 개인적 층위에 잘 결합 시키는가이다(Rimal, Fogg & Flora, 1995; Repucci, Woolard & Fried, 1999; Langer & Lund, 2000). 위험이 있는 행동 방식에 대한 책임이 개인에게만 돌아가거나 혹은 사회에게만 돌아가는 것을 막기 위해 커뮤니케이션에서 이 두 층위가 고려되어야 한다.

위험 평가와 위험 관리라는 위험 행동의 두 중요한 영역에 영향을 미치는 것이 문제라면 위험 커뮤니케이션의 사회적인 층위뿐만 아니라 개인적인 층위도 함께 작용 한다:

위험 평가는 있음직한 위험과 그 사회적이고 개인적인 평가에 대한 지식과 관련이 있다.

위험 관리는 위험의 조절이나 최소화를 목표로 하는 모든 행위를 포함한다.

Katherine Rowan(1991, 1995)은 위험 커뮤니케이션의 과제를 **문제 해결 단서**의 틀 안에서 CAUSE(Credibility establishment, Awareness creation, Understanding enhancement, Satisfaction, Enactment)라는 약자에 압축하여 담고 있다. 위험 커뮤니케이션에서 진행되는 과정에 대한 이렇게 구조화된 접근 방식은 설득 커뮤니케이

션 예컨대 다음 절에서 다루어질 **제품 광고** 같은 분야의 단서와 큰 유사점이 있다. 마찬가지로 제품 광고와 유사하게 위험 커뮤니케이션에서는 일러스트레이션의 지원된 효과로부터 진행될 수 있다. 위협적 일러스트레이션은 특히 장기적으로 그 영향이 전개될 수 있을 것으로 보인다(Zillmann & Gan, 1996).

4) 조 직 커 뮤 니 케 이 션 에 의 한 태 도 변 화

광고라는 형식에서의 설득적 태도 변화는 조직 커뮤니케이션에서 가장 중요하고도 매출이 많은 분야 가운데 하나이며, 이 변화는 일상의 거의 모든 분야에서 다양한 형식으로 나타난다(Jäckel, 1998). 광고의 목표는 계획되고 공공연한 영향을 통해 특히 광고 **대상**에 대한 태도의 변화를 달성하는데 있다. 광고의 **대상**은 제품, 용역, 기업, 정치적 아이디어, 문화적 아이디어일 수 있다.

광고가 비록 한층 더 영상과 추가적인 말들로 제작되어도 언어학적 시각에서는 특히 특수한 **광고 언어**가 연구되고 있다(Janich, 1999; Bruthiaux, 2000). 광고 연구의 미래를 위해 결정적인 것은 광고의 인지적 처리를 경험적으로 만족스러운 방식으로 기술할 수 있을 뿐만 아니라 이를 세분화된 **설득 이론**의 도움을 받아 설명할 수 있어야 한다는 것이다. 그래서 다음에는 먼저 **주의력 집중**의 전략이 기본적 역할을 하는 이론적 고찰들을 살펴보고 이어서 **광고 효과**에 대한 몇몇 조사 결과를 논의한다. 이 장의 마지막으로는 **비교 광고**에 대한 조사 결과와 이와 연관 있는 **양면적 논증** 그리고 **연쇄적 설득 전략**을 언급한다.

– 주의

광고가 영향을 줄 수 있으려면 광고에 수용자의 주의가 향하고 있어야 한다. 주의의 집중을 다루고 있는 설득 이론 가운데 가장 많이 논의되고 있는 두 이론은 Petty와 Cacioppo(1986, 1990)의 *Elaboration Likelihood* 모델과 Chaiken과 Liberman과 Eagly(1989)의 *Heuristic-Systematic* 모델이다. 이 두 모델은 설득에 있어서 가장 중요한 변인들은 물론 과정과 결과까지도 포함하고 있다(Petty, Wegener & Fabrigar, 1997). 이 두 이론에서는 태도 변화에 있어서 상이한 인지적 루트가 구분된다. **중심 루트**는 특히 주의 집중과 이와 결합된 인지적 조절에 의해 지원을 받는 반면에 **주변 루트**는 정보 처리에 있어서 강력하게 자동적으로 진행되는 과정과 결합되어 있다:

중심 루트는 주의가 비교적 높은 경우에 밝게 된다. 거론된 주제가 수신자들에게 개인적으로 강하게 인상을 주고 이에 대한 집중적인 논의를 할 필요가 있다고 느낄 때에는 이런 경우가 많다.

주변 루트는 이에 반해 수신자가 부차적으로만 그 주제를 다루는 경우에 밝게 된다. 그러나 예를 들어 굉장한 능력과 신뢰감 그리고 호감이 있는 전달자인 경우이거나 주장되는 의견이 다른 많은 사람들에 의해 공유된다면 설득 효과가 달성될 수 있다.

특히 Elaboration Likelihood 모델은 1986년부터 설득 연구에 있어서 확고하고 세분화된 토대로 발전을 거듭하고 있다. 이 모델은 설득 효과는 본질적으로 정보 수신자가 설득에 중요한 정보의 양을 **세밀하**

게 마무리 (*elaborate*)하는 개연성에 좌우된다는 가정에서 시작한다. 여기서 elaboration은 수신자가 자신의 주의를 얼마나 강하게 주워진 정보에 집중시키고, 그 정보에 담겨진 논거들을 파악하고, 추가적으로 관련된 다른 측면들을 기억으로부터 재활성화 하는 것을 의미한다.

위에서 서술된 두 개의 인지적 전략은 서로 분명하게 분리되는 대안이 아니라 연속선상에 놓여 있으며 서로 위치가 바뀔 수도 있다. 이런 연속선상에서 elaboration 개연성의 이러한 자리 바뀜에서 분명한 이익−손실 효과가 있다: elaboration 개연성이 강화되면 주변 자질의 작용이 약화된다. 그리고 해당 주제에 대한 내용적 논의의 영향은 증가한다. 다른 한편으론 elaboration 개연성이 작아지면 전달자의 능력과 신뢰성 그리고 호감과 같은 주변적 특성이 더 중요시되고 또 논거의 영향은 축소된다. 대부분 이 두 루트는 동시에 활동하지만 차지하는 양은 각각 다르고 변화가 있다. 그러나 이 두 루트가 작용하는 것은 서로 다르다: 태도 변화에 참여하는 중심 루트가 크면 클수록 이 변화는 더 오래 지속되고 또 그 변화가 외부 행동에 더 강하게 작용하고 그리고 변화된 태도는 반대 설득 시도에 대한 저항이 더 강해진다 (Petty & Cacioppo, 1986; O' Keefe, 19990; Petty, Wegener & Fabrigar, 1997).

마찬가지로 설득 과정을 역동적 체계라는 틀 안에서 구상화하는 단서들은 상이한 과정과 단계간의 구분에서 차이가 난다(Vallacher & Nowak, 1994). 이러한 이론적 기획에 토대를 두고 있는 경험적 연구는 지난 수년간에 걸쳐 태도의 변화는 개인행동의 변화뿐만 아니라 특히 사회적이고 문화적인 분야에서의 변화도 중요시되는 대단히 복잡한 과정이라는 추측을 강화시켜 왔다.

– 광고 효과

제품 광고에는 특별히 많은 돈이 들기 때문에 지난 수년간에 걸쳐 **광고 효과**에 대한 연구에 상당한 재원이 투입되었다. 그러나 연구 숫자의 증가가 연구결과의 질적 제고와 필연적으로 연결되는 것은 아니다. 오히려 **환경적 타당성** 즉 일상적인 수용 상황과의 관계에서는 감소가 확인된다(McQuarrie, 1998; Woelke, 2000). 따라서 특히 실험을 하는 실험실 연구에서 쉽게 지나칠 수 있는 연구에서의 이런 측면들에 앞으로는 더욱 더 가치를 두어야 한다.

그리고 또한 이론에 대한 모델링에서도 행동의 여지가 있다. 커뮤니케이션 심리학자 Uli Gleich(1997)는 비판적인 개관을 한 후 광고 효과 연구에서 인지적 과정을 좀 더 많이 고려해야 한다고 주장 한다:

> "특히 인지 심리학 분야에서 정보 처리, 인지적 구조화, 주관적 인식과 의미부여 그리고 결정 행동에 대한 일련의 흥미로운 단서들이 나와 있는데, 이들은 광고 연구를 위해 유용하게 쓰일 수가 있겠다."
> (Gleich, 1997, p. 338)

광고가 효과가 있다는 것은 지난 수년에 걸쳐 잘 조절된 많은 연구물에서 입증되었다. 그러나 광고가 어떻게 효과를 발휘하는가 하는 질문은 정보와 상호작용 그리고 상황이라는 차원을 고려하는 토대 위에서 매우 세심하게 대답되어야 한다. John Jones와 Margaret Blair(1996)는 개관적 연구에서 다음과 같이 경험적으로 확증된 경향을 제시한다:

광고의 효과에는 특히 **질**이 결정적이지 그렇게 **양**이 중요하지 않다.

어느 한 제품에 대한 **태도의 변화**는 기억 능력보다는 광고의 성공에 대한 더 나은 지표이다.

오랫동안의 광고 캠페인에서는 **형태적 변화**가 도움이 된다.

경쟁이 심한 제품이 경쟁이 심하지 않은 제품보다 광고에서 더 많은 득을 본다.

이미 광고된 제품을 구입한 **수용자**의 경우가 경쟁 제품을 선택했던 수용자보다 광고가 더 효과적이다.

시청자의 **참여** 정도가 광고 효과에 영향을 미치는데 **텔레비전**에서는 흔히 보여지는 광고와 관련하여 낮은 참여도가 예상된다. 그러나 앞 절에서 서술된 현대 설득 이론과 일치되어 이 참여도는 여전히 효과가 있을 것으로 보인다(Koschnik, 1995; Brosius & Fahr, 1996; Mattenklott, Bretz& Wolf, 1997; Fridrichsen & Jenzowsky, 1999). 특별히 텔레비전 광고의 효과에 있어서 이렇게 세분화된 경험적 연구의 토대 위에서 다음과 같은 추세를 알 수가 있다:

광고에서의 **감정적 요소**들은 주의를 기울이는 것을 지원하는데 광고의 디테일이 적은 양으로 기억되게 할 수도 있다. **에로틱한 것**은 특히 남성들에게 왕성하게 작용하는 반면에 **유머**를 통해서는 모든 수용자에게서 더 많은 주의뿐만 아니라 특히 제품 생산자에 대한 호감도 얻어낼 수가 있다.

텔레비전 광고는 spot **충위**뿐만 아니라 **광고** *block* 충위와 **프로그램**과 **송신자 충위**에서도 연구되어야 하는데 이는 이러한 충위간의 있음직한 실행 효과와 대비 효과를 파악하기 위해서이다.

마찬가지로 세분화되어서 어느 광고 block에서 경쟁하고 있는 제품의 효과도 평가 되여야 한다. 경쟁 제품은 제품간 상호 기억을 지원하는 반면에 제품 속성을 착각하게 만들 수도 있다.

tandem spot 즉 하나의 광고 block안에서 서로 관계되는 두 개의 spot은 제품에 대한 기억뿐 아니라 디테일에 대한 기억을 촉진한다.

Hans-Bernd Brosius와 Andreas Fahr(1996)는 광고 효과에 대한 자신들의 연구를 텔레비전 광고의 미래를 전망하면서 요약하고 있는데, 그 미래를 저자들은 spots의 **창의적** 형상화에서 보고 있다:

"광고 내용을 전달하기 위해 수용자들을 방법을 가리지 않고 가능한 강력하게 활동하게 만들어야 한다는 단순 인과적 생각은 근시안적이다. 이 생각은 복잡한 인지적이고 감정적인 처리 전략과 텔레비전 시청자들의 인식 행동에 적합하지 않다. [...] 텔레비전 광고가 수용자의 호의에 살아남으려면 특히 감정적이고 창의적인 모범적 선례에 근거해야 한다. 영향력 있는 텔레비전 광고 spot는 미래에는 점차 '작은 예술작품'이 될 것이고 순전히 제품 프레젠테이션을 하는 것은 드물어 질 것이다."(Brosius & Fahr, 1996, p. 229)

광고에서의 **일러스트레이션**에 대한 연구는 이런 예측을 뒷받침한다. 특히 광고에서의 일러스트레이션의 매력과 호감이 가는 대상(예컨대 유명인, 아기, 동물)의 고려는 광고의 수용에 긍정적으로 작용한다(Jost, 1995; Gesamtverband Werbeagenturen, 1999). 곤혹스럽고 선동적인 표현이 이용되었던 Benetton의 광고 캠페인에 대한 연구가 보여주듯이 많은 수용자들은 이러한 경우에서는 몰이해와 부정적 평가로 반응했다(Evans & Riyait, 1995). 이는 수용자들이 그런 메시지를 확고하게 자리 잡힌 자신들의 제품 스키마(schema)에 통합시키지 못했던 점과 관련이 있을 수 있다.

– 비교 광고

광고가 어떻게 하면 더 효과적으로 만들어질 수 있을까 하는 문제를 두고 얼마 전부터 독일에서도 **비교 광고**가 논의되고 있다. 비교 광고에서는 자신의 제품에 대한 논거가 제시될 뿐만 아니라 경쟁 제품과 관련을 맺는다. 이로써 양면적 메시지가 실현되는데 이 메시지에서는 차별화로서 경쟁사의 논거가 얼마나 납득할 수 있게 반박되는가에 주의해야 한다.

이와 상응하여 양면적 광고 메시지는 경쟁사의 논거를 반박하는 것과 반박하지 않는 것으로 나뉠 수 있다. 새로운 연구에서는 이러한 구분이 경험적으로도 정당하다는 것이 밝혀졌다. Daniel O'Keefe(1999)는 포괄적인 메타 연구에서 다음과 같은 결과에 이르고 있다:

상대방의 논거에 대한 반박이 없는 양면적 광고 메시지는 전달자의 신뢰가 커지는 결과가 나오기는 하지만 일면적 광고보다 설득 효과가 더 강하지는 않다.

상대편에 대한 반박을 포함하는 양면적 광고는 일면적 표현보다 신뢰성뿐만 아니라 설득에서도 본질적으로 더 강한 효과를 가져오지 않았다.

일부 이런 놀랄만한 결과를 설명하기 위해서는 오늘날 광고에 대해 흔히 표명되는 불신을 먼저 생각해야 한다. 대부분의 사람들은 광고에서는 광고되는 제품에 대한 일방적인 그림이 그려진다고 생각한다. 이렇게 이미 앞서 이해된 의견에 대항하여 어느 광고에서 경쟁 제품에 대한 논거도 출현하게 되면 이 메시지에 대한 **신뢰성**이 커진다는 것은 자명하다(Fagly & Chaiken, 1993). 경쟁사의 논거를 반박하는 양면적 광고의 효과는 통계적으로 증명될 수 없다는 것은 이 책에서 참고한 연구업적의 수가 작다는 점에 의해 제한적일 수가 있겠다. O'Keefe(1999)가 광고 외의 영역에서 이러한 논증에 대한 일반적인 효과에 관한 지적과 더불어 추측하고 있는 바와 같이 이런 효과는 광고에서도 광범위한 연구 활동 과정에서 증명될 수 있어야만 한다. 이런 일반적인 효과에 대해서는 다음 절에서 다룬다.

– 양면적 논증
협상과 같이 광고 외의 영역에서의 설득 커뮤니케이션에 대한 새로운 연구는 이른바 **양면적 논증**에 상대의 논거를 포함시키는 것은 신뢰성과 논증 성공에 관련된 평가에서 중요한 역할을 한다는 것을 밝혔다. 여기서 결정적인 것은 상대의 논거가 반박 되는가 혹은 되지 않는가 이다. O' Keefe(1999)는 참고문헌을 개관한 후에 다음과 같은 결과를 보고 한다:

상대 논거에 대한 반박이 없는 양면적 논증은 일면적 메시지보다 더 높은 신뢰성을 달성하지 못하며 더욱이 일면적 메시지보다 태도 변화가 더 작게 일어난다.

상대 논거에 대힌 반박이 담긴 양면적 논증은 일면적 메시지보다 더 높은 신뢰성이 결과로 나타날 뿐만 아니라 더 많은 태도 변화가 이루어진다.

협상에서 상대에게 효과적으로 논거를 제시하기 위해서는 따라서만 일의 반대 논거는 물론 반드시 그 반박도 논증에 갖추어져 있어야만 한다. 상대 논거에 대한 반박이 소홀하게 되면 보잘것없는 성공도 장담할 수 없다. O' Keefe는 상대 논거의 반박을 통한 효과의 상승을 대안적 논증 전략에 대한 능력의 우위와 연관시키고 있다.

상대에 대한 반박이 없는 양면적 논증에서 미미한 태도 변화는 많은 수용자들이 상대가 제시한 논거들이 납득할 만하다고 평가하고 이러한 평가가 이 상대의 논거를 생각하게 만드는 현재의 논증에 대한 판단에 영향을 주는 가능성과 관련될 수도 있다. 그러나 반박이 없는 양면적 메시지에 의해 더 높은 신뢰성이 달성될 수 있는 광고의 경우에서처럼, 이 같은 일은 논증의 양면성에 의해 수용자의 **기대**에 반하는 방향으로 행동이 이루어지면 광고 영역을 벗어난 상황에서도 가능하다는 지적이 있다(Rowan, 1994). 결정적인 요인은 그렇게 전달된 정보가 아니라 수용자의 인지적 선태도(先態度)와의 관계인 것으로 보인다.

– 연쇄적 설득 전략

특정한 **연쇄적 설득 전략**은 다른 사람을 일정한 행동으로 내모는 가장 효과적인 가능성에 속한다. 이에 대한 효과적인 전략으로는 이른바 *Foot-in-the-door* **전략**과 *Door-in-the-face* **전략**이라고 판명되었다 (Freedman & Fraser, 1966; Cialdini et al., 1975; Seibold, Cantrill & Meyers, 1994).

Foot-in-the-door **전략**은 다음의 생각에 토대를 두고 있다: 누군가 작은 호의를 베풀어 어떤 부탁을 들어주었다면 그 사람에게 있어서는 계속 다른 부탁도 들어 줄 용의가 한 층 더 높아진다. Freedman과 Fraser(1966)의 연구 첫 단계에서 실험 집단의 일원들에게 몇몇 가정용품과 관련된 질문에 그들의 집에서 대답하도록 부탁을 했다. 반면에 조사 집단은 접촉이 되지 않았다. 두 번째 단계에서는 3일 후에 이 두 집단에게 집안에 있는 가정용품을 모두 기록할 수 있게 연구팀을 집안에 들일 수 있는지 질문을 했다. 실험 집단의 일원들은 이에 대해 조사 집단의 일원들보다 그럴 용의가 더 많다는 것을 보여주었다. Foot-in-the-door 전략에 대한 초기 설명은 목표가 되는 사람들의 자기 구상에 중요한 역할을 부여했으나 새로운 이론들은 다수의 인지적 영향 요인들에서 시작한다(Dillard, 1991).

Door-in-the-face 전략은 이에 반해 다음과 같다. 먼저 좀 지나치다 싶은 요구나 부탁을 하고 그것이 거절당하면 그 후에 단지 약화되었을 뿐 동일한 요구를 또 다시 하게 되면 상대방은 이에 대해 현저하게 자주 그 부탁을 들어준다는 것이다. Door-in-the-face 전략을 설명하기 위해 Cialdini(1975)는 **상호 양보** 이론을 제시했다. 이 이론은 처음 언급된 요구의 약화에 의해 커뮤니케이션 상황이 **협상**의 상황과 유사하다는 점을 강조한다. 협상에서 합의는 보통 양측의 협상 파트너들이 원래 추구했던 목표를 축소시켜서 타협에 이르게 되는 것에 의해 이루어진다. Door-in-the-face 전략에서는 처음 요구가 약화되는 것에 의해 상대방이 이런 '타협안 제시'에 응할 수 있고 이를 통해 협상에서처럼 공동의 '성과'에 이를 수 있다.

양보의 정도가 전략의 효과를 위해 전혀 역할을 하지 못하는 사실은 특히 이러한 설명에 반대되는 사실이다. 그러나 협상에서는 이를 기대할 수도 있는 것이다. O' Keefe(1990)가 제시한 설명은 첫 번째 부탁을 거절함으로 해서 상대방에게 일어나는 **죄책감**의 축소에 근거하고 있다. 특히 **친사회적** 관심사에 대한 특별히 강한 효과는 이런 설명에 유리하다. 그밖에 이 이론은 사회적 영향에서 죄책감이 작용한다는 강한 효과와 일치한다(Baumeister, Stillwell & Heatherton,1994; O' Keefe & Hale, 1998). 다음 장에서도 인간의 공동생활과 공공 영역의 커뮤니케이션에 태도와 감정의 기여가 얼마나 중요한지 분명해 진다.

1. 조직 안에서 그리고 조직에 의해 일어나는 조직 커뮤니케이션 은 그 조직만큼이나 다양하다. 특히 교육, 경제, 행정, 법, 보 건, 협회, 정당, 여타 단체 등의 조직에서의 커뮤니케이션이 구분될 수 있다.

2. 조직의 상호작용이 이루어지기 위한 중요한 전제는 개별 조직 에서의 커뮤니케이션 담당자와 부서인데 특히 이에는 PR 부 서가 속한다. 모든 구성원에게 있어서 팀 능력은 점점 더 중요 시되는 요구 사항이 되고 있고 이는 일반적 커뮤니케이션 능 력을 보충하면서 추가된다.

3. 재교육에 의한 조직의 지식 전달은 더욱 강하게 실행 문제에 신경을 써야 한다. 반면에 광고에 의한 태도와 행동의 변화는 수용자들이 기울이는 주의의 한계에 봉착해서 특별한 설득 전 략이 선택되어야만 한다.

● ● ● 5장에 대한 추천 참고 문헌

Brosius, H.-B. & Fahr, A. (1996). *Werbewirkung im Fernsehen: Aktuelle Befunde der Medienforschung.* München: Reinhard Fischer.

Diekhans, A. Flohr, H., Günther, U. & Tiggers, C. (2000). Experimentelle Textoptimierung am Beispiel von Gebrauchsanweisungen. In J. Hennig & M.Tjarks-Sobhani (Eds.), *Qualitätssicherung in technischer Dokumentation* (pp.176-188). Lübeck: Schmidt-Römhild.

Heinemann, P. (1999). Erst der Transfer belegt den Lernerfolg! Wie sich die Effizienz betrieblicher Weiterbildung steigern lässt. *Wirtschaftspsychologie, 6(4),* 2-5.

O' Keefe, D. J. (1999). How to handle opposing arguments in persuative messages: Ameta-analysis review of the effects of one-sided and two-sided messages. *Communication Yearbook, 22,* 209-249.

Spieß, E. & Winterstein, H. (2000). Organisation. In J. Straub, A. Kochinka & H. Werbik (Eds.), *Psychologie in der Praxis* (pp. 455-486). München: dtv.

6장: 공공 커뮤니케이션

조직 커뮤니케이션이 사회의 특정한 하위 체계와 관련이 있는데 비해 **공공 커뮤니케이션**은 보통 공공 조직의 전체 사회가 그 목표이다. 따라서 이런 경우 커뮤니케이션 파트너는 일차적으로 개별적 인간 집단이 아니고 원칙적으로 각 자치 단체, 지역, 한 국가의 전체 주민이다. 이런 상대성과 상황관련성은 공공이라는 개념에서도 발견될 수 있다 (Habermas, 1990; Brosda, 2000b; Schicha, 2000b).

공공 커뮤니케이션은 커뮤니케이션 파트너의 엄청난 숫자 때문에 흔히 **미디어**를 통하여 이루어지나 시장, 회의장, 극장, 체육시설 등과 같은 곳에서 직접적인 접촉으로 일어나기도 한다. 이렇게 세분화된 방식으로 공공 커뮤니케이션을 말한다면 유감스럽게도 여전히 사용되고 있는 매스커뮤니케이션이라는 개념은 적절하지 못하다는 사실이 분명해진다. 공공 커뮤니케이션에서는 아주 드물게 인간의 탈인간화라는 의미에서의 **대중 형성**에 이른다. 그 대신에 개인간 커뮤니케이션의 측면들이 여러 공공 커뮤니케이션에서도 역시 중요하고 조직 커뮤니케이션도 당연히 큰 역할을 한다.

1장에서 설명했듯이 공공 커뮤니케이션 연구는 커뮤니케이션학에서 기나긴 전통이 있다(Koszyk & Pruys, 1981; Silbermann, 1982; McLead & Blumer, 1987; McQuail, 1994; Rühl, 1999). 연구사의 일부는 커뮤니케이션학의 문제제기에 전용된 여러 이념적으로 채색된 시각들 사이의 논쟁이 특색을 이룬다. 공통적으로 인정하는 경험적 토대가 존재한다면 학문의 진보가 가장 잘 확보된다는 것에 대한 폭넓은 동의가 점차적으로 형성되어 왔다. 경험적으로 잘 확정된 공공 커뮤니케이션에 대한 이런 분석들이 이 장의 대상이다.

1. 공공의 상황

공공 커뮤니케이션은 인간 사회와 인간의 공동생활의 본질적인 토대이다(Kaase & Schulz, 1989; Bentle & Rühl, 1993; Noelle-Neumann, Schulz & Wilke, 1994; Schmidt & Zurstiege, 2000). 여기에서 특별히 논의되어야 할 두 분야는 공공 커뮤니케이션의 대부분을 포함하고 있는데 **정치 커뮤니케이션**과 **문화 커뮤니케이션**이 바로 그것이다:

정치 커뮤니케이션은 독립적인 여러 부분들을 포함하고 있는 한 사회의 정치 체계와 관계가 있다(Jäckel & Winterhoff-Spurk, 1994; Schulz, 1997; Jarren, Sarcinelli & Saxer, 1998; Bucy & D' Angelo, 1999; Grieswelle, 2000; Meyer, Ontrup & Schicha, 2000). 정치 커뮤니케이션이 커뮤니케이션 캠페인과 선거전의 틀에서 이루어지면 이미 5장에서 다루어진 것이다.

문화 커뮤니케이션은 여러 가지 문화적 행동의 도움으로 가능해지거
나 이 행동과 관련이 있는 모든 종류의 커뮤니케이션을 포함한다
(Mahle, 1998; Saxer, 1998; Vollberg, 1998; Hepp, 1999; Sandford,
1999; Bignell, 2000).

이 두 분야 즉 정치 커뮤니케이션은 물론 문화 커뮤니케이션도 **경제
체제**와 각각 특수한 방식으로 상호 작용한다(Heinrich, 2000;
Wermke, 2000). 정치 커뮤니케이션과 문화 커뮤니케이션이 사회적
과제를 인식하는 것은 이 두 분야에 공통적인 것이다. 이 과제를 정치
와 문화 커뮤니케이션은 특히 소위 매스미디어를 이용해서 성취하는
데, 이 매스미디어는 법적 지위로 보아 **공영**일수도 있으며 **민영**일수도
있다(Holzer, 1994; Merten, Schmidt & Weischenberg, 1994; Chill
& Meyn, 1998; Holly & Biere, 1998; Karmasin & Winter, 2000;
Kloock & Spahr, 2000). **매스미디어**라는 부적절한 개념을 피하기 위
해 이 책에서는 이 두 경우에 **공공 미디어**라고 하겠다. 이런 미디어에
는 **인쇄매체, 라디오, 텔레비전, 인터넷, 기타 시각미디어, 청각미디어,
무대미디어** 등이 속한다.

1) 인쇄매체

일간 신문의 구조와 영향에 대한 연구는 커뮤니케이션학의 초기 목표
가운데 하나이다. 1924년에 이미 여기에 대해 미국에서는 첫 학문적
잡지가 창간되었는데 그 주제에는 신문기사의 내용 분석뿐만 아니라
독자와 신문의 보급에 대한 영향도 포함되었다. 2차 세계대전 후 라디

오와 텔레비전의 증가하는 경쟁에 의해 일부 제한되면서 많은 발행인들이 응용에 근거하는 문제제기를 후원했다. 오늘날에도 여전히 신문과 잡지는 지역적이고 국가적인 범위에서뿐만 아니라 국제적으로도 공공 커뮤니케이션의 대체할 수 없는 하나의 토대이다. 그 발전의 원칙들은 미디어 디자인과 텍스트 디자인에 관한 연구의 틀에서 집중적으로 연구되고 있다(Blum & Bucher, 1998; Böhringer et al., 2000; Turtschi, 2000). 그밖에 다른 많은 인쇄물과 더불어 픽션 문학도 나타난다(Groeben & Schreier, 2000; Dixon & Bortolussi, 2000).

2) 라디오와 텔레비전

20세기의 30년대에 **라디오** 방송이 공공이 이용하는 미디어로 떠오르자 몇 년 전의 인쇄매체와 유사하게 독립적인 연구가 진행되었다. 미국에서는 특히 라디오 광고 분야에서 상업적인 이유에서 일어났지만, 유럽 여러 나라에서는 상당히 강력한 국가의 통제로 인해서 자유로운 연구가 거의 가능하지 않았다. 2차 세계대전이후에 유럽에서도 광범위한 라디오 연구가 시작됐다(Lindner-Braun, 1998).

이런 발달은 텔레비전의 보급에 의해 강화되었는데 **텔레비전**은 매우 빠르게 여론 형성에 가장 중요한 미디어로서 연구에서 중심 위치를 차지하게 됐다(Hepp, 1998; Kunkel, 1998; Ludes & Schanze, 1999). 가까운 미래에 텔레비전은 더 많은 **상호작용성**과 인터넷과의 연결로 인해 전자 만능 미디어로 발전해 갈 것이다(Brosius, 1997; Ruhrmann & Nieland, 1997).

3) 인터넷

멀티미디어 정보와 수많은 상호작용의 가능성을 지닌 **인터넷**은 현재
숨막히는 속도로 공공 커뮤니케이션뿐만 아니라 조직과 개인간 커뮤
니케이션의 많은 부분을 정복하고 있다(Neverla, 1998; Rössler,
1998; Runkehl, Schlobinski & Siever, 1998; Frindtke & Köhler,
1999). *UTMS(Universal Mobile Telecommunication System)*의 토대
위에서 인터넷과 이동전화의 결합에 의해 곧 신종의 다양한 사용가능
성이 있는 커뮤니케이션 체계가 등장해 사용될 수 있을 것이다. 이런
미디어 혁명이 사회적이고 경제적인 삶뿐만 아니라 일상적인 커뮤니
케이션에 영향을 준다는 것은 자명하다. 이것이 어떤 결과를 개별적
으로 가지게 될 것인지는 아직 불분명하고 따라서 상세한 연구로 관
찰되어야만 한다(Walter, 1996; Brosius, 1997; Latzer, 1997;
Weingarten, 1997; Döring, 1999; Thimm, 1999; Wirth & Schweiger,
1999; Thiedeke, 2000a). 어찌되었든 걱정되는 것은 인터넷에 의해 우
리 사회에서 이미 존재하는 **정보를 가진 자**와 **정보를 못 가진 자**의 간격
이 다시 한번 더 심화되는 것이다. 따라서 이런 사회적 변화의 과정에
서는 특히 정책적인 면도 요구되는데, 정책들은 불과 몇 년 전까지만
해도 이런 위험을 완전히 인식하지 못했다(Bundesministerium für
Wirtschaft, 1995, 1996).

4) 시 각 미 디 어 , 청 각 미 디 어 , 무 대 미 디 어

회화, 사진, 건축과 같은 **시각**매체는 많은 위기에도 불구하고 여전히

가장 중요한 커뮤니케이션 미디어에 속한다(Schuster, 1990; Frey, 1999; Schönhammer, 2000). 시각미디어와 같이 청각미디어 특히 음악도 여전히 최상의 인기를 누리고 있다(Bruhn, Oerter & Rösing, 1993; Kleinen, 1994; Kreutz, 1997; Rötter, 2000). 여기서 단지 암시만 하는 정도로 열거되는 여타의 중요한 미디어는 **무대** 커뮤니케이션과 관련이 있다. **연극**이라는 고전적인 미디어에서 20세기에 **영화**를 통한 무대 묘사에 대한 새로운 종류의 가능성이 발달되었다(Cook, 1985; Wuss, 1993; Vorderer & Bube, 1996).

오늘날 종종 공공 커뮤니케이션의 분석을 **미디어 커뮤니케이션**에 제한하는 경향은 미디어의 높은 중요성 때문에 이해될 수 있으나 개인간 커뮤니케이션이나 조직 커뮤니케이션의 영향을 소홀히 하는 방향으로 가서는 안 된다. 커뮤니케이션 층위의 상호작용에 있어서 관찰되는 몇몇 현상들은 다음 절들에서 논의된다.

2. 공적 상호작용

앞장에서처럼 이 장에서도 먼저 상호작용의 인지적 **전제**를 논의하고 그 다음에 가장 중요한 **상호작용 파트너**를 소개하고 마지막으로 공공 커뮤니케이션의 다양한 **상호작용 과정** 가운데 몇몇 과정을 토의한다.

1) 인지적 전제조건

공적 상호작용의 중요한 인지적 전제는 이른바 **여론**과 **개인 의견**과의 상호작용이다. 공공 미디어의 증가는 특히 아동과 청소년에게 매우 강한 영향력을 행사하는데 그 영향력은 시대에 맞는 **미디어 능력**을 필수적인 것으로 만든다.

- 여론

여론 즉 주민의 다수 혹은 최소한 대부분이 어느 특정한 주제에 대해 주장하는 태도는 정치에서뿐만 아니라 경제나 문화체계에서도 그 중요성이 고려되는 공공 생활의 한 요인이다. 어느 대상에 대한 최신 여론은 **여론 조사**에 의해 추정될 수 있으며 그 자체가 종종 보도와 토론의 대상이 된다. 여론이 어떻게 생성되고 그리고 개인들의 태도와 어떻게 상호 작용하는가하는 문제는 대답하기에 더 쉽지 않은 문제이다 (Carlson, 1975; Blommaert & Bulcaen, 1997; Bohrmann et al., 2000; Schöder, 2000).

여론은 말하자면 인간의 위에서 떠다니는 동질적인 실체가 아니라 수많은 개별 의견으로부터 역동적으로 이루어진 체계적 형성물이며 상호작용의 토대 위에서 사회적 환경에서 생성되는 것이라는 사실은 여하간 고려되어야 한다. 여기서는 특히 사람들의 사회적 집단으로의 편입을 통하여 영향을 받는 다수의 인지적 과정이 일어난다. 한 인간이 특정한 사회적 집단에 소속된다는 것은 이 집단의 다른 구성원들과의 다소 집중적인 커뮤니케이션과 연결된다는 것이다. 접촉의 강도와 다른 영향들에 좌우되어 개인들의 의견과 집단 의견간의 관계가 발전된다. 개별 구성원들의 의견 형성에 있어서 각 공동체는 **준거 집단**으로 즉 개인의 의견 형성에도 역시 중요한 규범을 제공하는 사회체계로 기능을 한다(Glasser & Salmon, 1995). 다음 절에서는 여론과 개인 의견간의 상호작용에 대한 특수한 가정이 논의된다.

– 여론과 개인 의견

정치 분야에서 지난 수십 년 간 집중적으로 논의되었던 개인 의견과 여론의 상호작용에 대한 이론적 단서 가운데 **침묵의 나선형**이라는 가정이 있다. 독일 Allensbach 여론 조사 연구소의 Elisabeth Noelle-Neumann(1977, 1984, 1989)의 단서는 1972년 독일 연방 의회 선거와 관련하여 개발되었다. Allensbach 연구소는 이 선거에서 기민당(CDU)과 사민당(SPD)의 박빙의 접전을 예측하였지만 마침내 사민당 총리 Willy Brandt가 명백한 우세로 선거에서 승리했다. Noelle-Neumann은 선거 연구에 있어 의외의 이런 결과를 공표된 의견에 대한 사민당과 기민당의 지지자들의 상이한 반응에 의해 설명하려고 시도했다. 공표된 의견은 Noelle-Neumann의 견해에 의하면 기민당보다는 사민당에 유리한 것이었기 때문에 많은 기민당 지지자들은 자신의 의견을 공개적으로 주장하는 경우에는 오히려 신중을 기했었을 것이다. 이에 의해 정치적 파벌에서의 이런 입장은 더욱 더 불리하게 나타났고, 이는 여론이 사민당에게 더 유리하게 변하게 만들었고, 또 이른바 침묵의 나선형이 형성되는데 기여했다는 것이다.

　선거 결과에 대한 이런 설명이 경험적으로 빈약한 근거 위에 자리 잡고 있음에도 이 가정은 연구에 자극적인 효과를 발휘했다(Price & Allen, 1990; Gonzenbach, 1992; Simpson, 1996; Glynn, 1997; Glynn, Hayes & Shanahan, 1997). 이런 연구 결과에 의하면 자신의 주장을 공개적으로 주장할 때에는 Noelle-Neumann이 요청하고 있는 것보다 훨씬 더 세분화된 방식으로 실제로 이런 개별 의견과 가정된 여론간의 상호작용이 예상될 수 있다(6장 참조).

침묵의 나선형이라는 단서는 사람들이 추측된 다수 의견을 받아들 이다는 경향을 보인다는 것에서 시작하지만 개인에 의한 여론의 평가 는 잘못될 수도 있거나 최소한 일방적일 수 있다는 지적도 일부 나와 있다. 이에는 **거짓 합의**와 **다원적 무시**라는 현상이 있다:

이른바 **거짓 합의**는 자신의 의견을 과대평가하고 이를 다수의 입장 과 동일하다고 간주하는 경향과 관련이 있다(Ross, Green & House, 1977). 자신의 정신적 상태를 사회적 환경에 투사하는 것은 항상 보고 되고 있다(Marks & Miller, 1987; de la Haye, 2000).

다원적 무시라는 개념은 다수 입장이 비교적 약하게 주장되는 의견 으로 잘못 평가되는 상황이나 그 반대의 상황과 관계가 있다(Darley & Latané, 1970; Glasser & Salmon, 1995).

다원적 무시뿐만 아니라 거짓 합의도 여론을 구체적으로 평가하는 개 인들의 어려움을 지적하는 것이다. 이런 점에서 공공 미디어는 진정 한 의미에서 그 중개자적 기능을 인식할 수가 있다. 수용자에 대한 미 디어의 영향은 이 장에서 분명해 지듯이 훨씬 더 광범위하게 미친다. 이런 영향에 독립적으로 대처할 수 있기 위해서는 충분한 **미디어 능력** 이 필요하다.

- 미디어 능력
이 장에서 제시된 연구가 다층적이고 상이하기는 하지만 공공 미디어가 수용자의 지식, 감정, 행동, 인지적 태도에 광범위한 영향을 줄 수 있다는 것을 폭넓은 동감과 함께 보여준다. 이른바 **미디어 교육**이라는 틀에서 학문적으로 정초된 **미디어 능력**의 촉진은 따라서 불가결한 과제이지만 그리 간단한 사회적 과제는 아니다(Deutsches Jugendinstitut, 1994; Huston & Wright, 1998; Potter, 1998; Roters, Klinger & Gerhards, 1999; Gaschke, 2000; Moser, 2000).

미디어 능력은 4장에서 서술된 개인간 **커뮤니케이션 능력**처럼 생산과 수용에 근거한 측면들이다. 조직 층위에서의 **팀 능력**처럼 미디어 능력은 오늘날 점점 더 중요하게 되는 커뮤니케이션 능력의 보충물이다(Fellegi & Alexander, 1995; Winterhoff-Spurk, 1997). 학교심리학자 Rudolf Weiß(2000)는 미디어 교육이 아동과 청소년의 사회적 환경을 너무 적게 고려하고 그리고 또한 혹시 불충분하게 양성된 교사들에 의해 실시될 경우에는 미디어 교육에 관한 오해에 대해 경고한다.

2) 공적 상호작용 파트너

공공 커뮤니케이션의 가장 중요한 두 상호작용 파트너는 한편으로는 공공을 위해 정보를 생산하는 **공적 전달자**이고 다른 한편으로는 이런 정보의 수용이라는 항상 달갑지만은 않은 과제가 부여되는 **공중**이다.

– 공적 전달자

특히 자신의 생산적 기고의 형식으로 공공 커뮤니케이션에 참여하는 사람들을 흔히 **공적 전달자**라고 말한다. 그들은 **정치인, 저널리스트**, 여

타 **여론 조성자** 등의 세 그룹으로 나뉠 수 있다:

커뮤니케이션학의 관점에서 보면 성공한 **정치인**은 소위 **카리스마**가 있어야만 하거나 혹은 효과적인 전달자로 특징지을 수 있는지에 대한 질문은 흥미롭다. 이 두 관점의 차이는 공적 성공의 형성 종류와 관련이 있다: 공적 성공은 정치인들이 자주적 지도 자질을 소유하고 있다는 것에 의해 성립하는가? 혹은 오히려 정치인들이 자신의 커뮤니케이션을 주민의 욕구에 맞추는 것에 의해 성립되는가? 미국 대통령의 공적 영향에 대한 분석에서 이 두 능력의 일정한 혼합이 성공을 약속한다는 점이 지적되고 있다. 이 경우에 이 두 측면에 중요한 **국민과의 거리**가 너무 좁아도 안 되고 그렇다고 너무 넓어도 안 된다 (Singh, 1979; Mansfield & Weaver, 1982).

저널리스트는 뉴스의 선택과 프레젠테이션 그리고 해실을 통해 주민의 의견 형성에 크게 기여할 수가 있는 중요한 조절적 영향력을 지니고 있다 (Haller & Holzhey, 1992; Wallisch, 1995; Duchkowitsch et al., 1998).

저널리스트처럼 소위 **여론 선도자**들도 공공 커뮤니케이션에서 중개적 기능이 있다. 자신들의 고유한 의견으로 여론에 어느 정도 영향을 행사한다고 생각되는 사람들이 여론 조성자로 불린다(Nimmo, 1977, 1978; Eisenstein, 1994).

5장에서 이미 언급된 미디어 영향의 고전적 **2단계 이론**에 상응하여 개인간 커뮤니케이션의 틀에서는 일정한 의견 형성에 미치는 영향이 전

달보다는 미디어가 덜하다고 인정되었다. 근래에 이 이론은 의견 형
성의 네트워크 이론으로 확대되었는데 이 이론에서는 공적 전달자뿐
만 아니라 공중도 적극적 역할을 떠맡는다.

– 공중

공적 전달자들은 생산적인 방식으로 공공 커뮤니케이션에 참여하지
만 시민들은 일시적으로 오히려 수용적인 방식으로 참여한다. 그러나
커뮤니케이션 과정에서의 이러한 역할은 수동적 태도와 혼동해서는
안 된다. 더욱 이 공공 커뮤니케이션의 수용자들은 공공 커뮤니케이
션을 매우 적극적으로 다루며 흔히 지인들과의 대화에서 주제로 삼는
다(Scherer & Brosius, 1997; Strauß, 1998; Klemm, 2000; Vorderer
& Trepte, 2000).

여론 형성 과정에의 공중의 적극적인 참여는 공공과 커뮤니케이션
은 매우 복잡한 방식으로 서로 연결되어 있다는 또 한번의 지적이다.
공공 커뮤니케이션은 한 방향으로만 진행되지 않으며 상호간에 집중
적으로 영향을 주는 여러 **네트워크**로 구성되어 있다(Meadow, 1980;
Eisenstein, 1994).

문화사회학자 Jürgen Gerhards(1996)는 1989년 당시의 독일에
대표적인 연구물을 평가했는데 이 연구에서는 공공 커뮤니케이션에
참여할 용의를 알아보았다. 경험적 토대로는 소위 **열차 테스트**가 이용
되었는데 이 테스트에서는 열차 칸에서 한 여행자가 시작한 정치적
주제에 대한 토론에 참여할 용의에 대해 질문이 있었다(Noelle-
Naumann, 1989). 이렇게 시뮬레이션된 커뮤니케이션 상황의 토대
위에서 피질문자를 다음의 집단으로 나눴다: 이른바 **수다쟁이들**은 시

험된 모든 상황에서 토론에 참여하겠노라고 대답했다; **침묵자들**은 대화에 참여하기를 모든 상황에서 거부했다; **기회주의자들**은 같이 여행하는 사람의 의견이 자신의 의견에 상응하는 경우에만 토론에 함께하려고 했다; **선교사들**은 열차 칸에서 제시된 의견이 자신의 의견과 다른 경우에만 말할 충동을 느꼈고 마지막으로 다른 네 가지 유형보다 훨씬 덜 체계적으로 반응한 피질문자의 나머지는 **무정견자들**로 요약되었다.

Gerhards의 성과가 밝혀주듯이 "수다쟁이"가 39퍼센트로 가장 많이 나타났고 뒤이어 31퍼센트로 침묵자 그리고 21퍼센트로 무정견자가 뒤따른다. 이에 반해 선교사는 5퍼센트, 기회주의자는 4퍼센트로 적은 비율이었다. 이러한 수치로부터 논란이 많은 주제인 경우에는 독일인이 커뮤니케이션에 응할 용의가 비교적 크다고 추론될 수 있다. 이러한 논란을 회피하는 기회주의자의 비율은 이에 반해 매우 작다. 이 결과를 6장에서 언급된 **침묵의 나선형 이론**의 결과와 일치시키는 것은 어려운 일이다. 이 이론에 의하면 많은 사람들이 다수의 의견에 대항하지 않고 침묵하며 또 그렇게 간접적으로 다수의 의견을 강화시킨다는 경향이 있다는 것이다.

3) 공적 상호작용 과정

지난 절에서 토의된 공공 커뮤니케이션에 있어서 기본적인 전제와 파트너에 근거하여 다음에는 한편으로는 **여론**과 공공 미디어와의 상호작용이 다른 한편으로는 **개인 의견**과 공공 미디어와의 상호작용이 논의된다. 이러한 상호작용 과정의 배경은 우리 모두가 노출되어 있는 거대하고 항상 높아 가는 **정보의 홍수**이다.

– 정보의 홍수

오늘날 공공 미디어를 통해 제공되는 정보의 엄청난 증가에 의해 인간의 수용 태도도 변화되고 있다. 제공된 정보의 극히 일부분만이 개인들에게는 자신의 전 **주의**를 집중시켜야만 할 정도로 중요한 것이다 (Franck, 1998). Hans-Bernd Brosius(1999)는 정보 수용의 두 가지 시나리오를 서로 대립시켜 놓고 있다:

"**과거의 정보 수용**

(1) 사회에서 정보의 부족이 주류를 이루고 있다. 정보 처리는 제한을 받아서 중요한 정보를 얻는데 비용이 요구된다.

(2) 적극적으로 찾아서 사용될 수 있는 정보는 그 질과 수용자와의 관련성이 중요하다.

(3) 정보의 내용이 정보의 프레젠테이션 형식보다 더 중요하다.

(4) 정보는 최신의 문제들과 관련이 있고 수용자의 행동의 대안과도 관련이 있다.

(5) 수용자는 적극적이고 깊이 참여적이다." (p. 236)

"**현재와 미래의 정보 수용**

(1) 사회에서 정보는 넘쳐흐른다. 정보 처리는 어떠한 제한도 받지 않아서 중요한 정보를 얻는데 전혀 비용이 들지 않는다.

(2) 도처에서 사용될 수 있는 정보는 그 질과 수용자와의 관련성이 중요하지 않고 사소한 일이다.

(3) 정보의 프레젠테이션 형식이 내용과의 비교에서 더 중요해졌다. 불충분하게 프레젠테이션된 정보는 받아들여지지 않는다.

(4) 정보는 최신의 문제들과 관련이 없고 수용자의 행동의 대안과도 관련이 없다.

(5) 수용자는 그리 참여적이지 않으며 정보의 홍수에 오히려 수동적으로 내맡겨져 있거나 정보의 홍수를 회피한다."(p. 239)

*Uses and Gratifications*으로 표현되는 미국 **미디어 영향 연구**의 단서는 미디어 수용자의 시각을 취한다. 이 연구단서는 독자와 청취자와 시청자가 어떤 관심에 근거하여 미디어를 이용하고 이들이 미디어 이용으로부터 어떤 이득을 얻는지를 연구한다(Katz, Blumler & Gurevitch, 1974). 인지적 시각에서 매우 자명한 이러한 입장은 수용자들도 점점 더 강력하게 연구의 시야로 진입해 들어왔던 40년대에 이미 널리 피지게 되었다. 새로운 연구 경향은 미디어 수용을 한편으로는 수용자의 관심과 선지식(先知識)간의 복합적인 상호작용으로, 다른 한편으로는 제공된 정보의 관심과 선지식간의 복합적인 상호작용으로 보고 있다(Tan, 1980; Früh & Schönbach, 1982; Palmgreen, 1984). 이러한 상호작용은 **여론**의 형성뿐만 아니라 **개인 의견**의 형성에도 기여한다.

- 공공 미디어와 여론 .

공공 미디어는 여론에 어떻게 작용하는가? 그리고 어떠한 반작용이 확인될 수 있는가? 20세기가 지나는 동안에 이에 대해 커뮤니케이션학에서는 이미 5장에서 커뮤니케이션 캠페인의 예를 들어 서술했듯이 상이한 견해들이 있어 왔다. 현재에는 이에 대해 연구 경향은 특별한 문제들을 다루면서 세분된 입장을 보이고 있다(.Neidhardt, 1994; Brosius & Esser, 1998; Hepp, 1998; Rolke & Wolff, 1999).

Agenda Setting 이론은 공공 미디어가 공개적으로 논의되고 있는 주제들을 결정적으로 함께 정한다는 것을 말한다. 이 입장은 여론 형성 과정을 연구하는 것이 미국에서 시작되었던 지난 세기의 20년대까지 소급될 수 있다(Lippmann, 1922). 이 이론에 대한 최초의 경험적 테스트는 1972년 Maxwell McCombs와 Donald Shaw가 출판했는데 이는 1968년 대통령 선거 동안에 특정 주제의 중요성의 평가에 대한 미디어의 강력한 영향을 확인했었다. 70년대에는 Agenda Setting에 관한 대부분의 연구 업적이 **정치적** 주제와 관련이 있었는데 80년대 이후부터는 **광고**와 **보건** 등과 같은 다른 문제들에도 한층 더 많은 관심을 기울이는 있는 것이 확인될 수 있다(Wimmer & Dominick, 1991).

오늘날의 시각에서 보면 Agenda Setting 이론은 세분화되어야 한다고 요약해서 말할 수 있다. 새로운 연구에서는 이런 효과를 성립시키는 인지적이고 사회적인 과정에 특히 집중하고 있다. 그래서 많은 연구에서는 **기준**(*orientation*)에 대한 공적 욕구가 Agenda Setting의 효과를 경감시킨다고 추측하고 있다(Mannheim, 1987; Turk & Franklin, 1987; Brosius, 1994). 그밖에 정보의 중요성 평가에 대한 **개인간 커뮤니케이션**의 기여도 추가된다(Rössler, 1997, 1999). 이 때 생겨나는 공적 주제의 복잡성을 Beatrice Dernbach (2000)가 Hilgartner & Bosk(1988)의 *Arena*모델을 배경으로 하여 지적하며 한 주제의 사실 차원 외에 시간 차원과 사회 차원을 구분한다.

여론의 특정 측면에 대한 공공 미디어의 영향에 관한 부정적 평가는 이른바 **미디어 혐오**(*Mediamalaise*) **가설**로 표현된다. 미국에서는 이미 70년대에 텔레비전으로의 집중이 6.3에서 논의될 부정적 부수 현상들 외에 시민들의 일반적인 **정치 혐오**를 촉진하는 것으로 추측되고 있다(Robinson, 1976). 이 가설은 많은 방송이 정쟁, 스캔들, 부정부패와 같은 **부정적 뉴스**를 특히 강조하고 보도가 이런 점에만 집중한다는 것을 그 근거로 삼고 있다. 이러한 일면성은 텔레비전 뉴스를 접할 때에 특히 정치에 관심이 덜한 시청자들이 보이는 피상적 종류의 **수용**에 의해 지원을 받는다. 그 이후 몇 년에 걸쳐 비디오 혐오 가설 혹은 – 여러 미디어와 관련하여 – **미디어 혐오 가설에 대한** 상당한 경험적 연구가 실시되었다. 전체적으로 보아서 이 연구에서는 미디어 이용과 정치적 신념은 다양한 관련성을 제시하고 있는데 그러나 이 관련성은 최소한 독일에서는 특수한 미디어 혐오 가설을 지지하기보다는 오히려 반박하고 있다(Holtz-Bacha, 1990; Wolling, 1999).

– 공공 미디어와 개인 의견

지난 절에서 서술했듯이 공공 미디어는 여론에 세분된 영향을 미친다. 공공 미디어는 개개 수용자의 개인 의견과도 상호작용을 하기 때문에 어떠한 인지적 과정을 도움으로 이런 일이 일어나는지에 대한 의문이 해명되어야 한다(Harris, 1989). 이 의문에 대한 대답은 많은 사람들이 공표된 의견을 여론과 혼동하는 경향이 있다는 것에 있을 수도 있다. 공공 미디어에게 큰 권력이 인정되어서 미디어 층위에서 의견 층위로의 투영이 이루어진다.

Albert Gunther(1998)는 한 실험 연구에서 피실험자들이 두 가지 주제에 대한 여론을 신문 기사에 좌우되어 평가한 것을 보여주었다. 그밖에도 피실험자들은 신문 기사들에 의해 정해진 방향으로 여론이 변화하리라고 생각했다. Gunther는 이런 영향을 **설득적 신문 추론**(*Persuasive Press Inference*)이라는 개념으로 요약 한다: 신문에서 특정한 의견이 주장되고 있는 사실로부터 피실험자들은 그 입장이 곧 이 주제에 대한 여론의 일부가 될 것이라고 추론한다. 이에 의하면 분명한 것은 공공 미디어는 개인 의견과 여론을 이어주는 하나의 중요한 연결고리이다.

개인 의견과 여론의 관계는 공공 미디어에 대한 거리를 두는 경향에 의해 추가적으로 복잡해진다. 소위 **제삼자 효과**는 대부분의 사람들이 자기 자신보다는 다른 사람들에게 공공 미디어의 영향이 더 강할 것이라고 생각한다는 것을 말한다(Davison, 1983). 제삼자 효과의 존재에 있어서 다른 사람들에게 미친다고 가정된 정보의 영향이 실제로 있느냐 아니면 상상된 것이냐 하는 것은 아무런 역할도 하지 못한다. 그런 영향에 대한 가정만으로도 사람들이 그런 영향이 사실인 것처럼 자신들의 행동을 형성한다는 점이 충분하다. 그래서 사람들이 자신에 대한 영향 가능성은 작게 평가하지만 제삼자에 대한 강한 영향 가능성에 근거해서 간접적으로 자신도 영향을 받게 될 수도 있다. 여러 개괄적 연구에서 이런 효과는 여러 가지 인간 집단과 설득적 정보에서 관찰될 수 있는 변함없는 현상이라는 것이 증명되었다(Perloff, 1993; Davison, 1996; Brosius & Engel, 1997).

제삼자 효과는 세 가지 생성 성분으로 만들어 진다: **자기 자신**에 대한 태도와 **다른 사람**에 대한 태도 그리고 **공공 미디어**에 대한 태도 (Brosius & Engel, 1997):

제삼자 효과의 특별히 중요한 성분은 보통 **자기 자신에 대한** 대부분의 사람들의 긍정적 **태도**에 근거하고 있다. 위험과 질병 혹은 실수 가능성에 대한 평가에서 많은 피질문자들은 자기 자신들이 위험에 일정한 영향을 주는 경우에는 특히 자신들의 위험이 다른 사람들의 위험보다 더 작다고 여긴다. **위험 커뮤니케이션** 분야에서 이에 상응하는 관찰이 보고되었다(5장 참조).

다른 사람들에 대한 태도와 그 행동에 대한 가정은 얼마나 다른 사람들을 잘 알고 있느냐에 특히 좌우된다. 타인이 자기 자신과 가까운 관계이면 일수록 보통은 더욱 더 긍정적으로 평가받으며 그들의 행동에 대한 가정은 자기 자신의 행동에 근거하는 일이 더 강해진다. 이에 반해 사람들이 알려져 있지 않고 **익명**이면 일수록 보통 이들에 대한 의견은 더 부정적이 된다. 제삼자 효과는 이러한 익명의 인간들과 관계가 있기 때문에 이 같은 차별화의 경향은 이 점에서 전적으로 효과를 발휘한다.

공공 미디어에 대한 일반적 태도는 많은 사람들에게 있어서 대체적으로 부정적이다. 이런 부정적 태도는 일부 폭력과 스캔들에 관한 종종 과장된 보도에 그 현실적 토대가 있을 수 있고, 또 다른 이유는 자신의 입장에 대한 서술은 불충분한 것으로 평가되는 반면에 공감하지 않는 의견에 대한 보도를 지배적인 것으로 체험하는 정서적 경향에 있을 수도 있다. 이런 경향은 **적대적 미디어 현상**(*Hostile Media Phenomenon*)으로 알려져 있다(Vallone, Ross & Lepper, 1985). 미디어에 부여된 위험은 자신의 정체성에 대한 위협으로 인지되고 따라서 부정적으로 평가된다. 이 점은 미디어와 거리를 두고 자신의 의견에 대한 영향을 거부하는 것에 기여한다.

제삼자 효과는 언급된 세 가지 태도의 경향이 상호 안정화시키는 결합을 통해 성립될 수도 있으며 그래서 공적 상호작용의 경향이 성립하는데 여러 인지적 과정이 협력하는 것에 대한 분명한 예이다.

3. 공적 정보 전달

상호작용 과정과 비슷하게 공공 커뮤니케이션의 정보 처리 과정도 오래 전부터 집중적인 연구 대상이다. 그러나 유감스럽게도 사용된 방법들과 이론들이 학문의 지속적인 진보에 기여하는데 늘 적합한 것만은 아니었다. 일례로 이른바 **영향 연구**의 경우가 그러하다.

전통적으로 영향 연구는 수용자의 지식과 감정과 행동 그리고 태도에 대한 영향의 질과 양을 해명하려고 시도하는 공공 커뮤니케이션 연구의 부분 분야들을 말한다(Bergler & Six, 1979; Brosius & Esser, 1995; Halff, 1998; Bonfadelli, 1999; Jäckel, 1999). 이런 문제제기의 복잡성에게는 잘 통제되고 경험적으로 세밀한 조사가 근거하고 있는 세분된 이론 형성만이 적절할 수 있다. 단순화되고 일방적인 시각에 입각해서 일부 왜곡된 서술에 도달했는데 그 서술의 경험적 토대는 지극히 취약했다. 이는 이론적 기초로서 단순한 **자극과 반응 모델**이 그 휘하에 있는 **행동주의**에 특히 해당된다. 그러나 인간의 행동과 그 변화에 대한 행동주의의 생각은 실제로는 훨씬 더 복잡하다(Chiesa,

1992; Ickler, 1994). 이와 비슷하게 영향 연구에서도 다른 많은 의견들과는 어긋나게 미디어 영향의 단순한 자극과 반응 모델에서 출발하는 이론들은 거의 입증될 수 없다(Brosius & Esser, 1998).

왜곡과 과장된 도식화에 대한 이론 형성의 경향으로부터 끌어낼 수 있는 교훈은 이론적 진술에 대한 필수적인 더욱 강력한 경험적 토대와 관련이 있다. 다음에는 이러한 시각에서 공공 커뮤니케이션에 의해 제기될 수 있는 **지식, 감정, 행동, 태도**의 과정에 대한 개관을 하도록 한다.

1) 공적 지식 전달

공적 지식 전달은 민주적 공공 조직의 중요한 기초이며 따라서 커뮤니케이션학에 의해 철저히 연구되어야 한다. 오늘날 분명하게 알 수 있듯이 미디어 시스템은 **정보의 홍수**에 의해 변화된 수용 태도에 대해 **뉴스 프레젠테이션**의 형식적이고 내용적인 변화를 주면서 반응하고 있다. 감정에 호소하기 위해 더 노골적인 표현으로 정보를 포장하고, **일러스트레이션**이 더 자주 사용되고, 뉴스의 **인포테인먼트**(*infotainment*) 특성을 강화하고, **해설**을 전면에 부상시키는 등의 변화를 주고 있다(Hagen, 1994; Brosius, 1995; Kamps & Meckel, 1998; Muckenhaupt, 2000).

공적 지식 전달에서 진행되는 인지 과정에 대한 개관에서 먼저 인간의 인지 체계의 **제한된 처리 능력**을 다루고, 이어서 **뉴스**에서 몇몇 중요한 수용 과정을 소개하고, 그 다음에 이 과정의 가능한 사회적 영향을 소위 **지식 격차** 모델로 논의한다.

– 처리 능력

미디어 측에서의 **정보의 홍수**는 인간의 인지 체계의 심히 **제한된 처리
능력**과 대립하고 있다. 이를 효과적인 방식으로 대처하기 위해서는 어
떻게 해야 할까? 이에 대해 **미디어 심리학**은 텔레비전과 다른 미디어
에서의 기초적 정보 처리 과정을 분석하고 그 영향을 평가하는 단순
한 모델을 개발했다. 이 모델은 정보의 **수용, 기억, 생산**단계를 구분하
고 이 각 단계에 있어서 정보 처리에 대한 일련의 선택 기준을 언급한
다. 정보의 수용에 있어서는 예를 들어 Annie Lang(1095, 2000)의 의
견에 의하면 감각운동 층위에서는 수용자의 **주의**가 결정적이고, 의미
론적 층위에서는 **인지적 노력**이 계속될 처리에 결정적이나:

> 수용자의 **주의**는 특히 정보 제공의 변화나 혹은 감정적으로 중요한
> 정보의 변화에 맞추어져 있다. Lang은 이를테면 카메라 배열의 변
> 화와 TV-Spots의 컷들이 이런 반응을 불러 일으켰다는 상당한 연구
> 물들을 제시하고 있다.

> 인지된 정보를 계속하여 처리하기 위한 **인지적 노력**은 특히 정보와
> 정보간의 의미론적 연관성 즉 **결속성**에 의해 영향을 받는 것으로 보
> 인다: 결속성이 크면 클수록 처리 노력은 적게 든다.

인지 체계는 제한된 능력만 마련되어 있기 때문에 이용될 자원은 정
보 수용, 정보 기억, 정보 생산의 각 단계에 분배된다. 이로부터 정보
처리의 상이한 결과가 생성되는 것이다: 예컨대 어떤 텔레비전 방송
을 단순히 시청하는 것에 중점이 있지 장기적으로 기억하려는 것이

아니면 정보의 저장과 재사용에 제한된 자원만이 사용될 수 있다. 이에 반해 방송의 대상에 관심이 있는 시청자는 전달된 정보를 보통은 더 잘 기억하고 이어서 더 잘 재생산해낼 수 있다. *Uses-and-Gratifications* 연구에서 확인된(6장2참조) 시청자의 동기의 상이한 영향은 Lang의 모델에 의해 잘 설명될 수 있다. 많은 양의 정보가 몰려 있는 뉴스에서는 특별히 인지적 수용 과정이 고려되어야 한다.

– 뉴스
특별히 **텔레비전 뉴스**에서의 수용 과정은 지난 여러 해에 걸쳐 집중적으로 연구되었다. 중요한 부분 과정은 **감각적 처리**와 **의미론적 처리** 그리고 **평가와 기억**이다:

> 텔레비전 뉴스의 감각적 처리에 있어서 무엇보다도 **텍스트**와 **화면**이 중요한 조건이다. 읽혀시는 텍스트에 중복해서 삽화를 넣는 필름 페이드인(fade in)은 특히 별 정보가 없는 통상적 화면과 텍스트와 밀접하게 연결이 덜 되는 필름보다 뉴스를 기억하는데 더 나은 도움이 된다(Kamps & Meckel, 1998).

> 뉴스의 **의미론적** 처리는 다루어진 사태에 대한 이미 존재하는 지식에 의해 결정된다. 특히 뉴스 정보를 선지식에 통합하는 것과 관련하여 이러한 통합은 강력한 관심과 높은 수준의 선지식에 의해 지원된다는 것이 드러난다(Wirth, 1998). 정보의 "포장"이 일정한 인지적 작용을 일으킨다는 것은 *Framing* **효과**로 알려져 있다(Iyengar, 1991). 그리고 뉴스의 처리와 관련해서도 이런 종류의 효과가 보고

되고 있다(Iyengar & Simon, 1993; Brosius & Eps, 1995; Valkenburg, Semetko & de Vreese, 1999). 마찬가지로 잘 증명된 또 하나의 효과는 추상적 사태에 대한 인지적 처리에 작용하는 **사건 예들**이다(Brosius, Schweiger & Rossmann, 2000).

특정 방송사의 텔레비전 뉴스의 **평가**는 일부 그 방송사와의 연결성과 관련이 있고 일부는 보여지는 진지함과 연관이 있다. 이 두 요인들은 아마도 독일 제1방송인 ARD의 뉴스 방송인 Tagesschau가 독일에서 가장 호감 가는 방송에 속하는데 기여하고 있다(Müller, 1997).

소위 **뉴스 가치 연구**가 밝혀냈듯이 충격적이고 갈등이 있는 사건 등을 다루는 높은 **감정성**을 지닌 뉴스가 특히 장기적으로 **기억**에 남게 된다(Eilders, 1997).

이 자세한 연구 결과로부터 기획과 프로그래밍에서 뉴스의 미디어에 의한 프레젠테이션은 물론 수용자의 인지적 처리 과정도 고려되어야 한다는 결론이 나올 수 있다(Goertz & Schönbach, 1998). 여기서 부족한 관심과 얄팍한 선지식 그리고 특수한 미디어 이용에 의해 불리한 수용자들도 특히 생각해야 한다. 그렇지 아니면 텔레비전 뉴스는 **지식 격차**라는 명칭 하에 학계에서 많은 주의를 끌었던 현상에 기여할 수가 있다.

– 지식 격차
뉴스 수용자들은 전달된 정보와 관련하여 보통 상이한 **선지식**을 갖고 있다. 이 선지식은 면대면 커뮤니케이션에서는 쉽게 평가될 수 있는 반면에 공공 미디어를 통한 커뮤니케이션의 수용자마다 특수한 적응은 큰 어려움을 초래한다. 이 적응이 실패하면 심지어 전달된 정보가 원치 않은 영향을 발휘할 수도 있다. 그래서 어느 특정 집단의 지식의 우세가 더 높아지는 일도 일어날 수 있다. Philipp Tichenor, George Donohue, Clarice Olien(1970)가 표현한 **지식 격차 가설**은 이런 가능성을 사회경제적으로 상이한 집단의 상이한 정보 처리에 관련시켰다:

"사회 제도에 매스 미디어 정보의 주입이 증가하듯이 사회경제적 신분이 높은 주민 집단은 신분이 낮은 주민 집단보다 더 빠른 속도로 정보를 획득하는 경향이 있다. 그래서 이 두 집단의 격차는 감소하기보다는 증가하는 경향이 있다."(Tichenor et al., 1970, pp. 159-160)

이렇게 표현된 이후로 지식 격차 가설은 미국 내외에서 많은 연구와 비판적 논란을 불러 일으켰다(Bonfadelli, 1985; Viswanath & Finnnegan, 1996; Wirth, 1997). 이 같은 연구가 보여준 것은 상이한 수용자들간의 지식 차이의 축소나 확대는 **지식 분야, 관심, 미디어**의 측면들이 고려되어야 하는 복잡한 과정이라는 것이다:

지식 격차 가설은 정치적 정보 분야뿐만 아니라 다른 **지식 분야**에서도 확인되었는데 특히 정보의 공간적 중요성이 하나의 역할을 하는 것으로 보인다. 정보 캠페인이 전체 국민에게 정보가 확산되는데 일조를 할 수 있음에도 예컨대 세금 정책, 연금 정책, 보건 정책 등의 평균 이상의 깊이 있는 지식이 요구되는 복잡한 주제에서 이것이 성공하기에는 더 힘들다(Wanta & Elliott, 1995).

지식 격차 효과는 주제에 대한 동기와 **관심**과 같은 요인에 의해 크게 영향을 받는다(Kwak, 1999).

있음직한 **미디어 효과**와 관련하여 먼저 납득할 만한 가정 즉 국민의 지식 격차를 해소하는데 인쇄 미디어보다는 텔레비전이 더 적합하다는 가정은 몇몇 연구 업적에서는 확인될 수 없었다(Gaziano, 1997).

요약해서 지식 격차 가설은 지식과 정보간의 상호작용을 제시하는 지극히 고무적인 이론적 기초로 평가될 수 있다. 이 가설은 공공 미디어에 의해 유포된 정보의 의도되지 않은 영향에 대해 경고하고 또 어떻게 이미 존재하고 있는 지식 격차에 대한 축소 노력이 이루어질 수 있겠는가하는 문제를 연구하도록 자극한다. 그래서 학교에서의 특정한 간섭에 의해서 지식 격차의 축소에 기여하는 가정에서의 커뮤니케이션 과정을 격려하는 것이 가능한 것으로 보인다(McDevitt & Chaffee, 2000). 그러나 **인터넷**에 의해 현재 더 극적으로 깊어 가는 정보 사회의 분열이 어떻게 극복될 수 있는가는 아직도 불분명하다.

2) 공공 커뮤니케이션의 감정적 측면

정보 전달 외에 **감정적** 측면도 많은 수용자들에 의해 매우 중요하다고 평가된 공공 커뮤니케이션의 한 면이다. 따라서 **엔터테인먼트**가 개인 간 커뮤니케이션뿐만 아니라 공공 커뮤니케이션에게도 중요한 동인 가운데 하나인 것은 놀랄 일이 아니다. 전체 **엔터테인먼트 산업**이 바로 이런 동인에 의해 유지되는데, 수요를 만족시키기 위해 창의적으로 항상 새로운 가능성과 제공 거리를 찾고 있다. 그러나 엔터테인먼트 는 독립적인 활동일 뿐만 아니라 예컨대 **지식 전달**과 같은 다른 커뮤 니케이션 목표를 지원하기 위한 매체로 흔히 이용된다. **인포테인먼트** 와 **에듀테인먼트**(*edutainment*)와 같은 개념은 엔터테인먼트 커뮤니케 이션과 전달적 커뮤니케이션의 결합을 지칭한다. 지난 몇 년간에 걸 쳐 엔터테인먼트에 대한 바램을 학문이 점차 받아들여 공공 미디어에 서의 제공과 수용을 연구했다(Bosshart & Hoffmann-Riem, 1994; Wegener, 1994; Schmitz, 1995).

　엔터테인먼트 커뮤니케이션에서는 수용자들이 자극적인 것으로 인지하는 특정한 **감정적** 긴장을 감지한다. 이 긴장이 개인적으로 매우 상이한 한계치 이하로 떨어지면 **지루함**이라는 느낌이 확산된다. 너무 지루하게 되면 그것도 역시 부정적 반응에 이르게 될 수 있다(Grimm, 1997, 1999). **스포츠**와 같은 것이 많은 사람들에게 있어서 선호되는 엔터테인먼트가 되도록 만드는 것은 긴장과 개관이 가능한 인지적 요 구의 최상의 결합이다. 그러나 스포츠에 대한 커뮤니케이션이 전혀 다른 특성을 지닌다는 것을 다음 절에서 알 수 있다.

3) 공공 커뮤니케이션의 행동적 측면

공적으로 전달된 감정이 공적으로 연관된 특정 행동 방식에 어떻게 영향을 미칠 수 있는가를 최근에 독일에서 실시된 연구가 분명하게 보여준다. Reimar Zeh와 Lutz Hagen(1999)은 1998년 연방 의회 선거가 바로 직전에 개최된 월드컵의 진행에 의해 영향을 받았다는 추정에 대한 논거를 제시하고 있다. 두 연구자는 선거 전 8주 동안 텔레비전의 저녁 뉴스에서 다루어진 스포츠에 대한 주제화 과정을 관찰했고 이를 최신 정당과 후보의 선호도와의 상관 관계로 처리했다. 이 시기에 자동차 경주 Formel 1 외에 특히 다른 하나의 주제기 스포츠 보도를 지배했다: 월드컵에서의 독일의 조기 탈락. 당시 기민당 총재이자 총리 후보인 Kohl이 밀접한 관계를 유지했던 대표팀 감독 Berti Vogts가 사임하는 날에 기민당에 대한 사민당의 우세가 최고조에 달했다. 전체적으로 보아 스포츠 보도의 집중도와 Kohl에 대한 선호도는 부정적 상관 관계가 있었다. 많은 독일인에게 절망을 안겨준 사건은 또한 정서적 상태뿐만 아니라 기표소에서의 행동에도 영향을 미친 것이다.

    Zeh와 Hagen은 대표팀의 패배와 뒤이은 Vogts의 사임에 의해 정부쪽에 호의적으로 영향을 미친 일반적 정치 풍토와의 연관성을 설명한다:

> "국민적 자존심을 깎아 버린 사건의 영향은 명백하게도 일반적인 분위기 환경에 부정적으로 작용했고 이는 다시금 정부에 대한 평가와 선거 의도에 전이되었다.[...] 선거 의도에 있어서 스포츠라는 주제

의 의미는 사건의 구도에 근거하여 1998년 선거전의 특별함이었을 것이다. 짐작컨대 일반적인 분위기의 의미는 아니다. 우리 결과는 그 의미가 선거에 미치는 가장 중요한 상황적 영향에 속한다는 것을 시사한다."(Zeh & Hagen, 1999, p. 214)

물론 기표소에서의 행동은 다음 절에서 다루어지는 뿌리깊이 자리 잡은 정치적 **태도**와 별개의 것은 아니다. 그럼에도 사람들은 공공 커뮤니케이션의 영향에 의해 특정한 행동 경향을 보이는 것은 가능한 것 같다. 아마도 심지어 그에 상응하는 태도의 변화를 거치지도 않고서 그런 일이 가능한 것 같다.

4) 공공 커뮤니케이션에 의한 태도변화

공공 미디어가 하나의 주제에 대한 종종 정말 짧게 지속하는 여론에 영향을 미치는 것처럼 인간 삶의 중심적 분야에 대해 장기간 지속하는 태도를 변화시키는 잠재력도 소유하고 있다. 이런 추측은 먼저 미국에서 **교화 분석**(cultivation analysis)을 통해 폭넓은 토대 위에서 확인되었고, 최근에는 잘 통제된 연구에서 특히 **공격성**에 관한 연구 분야에서 세분된 이론 형성으로 학문적 설명을 제공해 주었다.

- 교화 분석

많은 전문가의 평가에 의하면 공공 미디어는 오늘날 사회적으로 중요한 태도에 가장 큰 영향을 미치는 사회제도에 속한다. 많은 나라에서 이 것은 우선 **텔레비전**이다. 미국에서는 이 미디어의 가능성은 물론 위험에 대해서도 이미 매우 일찍부터 의식하게 되었다. 텔레비전 영향의 학문적 분석을 지원하기 위해 이미 20세기의 60년대에 George Grebner가 **문화 지표**라고 알려진 특수 연구 프로그램을 창설했다 (Gerbner, 1973; Grebner & Gross, 1976). 이 여구 프로그램은 다음의 세 가지 분석 분야로 이루어져 있다:

제도적 과정 분석은 텔레비전 방송의 선택과 생산 그리고 배급에 영향을 주는 사회적이고 제도적인 포괄 조건과 과정을 연구하는 과제를 안고 있다.

메시지 시스템 분석은 방송의 내용을 폭력, 성의 역할, 소수 등과 같은 측면의 고려 하에 자세히 평가한다.

교화 분석은 문화적으로 제한 받는 태도와 의견의 발달에 미치는 텔레비전의 영향을 연구한다.

교화 분석의 방법적 과정은 대체적으로 사회적 현실의 특정 측면들에 관련하여 피연구자들에게 질문이 세기되는 것이다. 예를 들어 사람들이 텔레비전 외에서의 사회적 현실에서보다 범죄 행위에 참여하는 비율이 텔레비전 영화에서 훨씬 더 높기 때문에 이런 연구에서는 특히 폭력 범죄성에 대한 질문이 적당하다. 피질문자에게는 흔히 두 가지 빈도수를 결정하도록 제시되는데 그 하나는 텔레비전에서 보여진 폭력 행위의 빈도수에 가까운 것이고 다른 하나는 폭력 범죄성의 실제 빈도수에 가까운 것이다. 피연구자의 과제는 어떤 숫자가 범죄 폭력성의 실제 빈도수에 상응하는가를 결정하는 것이다. 텔레비전을 많이 보는 시청자와 적게 보는 시청자간의 대답의 차이는 이 분야에서의 텔레비전의 영향에 대한 해명을 제시한다.

교화 분석의 틀에서 Michael Morgan과 James Shanahan(1997)은 폭넓은 메타 연구에서 폭력과 성 역할과 정치에 대한 태도에 미치는 텔레비전의 평균적으로 지속되는 견고한 영향을 증명했다. 걱정되는 것은 이 효과가 여성과 남성, 고학력과 저학력뿐만 아니라 모든 연령층에서 나타났다는 것이다. 아동과 청소년 그리고 노인 집단에서는 비교적 적은 영향을 보여주었지만 젊은 성인 집단은 비교적 큰 영향을 보여주었다. 폭력 사용에 대한 긍정적 태도와 잠재적인 폭력성은 한 사회의 민주적 발달을 결정적으로 방해할 수 있기 때문에 이런 문제는 다음 절에서 더 정확하게 규명된다.

– 공격성

텔레비전 시청자들의 공격적 행동이 연구 대상인 연구 문헌에 대한 개관에서 Matthew Hogben(1998)은 평생에 걸쳐 텔레비전에서 인지된 공격성과 실행된 공격성간의 복잡한 연관성을 찾아냈다. Bandura(1973, 1989b)와 Huesmann(1986, 1994; Huesmann & Eron, 1986)의 공격적 행동의 **사회적 학습이론**에서 출발하면서 텔레비전과 공격성간의 관계에 영향을 미치는 방송에서의 일련의 내용적 변인들이 확인될 수 있다:

'좋은' 목표 또는 '정당방위'에 이용됐기 때문에 **정당하다**고 표현되는 공격성이 특히 보여지는 방송들은 정당화되지 않은 폭력이 담긴 방송들보다 명백하게 더 높은 공격성을 야기했다. 후자의 경우에서는 공격성이 쉽게 받아들여질 수 없으며 따라서 행동 목록에도 포함되지도 않게 된다.

정당화의 정도 외에 텔레비전에서 보여진 공격성의 **결과**가 시청자 행동에 미치는 영향에 있어서 결정적인 역할을 한다. 공격성의 결과를 전혀 표현하지 않았거나 불분명하게 표현한 방송은 시청자의 공격성에 비교적 강한 영향을 끼쳤다.

텔레비전 방송의 **현실성 정도**는 SF나 만화와 같은 고도의 허구적 방송에서 모험 영화나 범죄 영화에서의 광범위하게 현실에 가까운 표현물에 이르기까지 변화가 있다. 아마 몇몇 독자들은 Hogben(1998)의 메타 연구에서 현실적인 표현에서보다 현실성이 낮은 방송과 공격성간에 더 강한 연관성이 나타났다는 것에 놀랄 것이다. 이에 대한 설명은 공격적 행동에 대한 비현실적 표현과 그 비참한 결과가 비현실적 방식으로 제시되고 그리고 그와 함께 이미 언급된 공격성의 결과에 대한 부족한 서술의 작용 요인이 효과가 날 수도 있다는 점이다.

이에 따라 보여진 공격성이 정당화된 행동으로 묘사되고 그 결과는 숨겨지고 또 게다가 비현실적 세팅으로 포장되는 방송들이 특히 공격성을 강화시키는 것으로 영향을 미치는 것으로 보인다. 이점은 텔레비전에서의 많은 방송들에 해당되기 때문에 미국의 연구에서 항상 텔레비전과 시청자의 공격성간의 밀접한 연관성이 지적된 것은 더 이상 놀랄 만한 일이 아니다(Huston & Wright, 1998).

그 사이 독일에서도 텔레비전 시청과 공격성 그리고 아동과 청소년의 공격적 행동간에 밀접한 연관성이 있다는 것이 증명된 폭넓은 경험적 연구들이 존재한다(Kleiter, 1997; Grimm, 1999; R. Weiß, 2000). 심리학자 Ekkehard Kleiter가 여론 조사를 실시한 임의 추출 견본은 슐레스비히-홀스타인 주와 메클렌부르크-포아폼머른 주의 초등학교와 9년제 초등학교 그리고 중학교에 다니는 만 8세에서 17세의 2천명이 넘는 학생들로 구성되어 있다. 공격적 행동과 공격 성향 정도는 자기 평가와 동년배 평가 그리고 교사 평가를 통해 조사되었다.

이 주제에 대한 이전 연구에서처럼 Kleiter도 역시 시청된 영화의 공격성과 공격적 행동간에 비교적 경미하지만 중요한 상관관계를 발견한다. 이 전체적 관련성은 그러나 **성별**이라는 중재된 변인을 고려하면 특히 두드러지게 긍정적인 쪽이나 혹은 부정적인 쪽으로 위치가 바뀔 수 있다. 이점은 소년과 소녀들에게 있어서 공격성의 습득이 매우 다르게 진행된다는 것으로 풀이된다. 많은 **소년들**에게 특히 사춘기 연령에서는 공격성과 공격적 행동이 독립되는 반면에 많은 **소녀들**에게는 이런 행동 경향은 축소된다. 이런 발달에 영화 시청이 기여를 하는데 소년들은 공격성의 주도자로 소녀들은 이에 반해 오히려 희생자로 자신들을 동일시한다.

Kleiter는 공격적 문제 해결을 담고 있는 영화를 "갈등상황에서 명백히 공격적인 행동과 자신의 잠재적 공격성의 구축을 위한 학습 장소"(p. 450) 라고 부른다. 많은 아동 방송과 청소년 방송에 파괴적인 진술에 대한 근거로 그는 제시하기를:

"영화는 공격적 행동 기술에 대한 일종의 안내뿐만 아니라 언제 그

리고 어떤 정도로 공격성이 사용될 수 있으며 그리고 추정컨대 꼭
사용되어야만 한다는 주관적 정당화의 사고 도식을 제공해 준다."

(Kleiter, 1997, pp. 450-451)

Kleiter는 자신이 얻은 결과를 공격적 행동의 미디어를 통한 습득에
대한 복잡한 모델로 연결시킨다. 이 모델은 한편으로는 이론과 경험
적으로 잘 정초되어 있고 다른 한편으로는 변인 구조와 관련하여 사
회 행동의 발달에 중심적인 이런 분야에서의 계속되는 연구를 위한
견고한 기초로 이용될 수 있을 정도로 세분되어 있다. 4장에서 이런
학습 과정의 단순화된 기본 구조가 소개되어 있다. 여러 실험 연구에
서 밝혀졌듯이 많은 남성 시청자에게서도 나타나는 피해자 시각에 일
차적으로 근거하는 것과 영화 수용 동안에 나타나는 감정적 반응의
영향이 더 많이 고려되어야만 한다(Grimm, 1997, 1999).

– 예방
Ekkehard Kleiter(1997)는 아동에 대한 텔레비전의 부정적 영향에
대처하기 위한 다수의 조처를 생산자 측면뿐만 아니라 수용자 측면에
서도 제시한다. Matthew Hogben(1998)도 긴급한 행동의 필요성이
있다고 보고 있다. 더욱 더 강력한 **미디어 통제**와 **미디어 교육**에 의한
더 나은 **예방**이라는 선택에서(6장2 참조) Hogben은 두 번째 대안에
찬성 한다:

"미디어로서의 텔레비전은 여기서 예측할 수 있는 미래를 위해 유지
된다: 아마도 방영된 공격성의 효과와 싸우는 가장 좋은 방식은 그

것을 금지하는 것이 아니라 오히려 시청자들 특히 아동들이 자신들이 시청하고 있는 것에 대해 생각하는 것을 확실하게 만드는 일이다."(Hogben, 1998, p. 242)

Jürgen Grimm(1999)도 목표로서 **적극적 회피**라는 원리를 권장하는데 이는 특히 공격적 경향의 통제에 맞추어져 있고 내부적 그리고 외부적 성분들을 지니고 있다:

"외부적으로 **적극적 회피**는 이미 달성된 사회 질서를 시민의 용기로 방어하려는 용의를 포함하고 있다 - 범죄자와의 **오히려** 드문 직접적 대결에서뿐만 아니라 거주 지역과 공공장소 그리고 집에서 조용한 형태의 질서 유지의 일상적 일에서도[...]. 개선된 사회적 통제에 대한 내적 측면으로서 감정의 통제가 상응한다. **적극적 회피**는 갈등 상황에서 감정에 제한 받는 통제력 손실을 저지하는 능력의 개발에 목표를 두고 있다."(Grimm, 1999, pp. 739-740)

이러한 통제 능력을 갖추면 한편으로는 공공 미디어에 의한 지식과 감정 그리고 행동에 미치는 부정적 영향을 저지하고, 다른 한편으로는 그 긍정적 효과를 강화하는 것이 가능하지 않을까 한다. 이 같은 도전은 공공 커뮤니케이션에만 제한된 것이 아니고 동일한 방식으로 조직 커뮤니케이션과 개인간 커뮤니케이션 층위에도 향해져 있다. 이 도전은 **문화간 커뮤니케이션** 영역에서의 **외국인 적대감**의 극복에서 특별히 위험하게 되는데 이는 다음 장의 주제이다.

● ● ● ● 6장 요약

1. 공공 커뮤니케이션은 특히 정치적 커뮤니케이션과 문화적 커뮤니케이션을 포함한다. 이 두 분야에서 공공 미디어가 중심적 역할을 한다.

2. 공적 상호작용 과정은 여론과 관련이 있는데 여론은 개인과 공공 미디어의 사적 의견과 독립적으로 간주 될 수 없는 것이다. 공공 미디어를 다룰 때에는 증가하는 정보의 홍수를 처리할 수 있는 적절한 미디어 능력이 더욱 중요해 진다.

3. 지식 전달 분야뿐만 아니라 감정 유도 분야와 행동 조절 분야에서도 공공 미디어의 광범위한 영향이 일부 관찰된다. 이 공공 미디어는 태도 변화에도 이르게 할 수 있다. 공격성이 담긴 영화의 수용에 의해 일어나는 특별히 결정적이라고 평가되는 효과는 이웃에 대한 공격성의 증가이다.

● ● ● 6장에 대한 추천 참고 문헌

Brosius, H.-B. & Esser, F. (1998). Mythen in der Wirkungs-forschung: Auf der Suche nach dem Stimulus-Response-Modell. *Publizistik, 43,* 341-361.

Holly, W. & Biere, B. U. (Eds.)(1998). *Medien im Wandel.* Opladen: Westdeutscher Verlag.

Kleiter, E. F. (1997). *Film und Aggression: Aggressions-psychologie.* Weinheim: Deutscher Studien Verlag.

Lang, A. (2000). The limited capacity model of mediated message processing. *Journal of Communication, 50 (1),* 46-70.

Schmidt, S. J. & Zurstiege, G. (2000). *Orientierung Kommuni-kationswissenschaft: Was sie kann, was sie will. Reinbeck:* Rowohlt.

7장 : 문화간 커뮤니케이션

지난 수십 년 간에 길쳐 더 빠른 속도로 여러 문화의 사람들이 더 자주 모이게 되는 지구촌이 형성되었다. 이런 접촉에서 발생하는 **문화간 커뮤니케이션**은 특별한 특징과 문제가 있기 마련이다(Asante, Newma 가 & Blake, 1979; Kim & Gudykunst, 1988; Pürschel, 1994; Samovar & Porter, 1994; Jandt, 1995; Scollon & Scollon, 1995; Maletzke, 1996; Chen & Starosta, 1998). 더 많은 문화간 커뮤니케이션으로의 발전은 여러 원인이 있는데 특히 **이민**과 **세계화**와 **초국가적** 경향이 이에 속한다:

이민은 지구의 넓은 지역에서 증가하고 있다. 많은 나라들이 많은 수의 이민자와 난민들에 직면해 있다. 여기에는 고전적 이민국인 호주와 캐나다와 미국뿐만 아니라 대부분의 유럽 국가들도 속한다.

기술적 커뮤니케이션 시스템과 이동 시스템 분야에서의 빠른 발달로 인해 사람과 제품과 정보가 오늘날 전보다 훨씬 손쉽게 어떤 임의의 장소로도 운반될 수 있다. 예전의 국가 경제는 광범위하게 세계 경제로 전환되었는데 **세계적으로** 활동하는 기업과 은행들과 또한 중견 기업들도 이에 기여하고 있다.

정치적 차원에서는 공동의 목표를 추구하는 정부나 비정부 조직들의 **초국가적** 연합들이 더 많이 늘어나고 있다. 유럽에서는 현재 이런 발전 추세를 유럽 연합의 동유럽으로의 확대를 통해 특히 집중적으로 체험하고 있다.

이런 발전은 사람들이 더 자주 이문화의 구성원들과 커뮤니케이션을 할 뿐만 아니라 외국 **언어**를 하는 사람들과도 커뮤니케이션을 하는 데 기여하고 있다. 이문화간의 접촉은 흔히 이른바 **문화 쇼크**라는 것에 이르기까지의 **감정적 반응**과 연결될 뿐만 아니라 **언어 장벽**에 의해 방해를 받기도 한다(Dausendschön-Gay, 1998; Harré, Brockmeier & Mühlhäusler, 1999; Schlosser, 2000). 현대 세계의 세계어로서의 영어의 사용은 세계적 의사소통에는 도움이 되지만 다른 언어의 능력에 의해 보충되어야만 한다. 그래서 이를테면 유럽의 모든 나라에서 공용어로서의 영어 외에 또 하나의 외국어를 말과 글로 구사해야 한다는 것은 당연한 일로 만들 수 있을 것이다(Cunningham-Andersson & Andersson, 1999).

문화간 커뮤니케이션에 대한 **학문적** 연구는 대단히 세심한 방법으로 실시되어야만 한다. 여러 문화에서의 개인간, 조직, 공공 커뮤니케이션의 체계는 즉시 인지할 수 없는 수많은 측면들과 관련하여 서로 차이가 난다. 따라서 너무 성급한 일반화를 경계하는 것이 중요하다. 개별적 진술의 유효 범위를 제한하는 것은 현대 커뮤니케이션학에서는 광범위하게 지켜지고 있다. 이에 비해 더 큰 위험은 함축적 태도와 선입견이 연구 결과의 설명과 평가에 영향을 주는 것이다(Kim, 1999).

문화간 커뮤니케이션이 더 빈번해지는 것은 모든 층위의 커뮤니케이션에 영향을 주고 있다. 다음 절에서는 따라서 먼저 **개인간** 커뮤니케이션의 문화간 측면을 다루고 이어서 **조직** 커뮤니케이션의 문화간 측면을, 마지막으로 공공 커뮤니케이션의 문화간 측면을 다룬다.

1. 개인간 차원

개인간 차원에서의 문화간 커뮤니케이션의 연구는 일방적인 인지에 특히 취약하다. 왜냐하면 이 차원에서의 커뮤니케이션 습관은 이미 어린아이 때부터 습득하고 그 후로 자명한 것으로 간주되어 왔기 때문이다. 이렇게 자신의 고유문화에 고착된 것을 문화적으로 제한된 **태도**와 개별 문화에서의 상이한 **커뮤니케이션 성향**의 전략의 수용과 **문화간 커뮤니케이션 능력**의 습득에 대한 비판적 분석으로 완화시켜야 할 것이다.

1) 문화적으로 제한된 태도

자국에 살고 있는 소수 민족을 통하건 외국에서 그 곳 주민과의 만남이건 간에 많은 사람들이 외국 문화와 접촉하게 되기 때문에 오늘날의 시대에서 외국인들에 대한 **태도**에 대해 더 많이 아는 것이 특히 중요한 것이고 더군다나 이러한 태도가 어떻게 생겨나고, 어떻게 변화하고, 변화되는지를 아는 것은 특별히 중요하다. 외국에서뿐만 아니라 자국에서도 소수 민족의 경우에는 종종 외모가 다르고 하는 행동이 다르기 때문에 자신에게 낯설게 보여지는 사람들을 만나게 된다. 상호간의 이해를 위해 외국인에 대한 자신의 태도와 그 생성 관련성을 따져 보는 일이 매우 중요하다(Cooper & Denner, 1998).

사람들이 낯선 문화권에 가면 자신의 많은 인지적 모델이 더 이상 미치지 못하는데, 그 토대가 되는 태도는 다른 전제를 기초로 형성되었기 때문이다. 이에 따라 이 모델들은 지금까지의 기능을 더 이상 적절하게 수행할 수 없는 것이다. 외국 문화를 그 규범과 가치를 함께 이해하기 위해서는 그 문화의 인지와 그 인지에 기초가 되는 관습에 적응해야 한다. 흔히 문제가 되는 이런 관습의 하나가 **커뮤니케이션 성향**의 정도이다.

2) 커뮤니케이션 성향

주로 미국과 유럽에서 실시된 개인간 **커뮤니케이션 성향**에 대한 몇몇 연구에서는 사회에 대한 **개인주의적** 시각과 다른 사회에서의 **집단주의적** 방향이 대립되고 있다(Triandis, 1995). 개인주의가 우세하다는 가정의 기초 위에서 특히 언어를 통한 **자기 주장**의 노력이 긍정적인 것이고 **언어적 소극성**은 원칙적으로 부정적인 것이라는 확신에 도달 한다:

> **개인주의적** 시각에서는 커뮤니케이션 분야에서의 경미한 활동은 종종 허약한 자신감에 대한 암시로 평가된다. 대체로 어떤 사람이 다

른 사람과 더 많이 언어적이고 비언어적으로 상호작용을 하면 할수록 다른 사람과의 더 많은 긍정적 관계를 발전시킨다는 것이다. 특히 **언어적 자기 주장** 능력과 **갈등 상황**에서의 언어적 자주성 능력은 중요한 능력으로 평가되어 교육에서 장려되고 있다(Infante & Rancer, 1996).

커뮤니케이션에 대한 **집단주의적** 시각은 이에 반해 소극적 커뮤니케이션을 무조건적으로 개성의 약점으로 평가하지 않고 이를 고도의 사회적 감수성의 징표로 간주한다. 이웃의 욕구에 대해 대단히 특이한 감수성을 지닌 사람은 게다가 더욱 강한 **감정이입**과 소통의 용의를 발전시킬 수 있다. 이런 태도는 다른 사람에 대한 배려와 정중함을 높이고 커뮤니케이션에 대한 집단주의적 시각의 중심적 특성으로 설명된다(Singelis & Brown, 1995).

언어학자 Min-Sun Kim(1999)은 통합적 모델을 제안하는데 이 모델에서는 커뮤니케이션 성향의 문화적 차이가 한 사회의 개인주의적이고 집단주의적인 표현의 결과로 간주된다. 이 모델이 널리 받아들여지면 일방적인 규범의 개념이 발전되고 확정되는 일이 저지될 것이다.

3) 문화간 커뮤니케이션능력

앞선 생각들은 문화적 차이에 대한 고려 없이는 세계를 기준으로 하는 학문의 요구를 충족시킬 수가 없다는 것을 분명히 해준다. 이것은 유사하게 다른 모든 분야에도 적용되고 따라서 **문화간 커뮤니케이션** 능력으로 귀결되어야 한다. 따라서 고유 문화적 커뮤니케이션 능력의 형성과 더불어 문화간 커뮤니케이션 능력을 습득하는 것이 이미 학교에서 시작되어야 한다(Wiseman & Koester, 1993; Spitzberg, 1994; Thomas, 1996; Luchtenberg, 1999; Nieke, 2000; Weidemann & Straub, 2000).

이미 4장에서 다룬 일반적 커뮤니케이션 능력의 확장에서 Guo-Ming Chen과 William Starosta(1996)는 문화간 커뮤니케이션 능력에 대한 세분되고 경험적으로 잘 정초된 컨셉에 이르렀다. 이 컨셉도 마찬가지로 **효율성**과 **적절성**이라는 기능적 측면에 근거하고 있고 같은 정도로 지식 층위와 감정 층위와 행동 층위도 포함하고 있다. 적절성의 측면은 여기서 어느 특정한 커뮤니케이션 상호작용에서의 문화적 관습과 특히 관련된다.

2. 조직 차원

특히 텔레커뮤니케이션과 물류의 현대적 기술 발달에 의해 오늘날 경제 분야와 조직 커뮤니케이션의 다른 분야에서도 강력한 세계화 추세가 관찰되고 있다. 이 가운데 많은 분야에서 다른 문화권의 파트너와의 **협상**이 있게 되고 **다문화 작업 그룹**이 형성된다. 이런 요구의 명백한 결과는 문화간 커뮤니케이션의 훈련이다.

1) 문화간 협상

다른 문화권의 파트너와 능력 있게 협상을 이끌어 가는 능력은 오늘날 가장 중요한 문화간 능력에 속한다. 5장에서 설명되었듯이 성공적인 협상 운영은 가장 어려운 커뮤니케이션 과제에 속한다. 문화간 맥락에서 협상의 준비와 협상 과정에서의 대화 운영과 프로토콜 운영뿐만 아니라 특히 목표한 결과의 실행에 관계되는 예기치 않은 여타의 문제들이 종종 등장한다(Harris & Moran, 1991; Weiss, 1996; Brannen & Salk, 2000; Ehnert, 2000).

Deborah Cai와 Laura Drake(1998)가 강조하듯이 문화산 협상에서는 따라서 협상 운영의 일반적인 능력과 협상 상대자에 맞춰진 전략의 통합이 필요하다. 이런 통합에서는 문화적 배경 요인들뿐만 아니라 개개 협상의 전제와 목표와 실행에 관련된 특별한 요구사항들도 고려되어야 한다. 이에 대한 실험 연구 외에 특히 실제 상황에서의 연구가 더 필요하다.

2) 다문화 팀

세계적으로 활동하는 조직은 많은 과제를 해결하기 위해 여러 나라와 문화가 참석하는 팀이 필요하다(Stumpf, 2000). 다문화적으로 구성된 그룹의 효율성은 단일 문화 집단과 비교해서 대체적으로 일부는 **임무**에, 일부는 **통합 촉진책**에 좌우 된다:

임무가 이질적인 요구 사항들을 포함하고 있으면 다문화 그룹의 형성이 장점이 될 수 있다. 예컨대 한 상품이 여러 나라에 출시되어야 하고 이 시장들에 각각의 대리인이 팀의 형태로 대표된다면 장점이 있다.

통합 촉진책에 의해 방금 서술된 것 같은 긍정적 초기 입장이 실제로도 성공하게 되는 것이 확보되어야 한다. 이 조치는 특히 그룹에서의 적절한 임무 분배에 해당되는데 해결되어야 과제와 현존하는 능력이 납득할 만한 방식으로 서로 연결된다. 이질적인 그룹에서의 커뮤니케이션의 중심적 역할에 주의하는 것은 그룹의 성공을 위한 하나의 중요한 전제 조건이다.

이 경험들은 문화간 그룹들이 추가적으로 직면하는 문제들이 한편으로는 특정한 요구 사항에서는 장점으로 전환될 수 있고 다른 한편으로는 **훈련**과 **안내 조치**에 의해 결정적으로 영향을 받을 수 있다는 것을 밝혀주고 있다. 이를 위해 필요한 커뮤니케이션은 참여한 모든 그룹의 구성원들이 문화간 문제의 이해와 극복을 위해 도움이 된다고 느끼도록 짜여져야 한다(Suzuki, 1998; Davison & Ward, 1999).

3) 문화간 커뮤니케이션 훈련

문화간 커뮤니케이션 문제를 학문적으로 처리하여 정리하는 것은 오늘날의 큰 도전이다. 특히 훈련을 통하여 문화간 커뮤니케이션 능력을 개선하는 것이 어떻게 가능한가 등의 문제가 이에 속한다(Brislin

& Yoshida, 1994; Taylor, 1994; Landis & Bhagat, 1996; Liedtke, Redder & Scheiter, 1999; Bredella et al., 2000).

외국 문화에 접근하는 태도의 과정을 용이하게 하기 위해서 미국 심리학자 Harry Triandis는 동료와 함께 **문화 동화자**(*Culture Assimilator*)라는 프로그램을 개발했다(Fiedler, Mitchell & Triandis, 1971). 문화 동화자는 비교적 짧은 시간에 어느 특정한 문화에 속한 구성원에게 다른 문화의 몇몇 기초적인 개념과 태도와 관습과 가치를 가르치려는 목적으로 만들어진 프로그램된 학습 연쇄물이다. 문화 동화지는 특수할 수도 있고 일반적일 수도 있다. 특수한 프로그램의 경우에는 예를 들어 병원에서의 활동 또는 사회복지사로서의 활동을 위한 것 등의 매우 제한된 상황에서 효과적인 행동을 하도록 훈련받는다. 일반 버전은 이에 반해 광범위하고 다양한 사회적 상황에 목표를 두고 있다.

문화 동화자는 특히 제한된 시간 동안에 외국 문화권으로 가면서 그 문화에 대해 아는 바가 별로 없는 사람을 위해 고안된 것이다. 문화 동화자는 입문하는 사람이 2시간에서 5시간 안에 목표 문화에 대한 상세한 정보를 얻도록 디자인되어 있다. 이런 이유로 특히 가장 큰 차이가 나면서 문화직 경계를 넘어 사회적 행동에 가장 큰 영향을 주는 분야를 선택하는 것이 필요하다.

문화 동화자의 응용에서 그사이 이런 저런 결과가 나오고 있다 (Triandis, Brislin & Hui, 1988; Triandis, 1989). 1967년 여름에 이미 온두라스의 *Los Amigos de las Americas* 개발지원부의 업무 수행에서 참가자들이 통제된 실험에서 연구되었다. 그 결과는 문화 동화자로 훈련을 받은 "아미고스"는 훈련을 받지 않은 "아미고스"보다 작업 실행에서 일반적으로 더 나은 개선을 보여주었다. 특히 흥미로운 것은 이미 그 전년도에 "아미고스"로 온두라스에 왔던 사람들의 적응성과는 물론 작업실행도 처음으로 중남미에 온 학습자보다 더 좋았다는 결과이다. 이런 기대치 않은 결과는 문화 동화자가 외국에 처음 오는 신참을 위한 정보를 제공할 뿐만 아니라 기왕의 외국 문화 경험을 심화하는데도 도움이 된다는 추측을 제시한다.

학습 성공에서의 이런 차이는 특히 기왕의 경험에 근거한 상이한 처리 가능성으로 귀결될 수 있을 것이다. 새로운 연구 결과는 대체로 훈련의 성공에 대한 동기와 태도의 중요성을 입증하고 있다(Martin, Nakayama & Flores, 1998; Tanno & Gonsalez, 1998). 문화간 커뮤니케이션 훈련에 대한 비판적 개관에서 Aaron Cargyle과 Howard Giles(1996)는 그러나 소수의 훈련 프로그램만이 실제 응용 상황과 관련하여 검증되었을 뿐 많은 훈련 프로그램들은 심지어 외국 문화에 대한 태도의 악화에 이르게 될 수도 있다는 결론에 이르렀다:

"이 비판에서 증명되었듯이 문화간 훈련의 개념화와 실제는 실제 문화간 커뮤니케이션 그룹 사이의 특질과 함께 태도와 스테레오타입에 의해 부과된 중요한 제한을 무시했다. 그 결과로 개인들이 이주국 국민들과의 상호작용을 준비하는 성실한 노력이 종종 쓸모없이 되기도 하고 최악의 경우에는 해가 될 수도 있다."(Cargile & Giles, 1996, p. 415)

많은 훈련 프로그램들이 성공가능성이 희박하거나 반생산적인 영향을 주는 것은 다음과 같은 요인들에 기인 한다:

외국 문화에 대한 기존의 **선입견과 불안**은 해당 문화에 대한 새로운 정보에 의해 어쩌면 강화될 수도 있는데, 특별히 이런 정보의 주입과 처리에 주의를 기울이지 않는다면 그렇게 된다.

외국 문화의 구성원은 훈련에서 종종 동질적인 집단으로 묘사되기 때문에 인간적 커뮤니케이션의 **개인적** 특성이 소실되는데 이는 추가적으로 훈련 참가자들의 불안을 야기할 수 있다.

훈련 과정에서 외국 문화와의 첫 접촉은 **실패**에 이를 수 있으며 이로 인해 부징직 태도가 촉진될 수 있다.

습득 대상 언어에 대해 긍정적인 태도가 토대로 깔려 있으면 훨씬 더 효과적으로 기능하는 **외국어 습득**에서처럼(Gardner & Clément, 1990), 커뮤니케이션 훈련에서도 지금까지 보다 더 많이 태도의 변화에 주의를 기울여야 한다. Cargile과 Giles(1996)는 이런 배경에서 문화간 커뮤니케이션의 새 모델을 기획했는데 이 모델에서는 특히 태도와 선입견의 처리와 학습한 것을 구체적인 상호작용으로 **전이**하는 것에 중심적 역할을 부여했다.

3. 공공 차원

문화간 커뮤니케이션의 공공 차원에서는 우선 **다문화 사회**의 형태로 이에 필요한 근거 마련과 다음으로는 **국제 커뮤니케이션**의 형태로 여러 나라들 사이의 정보 교환이 다루어진다.

1) 다문화 사회

어느 한 나라에서 서로 조우하는 다른 문화권 출신 사람들이 늘어감에 따라 그 나라의 전통적인 문화적 방향만 양성하는 것이 아니라 새로이 들어오는 다른 문화와 언어도 그 나라에 속하는 것으로 인정해야 하는 필연성이 증가하고 있다. 많은 나라에서 이러한 **다문화·다언어** 경향은 오래 전부터 일상이 되었고 독일과 같은 다른 나라에서는 이제 초기 단계이다.

세계의 대부분의 국가에서 상이한 문화가 공존하고 있는 것이 오래 전부터 자명한 일인 반면에 독일에서는 모든 독일인에게 있어서 아직 이런 점을 자국에 대해서 인정할 준비가 되어있지는 않다. 문화 간 커뮤니케이션이 현실에서 출발한다면 기존의 선입견과 불안을 극복하는데 기여할 수 있다. Bad Boll기독교 아카데미의 Manfred Budzinski(1999)의 견해에 의하면 다음과 같은 점에서 시작해야 한다:

"비독일계 주민에 대한 독일 주민의 일부에서 나타나는 거부 상황과 혐오 그리고 심지어 증오와 불안,

거의 모든 사회 정책적(자신에게도 중요한) 사안의 결정 문제와 관련한 비독일계 주민의 공적 권리 상실,

법적, 사회적, 문화적 차별 대우,

법적 차별의 철폐조차도 감정적 장벽과 '사회적 선입견'을 같이 사라지게 할 수 없다는 경험,

현재까지 독일인과 비독일계 주민의 교류에서 거의 존재하지 않거나 실천되지 않은 사회적 규칙과 규정"(Budzinski, 1999, p. 14)

다문화 사회의 전제 조건들이 독일에서 성취될 때까지 생각뿐만 아니라 정책적인 면에서도 변화가 있어야 한다. 이점은 비슷한 정도로 모든 국가 간의 커뮤니케이션 상호작용 즉 **국제 커뮤니케이션**에 있어서도 마찬가지이다.

2) 국제 커뮤니케이션

2차 세계대전 이후로 20세기 말의 정치적 변화에 의해 더욱 더 전 세계적인 정보 교류가 엄청나게 늘어났다(Nordenstreng & Schiller, 1993; Meckel & Kriener, 1996; Zaharna, 2000). Tsan-Kuo Chang(1998)이 뉴스 에이전시 Reuters에 대한 분석에 따라 확인되고 있듯이 특히 지구상의 아직 저개발된 지역의 나라들은 뉴스의 생산과 보급에서 고려되어야 할 어려움이 크다.

인터넷은 특별히 두드러지게 국제 커뮤니케이션의 발달에 기여할 것이고 거의 모든 삶의 분야에서 새로운 커뮤니케이션 특성을 만들어 낼 것이다(Mowlana, 1994; Donges, Jarren & Schatz, 1999). 그러나 이런 발전은 위험이 없지는 않다. 이미 조직 커뮤니케이션의 틀에서 인터넷에 대한 논의에서 강조했듯이 국제 커뮤니케이션의 특별한 분

야에서도 뉴미디어의 도입이 그렇지 않아도 이미 존재하고 있는 개인과 전체 사회의 발전 기회의 불균형이 더 커지지 않도록 주의를 기울어야 한다.

● ● ● ● **7장 요약**

1. 문화간 커뮤니케이션의 개인간 차원에서는 문화적으로 제한된 태도에 대한 통찰에 기초하여 문화간 커뮤니케이션 능력이 구축되어야 하는데 문화마다 다른 커뮤니케이션 성향도 고려되어야 한다.

2. 조직 커뮤니케이션 차원에서는 특히 경제적 세계화에 의해 증가하는 문화간에 결성되는 팀과 협상과 훈련에 대한 요구 사항들이 중요하다.

3. 공공 분야에서는 현재 많은 나라에서 다문화적 · 다언어적 방향에 대한 토론이 진행되고 있다. 초국가적 차원에서 모든 나라들이 동등하게 참여하는 국제 커뮤니케이션이 건설되어야 한다.

7장에 대한 추천 참고 문헌

Budzinski, M. (1999). *Die multikulturelle Realität: Mehrheitsherrschaft und Minderheit-enrechte.* Göttingen: Lamuv.

Cai, D. A. & Drake, L. E. (1998). The business of business negotiation: Intercultural perspectives. *Communication Yearbook, 21,* 153-189.

Cargyle, A. C. & Giles, H. (1996). Intercultural communication training: Review, critique, and a new theoretical frame work. *Communication Yearbook, 19,* 385-423.

Chen, G.-M. & Starosta, W. J. (1996), Intercultural communication and international public relations: Exploring parallels. *Communication Quarterly, 48,* 85-100.

ÖFFENTLICHE EBENE

ORAGANISATIONALE EBENE

NTERPERSONASE EBENE

Akman, V. (2000). Rethinking context as a social construct. *Journal of Pragmatics,* 32, 743-759.

Allen, T.F.H. & Hoekstra, T.W (1992). *Toward a unified ecology.* New York: Columbia University Press.

Altmann, G. & Koch. W. A. (Eds.)(1998). *Systems: New paradigms for the human sciences.* Berlin: de Gruyter.

Alvesson, M & Kärreman, D. (2000). Taking the linguistic turn in organizational research: Challenges, responses, consequences. *Journal of Applied Behavioral Science,* 36, 136-158.

Antos, G. (1996). *Laien-Linguistik: Studien zu Sprach - und Kommunikationsproblemen im Alltag.* Tübingen: Niemeyer.

Antos, G. (1999). Mythen, Metaphern, Modelle: Konzeptualisierungen von Kommunikation aus dem Blickwinkel der angewandten Diskursforschung. In G. Brünner, R. Fiehler & W. Kindt(Eds.), *Angewandte Diskursforschung, Vol. 1: Grundlagen und Beispielanalysen*(pp. 93-117). Opladen: Westdeutsher Verlag.

Aries, E.(1996). *Men and women in interaction: Reconsidering Differences.* New York: Oxford University Press.

Arlt, H-J. (1998). *Kommunikation, Öffentlichkeit, Öffentlichkeitsarbeit: PR von gestern, PR für morgen - Das Beispiel Gewerkschaft.* Opladen: Westdeutscher Verlag.

Arnold, C.C & Bowers, J.W.(Eds.)(1984). *Handbook of rhetorical and communication theory.* Boston: Allen & Bacon.

Asante, M.K., Newmark, E. & Blake, C.A (1979). *Handbook of intercultural communication.* Beverly Hills, CA: Sage.

Askew, S.(Ed.)(2000). *Feedback for learning.* London: Routledge Falmer.

Attardo, S.(2000). Irony as relevant inappropriateness. *Journal of Pragmatics, 32,* 793-826.

Auer, P. (1999). *Sprachliche Interaktion: Eine Einführung anhand von 22 Klassikern.* Tübingen: Niemeyer.

Aufermann, J., Bohrmann, H.. & Sülzer, R. (1973). *Gesellschaftliche Kommunikation und Information*(Vol, Ⅰ & Ⅱ).Frankfurt a.M.: Athenäum.

Austin, J.L.(1962). *How to do tings with words.* Oxford: Clarendon.

Backes, D. (1995). The biosocial perspective and environmental communication research. *Journal of Communication, 45 (3),* 147-163.

Bandura, A.(1973). Aggression: A social learning analysis. Englewood Cliffs, NJ: Prentice Hall.

Bandura, A. (1986). *Social foundations of thought and action: A social cognitive theory.* Englewood Cliffs, NJ: Prentice-Hall.

Bandura, A. (1989a). Human agency in social cognitive theory. *American Psychologist, 44,* 1175-1184.

Bandura, A.(1986b). Die sozial-kognitive Theorie der Massenkommunikation. In J. Gröbel & P. Winterhoff-Spurk. (Eds.), *Emprische Medienpsychologie* (pp.7-32). München: Psychologie Verlags Union.

Bard, E.G., Anderson, A.H,. Sotillo, C., Aylett, M., DohertySneddon, G. & Newlands, A.(2000). Controlling the intelligibility of referring expressions in dialogues. *Journal of Memory and Language*, 42, 1-22.

Baumeister, R.F., Stillwell, A.M. & Heatherton, T.F.(1994). Guilt: An interpersonal approach. *Psychological Bulletin, 115*, 243-267.

Bazerman, M.H.,Curhan, J.R.,Moore,D.A.&Valley,K.L.(2000). Negotiation. *Annual Review of Psychology, 51*, 279-314.

Beauvois, J,-L. & Joule, R.-V. (1996). *A radical dissonance theory.* London: Taylor & Francis.

Becker, C.(1997). *Zur Struktur der Deutschen Gebärdensprache.* Trier: WVT.

Becker, M.(1996). *Moral in der PR? Eine empirische Studie zu ethischen Problemen im Berufsfeld Öffentlichkeitsarbeit.* Berlin: VISTAS Verlag.

Becker, T, (1998). *Die Sprache des Geldes: Grundlagen strategischer Unternehmenskommunikation.* Opladen: Westdeutscher Verlag.

Becker-Mrotzek, M., Brünner, G. & Cölfen, H. (Eds.)(2000). *Linguistische Berufe: Ein Ratgeber für aktuellen linguistischen Berufsfeldern.* Frankfurt a. M.: Lang

Becker-Mrotzek, M., & Meier, C. (1999). Arbeitsweisen und Standardverfahren der Angewandte Diskursforschung. In G. Brünner, R. Fiehler & W. Kindt(Eds.), *Angewandte Diskursforschung,* Vol. 1: Grundlagen und Bispielanalysen (pp. 18-45). Opladen: Westdeutscher Verlag.

Beer, R.D.(2000). Dynamical approaches to cognitive science. *Trends in Cognitive Sciences, 4,* 91-99.

Bentele, G. & Rühl, M. (Eds.)(1993). *Theorien öffentlicher Kommunikation.* München: Ölschläger.

Bentele, G. & Szyszka, P. (Eds.).(1995). *PR-Ausbildung in Deutschland: Entwicklung, Bestandsaufnahme und Perspektiven.* Opladen: Westdeutscher Verlag.

Berger, A.A.(1998). Media research techniques. Thousand Oaks, CA : Sage.

Berger, C.R. & Chaffee, S.H.(Eds.)(1987). *Handbook of communication science.* Newsbury Park, CA: Sage.

Berler, R. & Six, U.(1979). *Psychologie des Fernsehens: Wirkungsmodelle und Wirkungseffekte unter besonderer Berücksichtigung der Wirkung auf Kinder und Jugendliche.* Bern: Huber.

Bergmann, R. (1999). Rhetorikratgeberliteraur aus linguistischer Sicht: Annäherungsversuche an eine Ungeliebte. In G. Brünner, R. Fiehler & W. Kindt(Eds.), *Angewandte Diskursforschung, Vol. 2: Methoden und Anwendungsbereiche* (pp. 225-246). Opladen : Westdeutscher Verlag.

Berlo, D.K.(1960). *The process of communication.* New York: Holt, Rinehart & Winston.

Beth, H. & Pross, H. (1976). *Einführung in die Kommunikationswissenschaft.* Stttrgart: Kohlhammer.

Bever, T.G.,Sanz, M, & Townsend, D.J. (1998). The emperor's psycholinguistics. *Journal of Psycholinguistic Research, 27,*261-284.

Bignell, J. (2000). *Postmodern media culture.* Edinburgh: Edinburgh

University Press.

Bischl, K.(2000). *Die Mitarbeiterzeitung: Kommunikative Srategien der positiven Selbstdarstellung von Unternehmen.* Wiesbaden: Westdeutscher Verlag.

Bischoping, K. (1993). Gender differences in conversation topics, 1922-1990. *Sex Roles, 28,* 1-18

Blake. J. & Dolgoy, S.J. (1993) Gestural development and its relation to cognition during the transition to language. *Journal of Nonverbal Behavior, 17,* 87-102.

Blommaerl, J. & Bulcaen. C. (Eds.)(1997). *Political Linguistics.* Amsterdam: John Benjamins.

Blum, J. & Bucher, H.-J. (1998). *Die Zeitung: Ein Multimedium.* Konstanz: UVK Medien.

Böhringer, J., Bühler, P, P., Schlaich, P. P. & Ziegler, H.-J. (2000). *Kompendium der Mediengestaltung für Digital- und Printmedien.* Berlin: Springer.

Bonfadelli, H. (1985). Die Wissenskluft-Konzeption: Stand und Perpektiven der Forschung. In U. Saxer (Ed.), *Gleichheit oder Ungleichheit durch Massenmedien* (pp. 65-86). München: Ölschläger.

Bonfadelli, H. (1999). *Medienwirkungsforschung 1: Grundlagen und theoretische Perspektiven.* Konstanz: UVK Medien.

Bosshart, L. & Hoffmann-Riem, W. (Eds.)(1994). *Medienlust und Mediennutz: Unterhaltung als Öffentliche Kommunikation.* München: Ölschläger.

Boster, F. J. & Stiff, J.B. (1984). Compliance-gaining message selection behavior. *Human Communication Research, 10,* 439-483.

Bouissac, P.(Ed.)(1998). *Encyclopedia of semiotics.* Oxford: Oxford University Press.

Bourdieu. P. (1980). *Questions de sociologie.* Paris: Edition de Minuit.

Bourdieu. P. (1982). *Ce que parler veut dire.* Paris: Fayard.

Bowers. J.W. & Bradac,J.J.(1982). Issues in communication theory: A metatheoretical analysis. *Communication Yearbook,* 5, 1-27.

Boyes-Braem, P. (1992). *Einführung in die Gebärdensprache und ihre Erforschung.* Hamburg: Signum.

Brandom, R.B. (1994). *Making it explicit: Reasoning, representing and discursive commitment.* Cambridge, MA : Havbard University Press.

Brannen, M.Y. & Salk, J.E. (2000). Partnering across borders: Negotiating organizational culture in a German-Japanese joint venture. *Human Relations, 53,* 451-487.

Bredella, L., Meißner, F.-J., Nünning, A. & Rösler, D. (Eds.)(2000). Wie *ist Fremdverstehen lehr- und lernbar?* Tübingen: Narr.

Brehm, J.W. & Cohen, A.R. (1962). *Explorations in cognitive dissonance.* New York: Wiley.

Brislin, R. & Yoshida, T. (Eds.)(1994). *Intercultural communication training: An introduction.* Thousand Oaks, CA: Sage.

Bronfenbrenner, U. (1986). Ecology of the family as a context for human development: Research perspectives. *Developmental psychology, 22,* 723-742.

Brons-Albert. R. (1995). *Auswirkungen von Kommunikationstraining auf das Gesprächsverhalten.* Tübingen: Narr.

Broom, G.M. & Dozier, D.M. (1990). *Using research in public relations: Application to program management.* Englewood Cliffs, NJ: Prentice Hall.

Brosda, C. (2000a). Kommunikationsspektakel Wahlkampf: Empirische Befunde und Perspektiven. *Zeitschrift für Kommunikationsökologie, 2(1)*, 6-10.

Brosda, C.(2000b). Öffentlichkeit als Sphäre: Anmerkungen zu einem machtvollen aber fragilen Begriff. *Zeitschrift für Kommunikationsökologie, 2(4)*, 6-11.

Brose, R. (1994). *Lebensschicksal und Weiterbildung älterer Menschen: Eine qualitative Analyse am Beispiel von Teilnehmerinnen und Teilnehmern des Programms STUDIEREN AB 50.* Bielefeld: AUE.

Brose, R. (1998). Lebenssituation und Sprache. In R. Fiehler & C. Thimm (Eds.), *Sprache und Kommunikation im Alter* (pp.214-229). Opladen: Westdeutscher Verlag.

Brosius, H,-B. (1994) Agenda-Setting nach einem Vierteljahhundert Forschung: Methodischer und theoretischer Stillstand? *Publizistik, 39*, 269-288.

Brosius, H.-B. (1995). *Alltagsrationalität in der Nachrichtenrezeption: Ein Modell der Wahrnehmung und Verarbeitung von Nachrichteninhalten.* Opladen: Westdeutscher Verlag.

Brosius, H.-B. (1997). Multimedia und digitales Fernsehen: Ist eine Neuausrichtung kommunikationswissenschaftlicher Forschung notwendig? *Publizistik, 42*, 37-45.

Brosius, H.-B.(1999). Informationsrezeption, gestern, heute, morgen. In W. Klingler, G. Roters & M. Gerhards (Eds.), *Medienrezeption seit 1945* (pp. 231-243). Baden-Baden: Nomos.

Brosius, H.-B. & Engel, D. (1997). "Die Medien beeinflussen vielleicht die anderen, aber mich doch nicht": Zu den Ursachen des Third-Person-Effekts. *Publizistik, 42*, 325-345.

Brosius, H.-B. & Eps, P. (1995). Framing auch bei Rezipienten? Der Einflufl der Berichterstattung über frendenfeindliche Anschläge auf die Vorstellung der Rezipienten. *Medienpsychologie, 7*, 169-183.

Brosius, H,-B. & Esser, F. (1995). *Eskalation durch Berichterstattung: Massenmedien und fremdenfeindliche Gewalt*. Opladen: Westdeutscher Verlag.

Brosius, H.-B. & Esser, F. (1998). Mythen in der Wirkungsforschung: Auf der Suche nach dem Stimulus-Response-Modell. *Publizistik, 43*, 341-361.

Brosius, H.-B. & Fahr, A. (1996). *Werbewirkung im Fernsehen: Aktuelle Befunde der Medienforschung*. München: Reinhard Fischer.

Brosius, H.-B., Schweiger, W. & Rossmann, C. (2000). Auf der Suche nach den Ursachen des Fallbeispieleffektes. Der Einfluflß von Anzahl und Art der Urheber von Fallbeispielinformationen *Medienpsychologie, 12*, 153-175.

Brown, C.M. & Hagoort, P. (Eds.)(1999). *The neurocognition of language*. Oxford: Oxford University Press.

Brünner, G., Fiehler, R. & Kindt, W. (Eds.)(1999). *Angewandte Diskursforschung* (2 Vol.) Opladen: Westdeutscher Verlag.

Bruhn, M. & Boenigk, M. (1999). *Integrierte Kommunikation: Entwicklungsstand in Unternehmen*. Wiesbaden: Gabler.

Bruhn, R. Oerter, R. & Rösing, H. (1993). *Musikpsychologie: Ein Handbuch*. Reinbek: Rowohlt.

Brunstein, J.C. (2000). Instruktionspsychologie: Schule und Unterricht. In J.Straub, A. Kochinka & H. Werbik (Eds.), *Psychologie in der Praxis* (pp. 373-396). München: dtv.

Bruthiaux, P. (2000). In a nutshell: Persuasion in the spatially constrained language of advertising. *Language & Communication*, 20, 297-310.

Bucy, E.P. &D'Angelo, P.(1999). The crisis of political communication: Normative critiques of news and democratic processes. *Communication Yearbook, 22*, 301-339.

Budzinski, M.(1999). *Die multikulturelle Realität: Mehrheitsherrschaft und Minderheitenrechte*. Göttingen: Lamuv.

Bundesministerium für Wirtschaft (Ed.)(1995). *Die Informationsgesellschaft*. Bonn: Zeitbild-Verlag.

Bundesministerium für Wirtschaft (Ed.)(1996). *Info 2000: Deutschlands Weg in die Informatoinsgesellschaft*. Bonn: Bericht der Bundesregierung.

Bunge, M. (1979). *Treatise on basic philosophy (Vol. 4). Ontology II: A world of systems*. Dordrecht: Reidel.

Burgoon, J.K., Buller, D.B. & Woodall. W.G. (1996). *Nonverbal communication: The unspoken dialogue*.

New York: McGraw-Hill.

Burgoon. J.K., Stern, L.A. & Dillman, L. (1995).
Interpersonal adaptation: Dyadic interaction patterns.
Cambridge: Cambridge University Press.

Busse. D. (1992). *Textinterpretation: Sprachtheoretische Grundlagen einer explikativen Semantik.* Opladen: Westdeutscher Verlag.

Butzkamm, W. & Butzkamm, J. (1999). *Wie Kinder sprechen lernen: Kindliche Entwicklung und die Sprachlichkeit des Menschen.* Tübingen: Francke.

Cai, D.A. & Drake, L.E. (1998). The business of business negotiation: Intercultural perspectives. *Communication Yearbook, 21,* 153-189.

Cameron, G.T.,Sallot, L.M. & Curtin, P.A. (1977). Public relations and the production of news: A critical review and theoretical framework. *Communication Yearbook, 20,* 111-155.

Canary, D.J. & Emmers-Sommers, T.M. (1997). *Sex and gender differences in personal relationships.* New York: Guilford.

Canary. D.J. & Spitzberg, B.H. (1987). Appropriateness and effectiveness perceptions of conflict strategies. *Human Communication Research, 14,* 93-118.

Cappella, J.N. (1987). Interpersonal communication: Definitions and fundamental questions. In C.R. Berger & C.H. Chaffee (Eds.), *Handbook of communication science* (pp. 184-238). Newbury Park, CA: Sage.

Cappella, J.N. (1994). The management of conversational interaction in adults and infants. In M.L. Knapp & G.R. Miller (Eds.), *Handbook of interpersonal communication* (pp. 380-418). Thousand Oaks, CA: Sage

Cargyle, A.C. & Giles, H. (1996). Intercultural communication training: Review, critique, and a new theoretical framework. *Communication Yearbook, 19*, 385-423.

Carlson, R.O. (Ed.)(1975). *Communication and public opinion*. New York: Praeger.

Cartwright, D. (1954). Achieving change in people: Some applications of group dynamics theory. *Human Relations, 4*, 381-392.

Chaffee, S.H. & Berger, C.R. (1987). What communication scientists do. In C.R. Berger & S.H. Chaffee(Eds.), *Handbook of communication science* (pp. 99-122). Newbury, CA: Sage.

Chaiken, S., Liberman, A. & Eagly, A.H. (1989). Heuristic and systematic information processing with and beyond the persuasion context. In J.S. Uleman & J.A. Bargh (Eds.). *Unintended thought* (pp.212-252). New York: Guilford.

Chaiken, S. & Stangor, C.(1987). Attitudes and attitude change. *Annual Review of Psychology, 38*, 575-630.

Chaiken. S., Trope, Y. (Eds.)(1999). *Dual process theories in social psychology*. New York: Guilford.

Chang, T.-K. (1998). All countries not created equal to be news: World system and international communication. *Communication Research, 25*, 528-563.

Chen, G.-M. & Starosta, W.J. (1996). Intercultural communication competence. A synthesis. *Communication Yearbook, 19,* 353-383.

Chen, G.-M. & Starosta, W.J. (1998). *Foundations of intercultural communication.* Needham Heights, MA: Allyn and Bacon.

Chiesa, M. (1992). Radical behaviorism and scientific frameworks: From mechanistic to relational accounts. *American Psychologist, 47,* 1287-1299.

Chill, H. & Meyn, H. (1998). Funkitionen der Massenmedien in der Demokratie. *Informationen zur politischen Bildung, 260,* 3-6.

Cialdini, R.B., Vincent, J.E., Lewis, S.K., Catalan, J., Sheeler, D. & Darby, B.L. (1975). Reciprocal concessions procedure for inducing compliance: The door-in-face technique. *Journal of Personality and Social Psychology, 31,* 206-215.

Clark, H.H. (1992). *Arenas of language use.* Chicago: University of Chicago Press.

Clark, H.H. (1994). Discourse in production. In M..A. Gernsbacher (Ed.), *Handbook of psycholinguistics* (pp. 985-1021). San diego, CA: Academic Press.

Clark, H.H.(1996). Using language. Cambridge: Cambridge University Press.

Clark, H.H.(1997). Dogmas of understanding. *Discourse Processes, 23,* 567-598.

Clark, H.H. & Brennen, S.E. (1991). Grounding in communication. In L.B. Resnick, J.M. Levine & S.D. Teasley (Eds.), *Perspectives on socially shared cognition* (pp. 127-149).

Washington, DC: American Psychological Association.

Clark, H.H. & Carlson, T.B. (1982). Hearers and speech acts. *Language, 58*, 322-373.

Clark, H.H. & Murphy, G.L (1982). Audience design in meaning and reference. In J.F. LeNy & W. Kintsch (Eds.), *Language and comprehension* (pp. 287-299). Amsterdam: North-Holland.

Clark, H.H., Schreuder, R. & Buttrick, S. (1983). Common ground and the understanding of demonstrative reference. *Journal of Verbal Learning and Verbal Behavior, 22*, 245-258.

Cook, P. (1985). *The cinema book*. London: British Film Institute.

Cooper, C.R. & Denner, J. (1998). Theories linking culture and psychology: Universal and community-specific processes. *Annual Review of Psychology, 49*, 559-584.

Cornelius, N. (1999). *Human resource management: A managerial perspective*. London: Thomson.

Coupland, N., Coupland, J. & Giles, H. (1991). *Language, society and the elderly: Discourse, identity and ageing*. Oxford: Blackwell.

Cunningham-Andersson, U. & Andersson, S. (1999). *Growing up with tow languages*. London: Routledge.

Cupach, W.R & Canary, D.J.(1995). Managing conflict and anger: Investigating the sex stereotype hypothesis. In P.J. Kalbfleisch & M.J. Cody (Eds.), *Gender, power, and communication in human relationships* (pp.233-252). Hillsdale, NJ: Erlbaum.

Dance, F.E.X. (1982). *Human communication theory*. New York: Harper & Row.

Dann, H.-D., Diegritz, T. & Rosenbusch, H.S (1999). *Gruppenunterricht im Schulalltag: Realität und Chancen.* Erlangen: Universitätsbund Erlangen-Nürnberg.

Darley, J.M. & Latane, B. (1970). Norms and normative behavior: Field studies of social interdependence. In J. Macaulay & L. Berkowitz (Eds,), *Altruism and helping behavior* (pp.83-102). New York: Academic Press.

Dascal, M.(1999). Introduction: Some questions about misunderstanding. *Journal of Pragmatics, 31,* 753-762.

Dausendschön-Gay, u. (1998). *Die interaktive Bewältigung von Aufgaben in der Kommunikation.* Habilitaionsschrift, Universit ät Bielefeld.

Davison, S.C. & Ward, K. (1999). *Leading international teams.* London: McGraw-Hill.

Davison, W.P. (1983). The third-person effect in communication. *Public Opinion Quarterly, 47,* 1-15.

Davison, W.P(1996). The third-person effect revisited. *International Journal of Public Opinion Research, 8,* 113-119.

De Corte, E. (1999). On the road to transfer: An introduction. *International Journal of Educational Research, 31,* 555-559.

Dees, M. (1996). Public Relations als Managementaufgabe: Eine Untersuchung des Berufsfeldes "Öffentlichkeitsarbeit" und seiner zunehmenden Feminisierung. *Publizistik, 41,* 155-171.

de la Haye, A.-M.(2000). A methodological note about the measurement of the false-consensus effect. *European Journal of Social Psychology, 30,* 569-581.

Delia, J.G. (1977). Constructivism and the study of human communication. *Quarterly Journal of Speech, 63,* 66-83.

Delia, J.G. (1987) Communication research: A history. In C.R. Beger & S.H. Chaffee (Eds.). *Handbook of communication science* (pp. 20-98). Newbury Park, CA: Sage.

Denzin, N.K. & Lincoln, Y.S. (Eds.)(1994). *Handbook of qualitative research.* Thousand Oaks, CA: Sage.

Dernbach, B.(2000). Themen der Publizistik: Wie entsteht die Agenda öffentlicher Kommunikation? *Publizistik, 45,* 38-50.

Deutsches Jugendinstitut (Ed.)(1994). *Handbuch Medienerziehung im Kindergarten* (2 Vol) Opladen: Leske + Budrich.

Diekhans, A., Flohr, H., Günther, U. & Tigges, C. (2000). Experimentelle Textoptimierung am Beispiel von Gebrauchsanweisungen. In J. Hennig & M. Tjarks-Sobhani (Eds.). *Qualitätssicherung in technischer Dokumentation* (pp.176-188). Lübeck: Schmidt-Römhild.

Dillard, J.P. (1991). The current status of research on sequentialrequest compliance techniques. *Personality and Social Psychology Bulletin, 17,* 283-289.

Dindia, K. & Allen, M. (1992). Sex difference in self- disclosure: A meta-analysis. *Psychological Bulletin, 112,* 106-124.

Dixon, P. & Bortolussi, M. (2001). Text is not communication: A challenge to a common assumption. *Discourse Processes, 31,* 1-25.

Dobrick, M. (1985). *Gegenseitiges (Miß-)Verstehen in der dyadischen Kommunikation.* Münster: Aschendorff.

Dodge, K.A., Bates, J.E., Petit, G.S.(1990). Mechanisms in the cycle of violence. *Science, 250,* 1678-1683.

Döring, N. (1999). *Sozialpsychologie des Internet: Die Bedeutung des Internet für Kommunikationsprozesse, Identitäten, soziale Beziehungen und Gruppen.* Göttingen: Hogrefe.

Donges, P., Jarren, O. & Schatz, H. (Eds.)(1999). *Globalisierung durch Medien? Medienpolitik in der Informationsgesellschaft.* Opladen: Westdeutscher Verlag.

Dovifat, E. (1956). Publizistik als Wissenschaft: Herkunft - Wesen- Aufgabe. *Publizistik, 1,* 3-25.

Downs, C.W. & Hain, T. (1982). Productivity and communication. *Communication Yearbook, 5,* 435-453.

Dozier, D.M., Grunig, L.A. & Grunig, J.E.(1995). *Manager's guide to excellence in public relations and communication management.* Hillsdale, NJ.: Erlbaum.

Dretske, F.J. (1981). *Knowledge and the flow of information.* Cambridge, MA: MIT Press.

Dretske, F.J. (1988). *Explaining behavior: Reasons in a world of causes.* Cambridge, MA: MIT Press.

Duchkowitsch, W., Hausjell, F., Hömberg, W., Kutsch, A. & Neverla, I. (Eds.)(1998). *Journalismus als Kultur: Analysen und Essays.* Opladen: Westdeutscher Verlag.

Dulisch, R. (1998). *Schreiben in Werbung, PR und Journalismus: Zum Berufsbild des Texters für Massenmedien.* Opladen:

Westdeutscher Verlag.

Eagly, A.H & Cahiken, S. (1993). *The psychology of attitudes.* Fort
Worth, TX: Harcourt Brace Yovanovich.

Eckardt, B.(2000). Fachsprache als Kommunikationsbarriere?
Verständigungsprobleme zwischen Juristen und Laien.
Wiesbaden: Deuscher Universitäts Bielefeld.

Edelmann, A. (im Druck). *Welche Informationen helfen wirklich weiter?*
Die Rezeption Hypertext-basierter SoftwareDokumentation.
Dissertation, Universität Bielefeld.

Ehlich, K. (Ed.)(1994). *Diskursanalyse in Europa.* Frankfurt a.M.:
Lang.

Ehlich, K. (1998). Medium Sprache. In H. Strohner, L. Sichelschmidt
& M. Hielscher (Eds.), *Medium Sprache* (pp.9-21). Frankfurt
a.M.: Lang.

Eilders, C. (1997). *Nachrichtenfaktoren und Rezeption:*
Eine empirische Analyse zur Auswahl und Verarbeitung
politischer Information. Opladen: Westdeutscher Verlag.

Eisenstein, C. (1994). *Meinungsbildung in der Mediengesellschaft:*
Eine Analyse zum Multi-Step Flow of Communication.
Opladen: Westdeutscher Verlag.

Ekman, P. (1985). *Telling lies.* New York: Norton.

Ellis, D.G. & Donohue, W.-A. (Eds.)(1986). *Contemporary issues in*
language and discourse processes. Hillsdale, NJ: Erlbaum.

Erlenkamp, S. (1993). *Syntaktische Kategorien und lexikalische Klassen:*
Typologische Aspekte der Deutschen Gebärdensprache.

München: Lincom.

Evans, I. & Riyait, S. (1993). Is the message being received? Benetton analysed. *International Journal of Advertising, 12,* 291-301.

Farace, R.V., Monge, P. & Russell, H. (1977). *Communicating and organizing.* Reading: Addison-Wesley.

Faßler, M.(1997). *Was ist Kommunikation?* München: Fink (UTB).

Fazio, R.H. (2001). On the automatic activation of associated evaluations: An overview. *Cognition and Emotion, 15,* 115-141.

Fehr, H. (1994). *Friendship processes.* Thousand Oaks: Sage.

Feilke, H. (1994). *Common Sense-Kompetenz: Überlegungen zu einer Theorie des "sympathischen" und "naturlichen" Meinens und Verstehens.* Frankfurt a.M.: Suhrkamp.

Fellegi, I.P. & Alexander, T.J. (1995). *Literacy, economy and society: Results of the first International Adult Literacy Survey.* Paris: OECD Publications.

Ferguson, S.D (1994). *Mastering the public opinion challenge.* New York: Irwin.

Ferguson, S.D (1998). Constructing a theoretical framework for evaluating public relations programs and activities. *Communication Yearbook, 21,* 191-229.

Festinger, L. (1957). *A theory of cognitive dissonance.* Stanford: Stanford University Press.

Festinger, L., Riecken, H. & Schachter, S. (1956). *When prophecy fails.* Minneapolis: University of Minneapolis Press.

Fiedler, FE., Mitchell, T. & Triandis, H.C. (1971). The culture assimilator: An approach to cross-cultural training. *Journal of Applied Psychology, 55*, 95-102.

Fiehler, R. (1980). *Kommunikation und Kooperation: Theoretische und empirische Untersuchungen zur kommunikativen Organisation kooperativer Prozesse.* Berlin: Einhorn.

Fiehler, R. (1990). *Kommunikation und Emotion: Theoretische und empirische Untersuchungen zur Rolle von Emotionen in der verbalen Interaktion.* Berlin: de Gruyter.

Fiehler, R. (Ed.)(1998). *Verständigungsprobleme und gestörte Kommunikation.* Opladen: Westdeutscher Verlag.

Fiehler, R. & Sucharowski, W. (Eds.)(1992). *Kommunkationsberatung und Kommunkationstraining: Anwendungsfelder der Diskursforschung.* Opladen: Westdeutscher Verlag.

Fiehler, R. & Thimm, C. (Eds.)(1998). *Sprache und Kommunikation im Alter.* Opladen: Westdeutscher Verlag.

Fill, A. (1992). *Ökolinguistik.* Tübingen: Narr.

Fill, A. (Ed.)(1996). *Sprachökologie und Ökolinguistik.* Tübingen: Stauffenburg.

Fink, A. (1993). *Evaluation fundamentals.* Newbury Park, CA: Sage.

Finke, P. (1983). Politizität: Zum Verhältnis von theoretischer Härte und praktischer Relevanz in der Sprachwissenschaft. In P. Finke (Ed.), *Sprache im politischen Kontext* (pp. 15-75). Tübingen: Niemeyer.

Finke, P. & Strohner, H. (im Druck.). Bewegung ist Überall: Perspektiven der Ökolinguistik. In L. Sichelschmidt & H.

Strohner (Eds.), *Sprache, Sinn, Situation: Festschrift für Gert Rickheit*. Wiesbaden : Deutscher Universitäts-Verlag.

Fitzpatrick, M.A. & Badzinski, D.M.(1994). All in the family: Interpersonal communication in kin relationships. In M.L. Knapp & G.R. Miller (Eds.), *Handbook of interpersonal communication* (pp.726-771). Thousand Oaks, CA: Sage.

Flick, U. (1995). *Qualitative Forschung: Theorie, Methoden, Anwendung in Psychologie und Sozialwissenschaften*. Reinbek: Rowohlt.

Folger, S.P. & Jones, T.S. (Eds.)(1994). *New directions in mediation: Communication research and perspectives*. Thousand Oaks, CA: Sage

Ford, W.S.Z. (1999). Communication and customer service. *Communication Yearbook, 22*, 341-375.

Forrester, M.A. (1996). *Psychology of language: A critical introduction*. London: Sage.

Francik, E.P. & Clark, H.H. (1985). How to make requests that overcome obstacles to compliance. *Journal of Memory and Language, 24*, 560-568.

Franck, G. (1998). *Ökonomie der Aufmerkasamkeit: Ein Entwurf*. München: Hanser.

Freedman, J.L. & Fraser, S. (1966). Compliance without pressure: The foot-in-the-door technique. *Journal of Personality and Social Psychology, 4*, 195-202.

Frey, S. (1999). *Die Macht des Bildes: Der Einfluss der nonverbalen Kommunikation auf Kultur und Politik*. Bern:

Huber.

Friderici, A.D. (Ed.)(1999). *Sprachrezeption*. Göttingen: Fogrefe.

Friedrichs, J. & Schwinges, U. (1999). *Das journalistische Interview*. Opladen: Westdeutscher Verlag.

Friedrichsen, M. & Jenzowsky, S. (Eds.)(1999). *Fernsehwerbung: Theoretische Analysen und empirische Befunde*. Opladen: Westdeutscher Verlag.

Frindtke, W. & Köhler, T. (1999). *Kommunikation im Internet*. Frankfurt a.M.: Lang.

Früh, W. & Schönbach, K. (1982). Der dynamisch-transaktionale Ansatz: Ein neues Paradigma der Medienwirkungen. *Publizistik, 27*, 74-88.

Gardner, R.C. & Clément, R. (1990). Social psychological perspectives on second language acquisition. In H. Giles & W.P. Robinson (Eds)., *Handbook of language and social psychology* (pp. 495-517). New York: Wiley.

Garfinkel, H. (1967). *Studies in ethnomethodology*. Englewood Cliffs, NJ: Prentice Hall.

Gaschke, S. (2000). Fernsehen ist kein Kinderspiel: Die Medienpädagogik macht es sich zu leicht und drückt sich vor der entscheidenden Frage: Warum sollen Kinder überhaupt fernsehen? DIE *ZEIT, 42*, 47.

Gastil, J. (1995). An appraisal and revision of the constructivist research program. *Communication Yearbook, 18*, 83-104.

Gaziano, C. (1997). Forecast 2000: Widening knowledge gap.

Journalism and Mass Communication Quarterly, 74, 237-264.

Gerbner, G. (1973). Cultural Indicators: The third voice. In Gerbner, L. Gross & W. Melody (Eds.), *Communications technology and social policy* (pp. 555-573). New York: Wiley.

Gerbner, G. & Gross, L. (1976). Living with television: The Violence profile. *Journal of Communition, 26(2),* 173-199.

Gerhards, J. (1996). Reder, Schweiger, Anpasser und Missionare: Eine Typologie öffentlicher Kommunikationsbereitschaft und ein Beitrag zur Theorie der Schweigespirale. *Publizistik, 41,* 1-14.

Gesamtverband Werbeagenturen (Ed.)(1999). *TV-Werbung: Der Einfluß von Gestaltungsmerkmalen.* Frankfurt a.M.: GWA.

Gibbs, R. W. (1986). What makes some indirect speech acts conventional? *Journal of Memory and Language, 25,* 181-196.

Gigerenzer, G. (2000). *Adaptive thinking: Rationality in the real world.* New York: Oxford University Press.

Giles, H. & Street, R.L (1994). Communicator characteristics and behavior. In M.L. Knapp & G.;R. Miller (Eds.), *Handbook of interpersonal communication* (pp. 103-161). Thousand Oaks, CA: Sage.

Glasser, T. & Saloman, C.T.(Eds.)(1995). *Public opinion and the communication of consent.* New York: Guilford.

Gleich, U. (1996). Neuere Ansätze zur Erklärung von Publikums-verhalten. *Media Perspektiven, 11,* 598-606.

Gleich, U. (1997). Aktuelle Ansätze und Probleme der Werbeforschung. *Media Perspektiven, 6,* 330-338.

Glenberg, A.M. & Robertson, D.A. (2000). Symbol grounding and meaning: A comparison of high-dimensional and embodied theories of meaning. *Journal of Memory and Language, 43,* 379-401.

Glotz, P. (1990). Von der Zeitungs- über die Publizistik zur-Kommunikationswissenschaft. *Publizistik, 35,* 249-256.

Glynn, C.J. (1997). Public opinion as a normative opinion process. *Communication Yearbook, 20,* 157-183.

Glynn, C.J., Hayes, A.F. & Shanahan, J. (1997). Perceived support for one's opinions and willingness to speak out: A metaanalysis of survey studies on the "spiral of silence" *Public Opinion Quarterly, 61,* 452-463.

Görke, A. & Kohring, M. (1996). Unterschiede, die Unterschiede machen: Neure Theorieentwürfe zu Publizistik, Massenmedien und Journalismus. *Publizistik, 41,* 15-31.

Goertz, L. & Schönbach, K. (1998). Verständlichkeit: Balanceakt der Informationsvermittlung. In K. Kamps & M. Meckel (Eds.), *Fernsehnachrichten: Strukturen, Prozesse, Funktionen* (pp. 111-126). Opladen: Westdeutscher Verlag.

Goldsmith, D.J. & Fulfs, P.A (1999). "You just don't have the evidence": An analysis of claims and evidence in Deborah Tannen's *You just don't understand. Communication Yearbook, 22,* 1-49

Gonzenbach, W.J. (1992). The conformity hypothesis: Empirical considerations for the spiral of silence's first link. *Journalism Quarterly, 69,* 633-645.

Goodwin, C. (2000). Action and embodiment within situated human interaction. *Journal of Pragmatics, 32*, 1489-1522.

Gopnik, A., Meltzoff, A.N. & Kuhl, P.K. (1999). *The scientist in the crib: Minds, brains, and how children learn.* New York: Morrow.

Graesser, A.C., Swamer, S.S. & Hu, X. (1997). Quantitative discourse psychology. *Discourse Processes, 23*, 229-263.

Grabowski, J. (1994). Kommuikative Unschärfen: Zur Rezeption und Produktion von Richtungspräpositionen am Beispiel von "vor" und "hinter". In H.-J. Kornadt, J. Grabowski & R. Mangold-Allwinn(Eds.), *Sprache und Kognition: Perspektiven moderner Sprachpsyhologie* (pp. 183-208). Heidelberg: Spektrum Akademischer Verlag.

Graumann, C.F. (1981). Interpersonale Kommuuikation. In H. Werbik & H.J Kaiser(Eds.), *Kritische Stichwörter zur Sozialpsychologie* (pp. 174-198). München: Fink.

Graumann, C.F. (2000). Kontext als Problem der Psychologie. *Zeitschrift für Psychologie, 208*, 55-71.

Greve, J. (1999). Sprache, Kommunikation und Stategie in der Theorie von Jürgen Habermas. *Kölner Zeitschrift für Soziologie und Sozialpsychologie, 51*, 232-259.

Grice, H.P. (1975). Logic and conversation. In P. Cole & J.L. Morgan(Eds.), *Syntax and semantics, Vol. 3: Speech acts* (pp. 41-58). New York: Academic Press.

Grieswelle, D. (2000). *Politische Rhetorik: Macht der Rede, öffentliche Legitimation, Stiftung von Konsens.*

Wiesbaden: Deutscher Universitäts-Verlag.

Grimm, J. (1997). Physiologische und Psychosoziale Aspekte der Fernsehgewlt-Rezeption: TV-Gefühlsmanagement zwischen Angst und Aggression. *Medienpsychologie, 9*, 127-166.

Grimm. J. (1999). *Fernsehgewalt: Zuwendungsattraktivität, Erregungsverläufe, sozialer Effekt.* Opladen: Westdeutscher Verlag.

Groeben, N. (1995). Zur Kritik einer unnötigen, widersinnigen und destruktiven Radikalität. In R. Fischer (Ed.), *Die Wirklichkeit des Konstruktivismus* (pp.149-159). Heiderberg: Auer.

Groeben, N. & Schreier, S. (2000). Literaturpsychologie. In J. Straub, A. Kochinka & H. Werbik (Eds.), *Psychologie in der Praxis* (pp. 776-798). München: dtv.

Grunig, J.E. (Ed.)(1992). *Excellence in public relations and communication management.* Hillsdale, NJ: Erlbaum.

Grunig, J.E. & Hunt, T. (1984). *Managing public relations.* New York: Holt, Rinehart & Winston..

Günther, U. & Sperber, W. (1995). *Handbuch für Kommuikations- und Verhaltenstrainer.* München: Reinhardt.

Gumperz, J.J (1982). *Discourse strategies.* Cambridge: Cambridge University Press.

Gunther, A.C. (1998). The persuasive press inference: Effects of mass media on perceived public opinion. *Communication Research, 25*, 486-504.

Gutek, B.A (1995). *The dynamics of service: Reflections on the*

changing nature of customer provider interactions. San
Francisco: Jossey-Bass.

Harbermas, J. (1981). *Theorie des kommunikativen Handelns* (2 Vol.).
Frankfurt a.M.: Suhrkamp.

Havermas, J. (1990). *Strukturwandel der Öffentlichkeit:*
Untersuchung zu einer Kategorie der bürgerlichen
Gesellschaft. Frankfurt a.M.: Suhrkamp.

Hagemann, W. (1956). Begriffe und Methoden publizistischer
Forschung. *Publizistik, 1,* 11-25.

Hagen, L.M. (1994). *Informatinsqualität von Nachrichten:*
Meßmethoden und ihre Anwendung auf die Dienste von
Nachrichtenagenturen. Opladen: Westdeutscher Verlag.

Hahne, A. (1997). *Kommuikation in der Organisation: Grund-*
lagen und Analyse. Opladen: Westdeutscher Verlag.

Haisch, J. (2000). Gesundheitspsychologie. In J. Straub, A. Kochinka
& H. Werbik (Eds.) *Psychologie in der Praxis* (pp. 561-580).
München: dtv.

Halff, G. (1998). *Die Malaise der Medienwirkungsforschung:*
Transklassische Wirkungen und klassische Forschung.
Opladen: Westdeutscher Verlag.

Haller, M. (1989). *Recherchieren: Ein Handbuch für Journalisten.*
München:Ölschläger.

Haller, M. & Holzhey, H. (Eds.)(1992). *Medien-Ethik: Beschrei-*
bungen, Analysen, Konzepte für den deutschsprachigen
Journalismus. Opladen. Westdeutscher Verlag.

Harmon-Jones, E. & Mills, J. (1999). An introduction to cognitive dissonance theory and an overview of current perspectives on the theory. In E. Harmon-Jones & J. Mills (Eds.), *Cognitive dissonance: Progress on a pivotal theory in social psychology* (pp. 3-21). Washington, DC: American Psychological Association.

Harré, R., Brockmeier, J. & Mühlhäusler, P. (1999). *Greenspeak: A study of environmental discourse.* Thousand Oaks, CA: Sage.

Harris, P.R. & Moran, R.T.(1991). *Managing cultural differences: High-performance strategies for a new world of business.* Houston, TX: Gulf.

Harris, R.J. (1989). *A cognitive psychology of mass communication.* Hillsdale, NJ: Erlbaum.

Harris, W. (1988). *Interpretive acts: In search of meaning.* Oxford: Clarendon.

Hart, C.H., Olsen, S.F., Robinson, C.C. & Mandleco, B.L. (1997). The development of social and communicative competence in childhood: Review and a model of personal, familial, and extrafamilial processes. *Communication Yearbook, 20,* 305-373.

Hartig, M. (1997). *Erfolgsorientierte Kommunikation: Wege zur kommunikativen Kompetenz.* Tübingen: Francke (UTB).

Hatano, G. & Greeno, J.G.(1999). Commentary: Alternative perspectives on transfer and transfer studies. *International journal of Educational Research, 31,* 645-654.

Hausendorf, H. (1992). Das Gespräch als selbstreferentielles System.

Zeitschrift für Soziologie, 21, 83-95.

Hawkins, K.W. & Fillon, B.P (1999). Perceived communication skill needs for work groups. *Communication Research Reports, 16,* 167-174.

Heijnk, S. (1997). *Textoptimierung für Printmedien: Theorie und Praxis journalistischer Textproduktion.* Opladen: Westdeutcher Verlag.

Heinemann, P. (1999). Erst der Transfer belegt den Lernerfolg! Wie sich die Effizienz betrieblicher Weiterbildung steigern lässt. *Wirtschaftspsychologie, 6(4),* 2-5.

Heinrich, J. (2000). *Medienökonomie* (2 Vol.). Wiesbaden: Westdeutscher Verlag.

Heinze, T. (1992). *Qualitative Sozialforschung: Erfahrungen, Probleme und Perspektiven.* Opladen: Westdeutscher Verlag.

Henniger, M., Mandl, H. & Pommer, M. (1994). Ein multimediales Trainingstool zur Förderung der Differenzierungsfähigkeit von Gesprächsinhalten. *Unterrichtswissenschaft, 22,* 203-214.

Hepp, A. (1998). *Fernsehaneignung und Alltagsgespräche: Fernsehnutzung aus der Perspektive der Cultural Studies.* Opladen: Westdeutscher Verlag.

Hepp, A. (1999). *Cultural Studies und Medienanalyse: Eine Einführung.* Opladen: Westdeutscher Verlag.

Herrmann, T. (1982). *Sprechen und Situation.* Berlin: Springer.

Herrmann, T. (1985). *Allgemeine Sprachpsychologie.* München:

Urban & Schwarzenberg.

Herrmann, T.(2000). Sprachpsychologie: Aspekte und Paradigmen. *Zeitschrift für Psychologie, 208,* 110-128.

Herrmann, T. & Grabowski, J. (1994). *Sprechen: Psychologie der Sprachproduktion.* Heidelberg: Spektrum Akademischer Verlag.

Hetherington, E.M. & Stanley-Hagan, M.M. (1995). Parenting in divorced and remarried families. In M.H. Bornstein (Ed.), *Handbook of parenting, Vol. 3: Status and social conditions of parenting* (pp. 233-254). Mahwah, NJ: Erlbaum.

Hewes, D.E. (Ed.)(1995a). *Cognitive bases of interpersonal communication.* Hillsdale, NJ: Erlbaum.

Hewes, D.E. (1995b). Cognitive interpersonal communication research: Some thoughts on criteria. *Communication Yearbook, 18,* 162-179.

Hewes, D.E. & Planalp, S. (1987). The individual's place in a communication science. In C.R. Berger & S.H. Chaffee (Eds.), *Handbook of communication science* (pp.146-183). Newbury Park, CA: Sage.

Higgins, E.T. (2000). Social cognition: Learning about what matters in the social world. *European Journal of Social Psychology, 30,* 3-39.

Hilgartner, S. & Bosk, C.L. (1988). The rise and fall of social problems: A public arenas model. *American Journal of Sociology, 94,* 53-78.

Hinnenkamp, V. (1998). *Mißverständnisse in Gesprächen: Eine empirische Untersuchung im Rahmen der Interpretativen Soziolinguistik.* Opladen: Westdeutscher Verlag.

Hömberg, W. & Hackel-de Latour, R. (Eds.)(2000). *Studienführer: Journalismus. Medien, Kommunikation.* Konstanz: UVK Medien.

Hofer, M. & Pikowsky, B. (1994). Richtig-Verstehen in konfliktären Interaktionen zwischen Eltern und Kindern. In H.-J. Kornadt, J. Grabowski & R. Mangold-Allwinn (Eds.), *Sprache und Kognition: Perspektiven moderner Sprachpsychologie* (pp. 309-326). Heidelberg: Spektrum Akademischer Verlag.

Hoffmann-Gabel, B. (1999). *Besser verstehen lernen: Kommunikation in helfenden Berufen.* Hannover: Vincentz-Verlag.

Hogben, M. (1998). Factors moderating the effect of televised aggression on viewer behavior. *Communication Research, 25,* 220-247.

Holly, W. & Biere, B.U. (Eds.)(1998). *Medien im Wandel.* Opladen: Westdeutscher Verlag.

Holtz-Bacha, C. (1990). *Ablenkung oder Abkehr von der Politik? Medienwirkung im Geflecht politischer Orientierungen.* Opladen: Westdeutscher Verlag.

Holtz-Bacha, C. (Ed.)(1999). *Wahlkampf in den Medien - Wahlkampf mit den Medien: Ein Reader zum Wahljahr 1998.* Opladen: Westdeutscher Verlag.

Holzer-Bacha, C. & Kaid, L.L. (Eds.)(1996). *Wahlen und Wahlkampf in den Medien: Untersuchungen aus dem*

Wahljahr 1994. Opladen: Westdeutscher Verlag.

Holzer, H. (1994). *Medienkommunikation: Einführung in handlungs- und gesellschaftstheoretische Konzeptionen.* Opladen: Westdeutscher Verlag.

Horton, W. S. & Keysar, B. (1996). When do speakers take into account common ground. *Cognition, 59,* 91-117.

Hough, L.M. & Oswald, F.L. (2000). Personnel selection: Looking toward the future - Remem - bearing the past. *Annual Review of Psychology, 51,* 631-664.

Huang, L.-N. (1999). Family communication patterns and personality characteristics. *Communication Quarterly, 47,* 230-243.

Hüfken, V. (Ed.)(2000). *Methoden in Telefonumfrage.* Wiesbaden: Westdeutscher Verlag.

Huesmann, L.R. (1986). Psychological processes promoting the relation between exposure to media violence and aggressive behavior by the viewer. *Journal of Social Issues, 42,* 899-910.

Huesmann, L.R. (Ed.)(1994). *Aggressive behavior: Current perspectives.* New York: Plenum Press.

Huesmann, L.R. & Eron, L.D. (1986). *Television and the aggressive child: A cross-national comparison.* Hillsdale, NJ:Erlbaum.

Huston, A.C. & Wright, J.C. (1998). Mass media and children's development. In I.E. Sigel & K.A. Renniger (Eds.), *Handbook of child psychology, Vol. 4: Child psychology in practice* (pp. 999-1058). New York: Wiley.

Hutchby, I. & Wooffitt, R. (1998). *Conversation analysis:*

Principles, practices and applications. Cambridge: Polity Press.

Hyman, H.H. & Sheatsley, P.B. (1947). Some reasons why information campaigns fail. *Public Opinion Quarterly, 11,* 412-423.

Hymes, D. & Gumperz., J.J. (Eds.)(1972). *Directions in sociolinguistics: The ethnography of communication*. New York: Holt, Rinehart & Winston.

Ickler, T. (1994). Geborgter Reichtum - ehrliche Armut. Psychologische Sprache als semiotisches Problem zwischen Mentalismus und Begaviorismus. *Sprache & Kognition, 13,* 103-112.

Ifert, D.E. & Roloff, M.E. (1994). Anticipated obstacles to compliance: Predictors of their presence and expression. *Communication Studies, 45,* 120-130

Ifert, D.E. & Roloff, M.E (1998). Understanding obstacles preventing compliance: Conceptualization and classification. *Communication Research, 25,* 131-153.

Infante, D.A. & Rancer, A.S. (1996). Argumentativeness and verbal aggressiveness: A review of recent theory and research. *Communication Yearbook, 19,* 318-351.

Inghilleri, M. (2000). Intersubjectivity: The holy grail of mutual understanding? *Language & Communication, 20,* 133-148.

Iyengar, S. (1991). *Is anyone responsible? How television frames political issues*. Chicago: University of Chicago Press.

Iyengar, S. & Simon, A.F. (1993). News coverage of the gulf crisis and public opinion: A study of agenda-setting, priming and framing. *Communication Research, 20,* 365-383.

Iyengar, S. & Simon, A.F. (2000). New perspectives and evidence on political communication and campaign effects. *Annual Review of Psychology, 51,* 149-169.

Jablin, F.M. & Krone, K.J. (1987). Organizational assimilation. In C.R. Berger & S.H. Chaffee (Eds), *Handbook of communication science* (pp. 711-746). Newbury Park, CA: Sage.

Jackson, M.H. (1996). The meaning of "communication technology": The technology-context scheme. *Communication Yearbook, 19,* 229-267.

Jäckel, M. (Ed.)(1998). *Die umworbene Gesellschaft: Soziologische und psychologische Beiträge zur Werbekommunikation.* Opladen: Westdeutscher Verlag.

Jäckel, M. (1999). *Medienwirkungen: Ein Studienbuch zur Einführung.* Opladen: Westdeutscher Verlag.

Jäckel, M. & Winterhoff-Spurk, P. (Eds.)(1994). *Politik und Medien: Analysen zur Entwicklung der politischen Kommunikation.* Berlin: Vistas.

James, D. & Drakich, J. (1993). Understanding gender differences in amount of talk: A critical review of research. In. D. Tannen (Ed.), *Gender and conversational interaction* (pp. 281-312). Oxford: Oxford University Press.

Jandt, F.E. (1995). *Intercultural communication: An introduction.*

Thousand Oaks. CA: Sage.

Janich, N. (1999). *Werbesprache: Ein Arbeitsbuch*. Tübingen: Narr.

Jarren, O., Sarcinelli, U. & Saxer, U. (Eds.)(1998). *Politische Kommunikation in der demokratischen Gesellschaft*. Opladen: Westdeutscher Verlag.

Jazbinsek, D. (Ed.)(2000). *Gesundheitskommunikation*. Opladen: Westdeutscher Verlag.

Jendral, H. (1998). *Musterreden für alle Anlässe: Ansprachen und Festreden bei Familienfeiern, in Beruf, Firma und Verein*. München: Heyne.

Jenkins, L. (2000). *Biolinguistics: Explaining the biology of language*. Cambridge: Cambridge University Press.

Jensen, K.K. (1999). Training teachers to use verbal immediacy. *Communication Research Reports, 16*, 223-232.

Johnson, K.L. & Roloff, M.E (1998). Serial arguing and relational quality: Determinants and consequences of perceived resolvability. *Communication Research, 25*, 327-343.

Jones, J.P. & Blair, M.H. (1996). Examining "conventional wisdoms" about advertising effects with evidence from independent sources. *Journal of Advertising Research, 36(6)*, 37-56.

Jordan, J.M. & Roloff, M.E. (1997). Planning skills and negotiator goal accomplishment. *Communication Research, 24*, 31-63.

Jost, K. (1995). Kreativität ist die halbe Miete. *Media Trend Journal, 4*, 16-20.

Jung, B., Kopp. S., Latoschik, M.E., Sowa, T. & Wachsmuth, I. (2000). Virtuelles Konstruieren mit Gestik und Sprache.

Künstliche Intelligenz, 2, 5-11.

Kasse, M. & Schulz, W. (Eds.)(1989). *Massenkommunikation:*
Theorien, Methoden, Befunde. Opladen: Westdeutscher
Verlag.

Kallmeyer, W. (Ed.)(1996). *Gesprächsrhetorik: Rhetorische*
Verfahren im Gesprächsprozeß. Tüningen: Narr.

Kamps, K. & Meckel, M. (Eds.)(1998). *Fernsehnachrichten:*
Strukturen, Prozesse, Funktionen. Opladen: Westdeutcher
Verlag.

Karmasin, M. & Winter, C. (Eds.)(2000). *Grundlagen des*
Medienmanagements. München: Fink (UTB).

Katz, E., Blumler, J.G. & Gurevitch, M. (1974). *The uses and*
gratifications approach to mass communication.
Beverly Hills, CA: Sage.

Katz, E. & Lazarsfeld, P.F. (1955). *Personal influence: the part*
played by people in mass communication.
New York: Free Press.

Kaufmann, R. (1992). *Strategic planning plus: An organizational guide.*
Newbury Park, CA: Sage.

Keller, R. (1995). *Zeichentheorie: Zu einer Theorie semiotischen Wissens.*
Tüningen: Francke (UTB).

Kemper, S., Ferrell, P., Harden, T., Finter-Urczyk, A. & Billington,
C. (1998). Use of elderspeak by young and older adults to
impaired and unimpaired listeners. *Aging, Neuropsychology,*
and Cognition, 5, 43-55.

Keysar, B. (1997). Unconfounding common ground. *Discourse Processes, 24,* 252-270.

Keysar, B., Barr, D.J., Balin, J.A. & rauner, J.S. (2000). Taking perspective in conversation: The role of mutual Knowledge in comprehension. *Psychological Science, 11,* 32-38.

Kim, M.-S. (1999). Cross-cultural perspectives on motivations of verbal communication: Review, critique, and a theoretical framework. *Communication Yearbook, 22,* 51-89.

Kim, Y.Y. & Gudykunst, W.B. (Eds.)(1988). *Theories in intercultural communication.* Newbury Park, CA: Sage.

Kimsey, W.D. & Atwod, L.E. (1979). A path model of political cognitions and attitudes, communication and voting behavior in a congressional campaign. *Communication Monographs, 46,* 219-230.

Kindt, W.(1999). Interpretationsmethodik. In G. Brünner, R. Fiehler & W. Kindt (Eds.), *Angewandte Diskursforschung, Vol. I: Grundlagen und Beispielanalysen* (pp.69-92). Opladen: Westdeutscher Verlag.

Kindt, W. & Weingarten, R. (1984). Verständigungsprobleme. *Deutsche Sprache, 12,* 193-218.

Kintsch, W. (1988). The role of knowledge in discourse comprehension: A construction-integration model. *Psychological Review, 95,* 163-182.

Kintsch, W. (1998). *Comprehension.* New York: Cambridge University Press.

Kirchhoff, S., Kuhnt, S., Lipp, P. & Schlawin, S. (2000). *"Machen wir doch einen Fragebogen"*. Opladen: Leske + Budrich.

Klann-Delius, G. (1999). *Spracherwerb*. Stuttgart: Metzler.

Klapper, J. (1960). *The effects of mass communication*. New York: Free Press.

Kleinen, G. (1994). *Die psychologische Wirklichkeit der Musik: Wahrnehmung und Deutung im Altag*. Kassel: Gustav Bosse.

Kleiter, E.F. (1997). *Film und Aggression: Aggressionspsychologie*. Weinheim: Deutscher Studien Verlag.

Klemm, M. (2000). *Zuschauerkommunikation: Formen und Funktionen der alltäglichen Fernsehaneignung*. Frankfurt a.M.: Lang.

Klinzing, D.R. & Klinzing, D.G. (1985). *Communication for allied health professionals*. Dubuque, IA: Brown.

Kloock, D. & Saphr, A. (2000). *Medientheorien: Eine Einführung*. München: Fink (UTB).

Knapp, M.L. & Miller, G.R. (Eds.)(1994). *Handbook of interpersonal communication*. Thousand Oaks, CA: Sage.

Knapp, M.L., Miller, G.R. & Fudge, K. (1994). Background and current trends in the study of interpersonal communication. Im M.L. Knapp & G.R. Miller (Eds.), *Handbook of interpersonal communication* (pp. 3-20). Thousand Oaks, CA: Sage.

Koschnick, W.J. (1995). Werbewirkung (I -VIII). *Medienbulletin, 2, 5, 6, 7, 8, 9, 10, 11*.

Krauss, R. M & Fussell, S. R.(1986). Social psychological models of interpersonal communication. In. E.T. Higgins & A.W.

Kruglanski (Eds.), *Social psychology: Handbook of basic principles* (pp. 655-701). New York: Guilford Press.

Kreutz, G. (1997). Musikrezeption zwischen Liebestraum und Love-Parade: Sexualität und Sinnlichkeit im Erleben von Musik. *Medienpsychologie, 9*, 293-311.

Krüger, U.M. & Zapf-Schramm, T. (1999). Fernsehwahlkampf 1998 in Nachrichten und politischen Informationssendungen. *Media Perspektiven, 5*, 222-236.

Kuckartz, U. (1999). *Computergestützte Analyse qualitativer Daten: Eine Einführung in Methoden und Arbeitstechniken.* Opladen: Westdeutscher Verlag.

Kübler, H.-D. (1994). *Kommunikation und Massenkommunikation: Ein Studienbuch.* Münster: LIT.

Kunkel. A. (1998). *Fernsehleben: Mediennutzung als Sozialisationsfaktor.* München: Reinhard Fischer.

Kutsch, A. & Pöttker, H. (Eds.)(1997). *Kommunikationswissenschaft - autobiografisch: Zur Entwicklung einer Wissenschaft in Deutschland.* Opladen: Wetdeutscher Verlag.

Kwak, N. (1999). Revisiting the knowledge gap hypothesis: Education, Motivation, and media use. *Communication Research, 26*, 385-413.

Lalouschek, J. (1995). *Ärztliche Gesprächsausbildung: Eine diskursanalytische Studie zu Formen des ärztlichen Gesprächs.* Opladen: Westdeutscher Verlag.

Landis, D. & Bhagat, R.S. (Eds.)(1996). *Handbook of intercultural training*. Thousand Oaks, CA: Sage.

Lang, A. (1995). Defining audio / video redundancy from a limited capacity information pr*ocessing perspective*. *Communication Research, 22*. 86-115.

Lang, A. (2000). The limited capacity model of mediated message processing. *Journal of Communication, 50(1)*, 46-70.

Langer, I., Schulz von Thun, F. & Tausch, R. (1974). *Verständlichkeit in Schule, Verwaltung, Politik und Wissenschaft.* München: Reinhardt.

Langer, R. & Lund, A.B. (2000). Öffentliches Krisenmanagement und kollektive Meinungsbildung: Empirische Befunde und theoretische Implikationen am Beispiel von AIDS. *Publizistik, 45*, 163-179.

Lasswell, H. (1948). The structure and function of communication in society. In L. Bryson(Ed.). *The communication of ideas* (pp. 37-51). New York: Harper.

Latzer, M. (1997). *Mediamatik: Die Konvergenz von Telekommunikation, Computer und Rundfunk*. Opladen: Westdeutscher Verlag.

Lazarsfeld, P.F., Berelson, B. & Gaudet, H. (1948). *The people's choice: How the voter makes up his mind in a presidential campaign*. New York: Columbia University Press.

Lee, B.P.H. (2001). Mutual knowledge, background knowledge and shared beliefs: Their roles in establishing common ground. *Journal of Pragmatics, 33*, 21-44.

Lehmann, G. (1998). *Grundlagen der Kommunikation: Die Moderation*. Frankfurt a.M.: Lang.

Lengeler, J.W., Müller, B.S. & dI Primio, F. (2000). Neubewertung kognitiver Leistungen im Lichte der Fähigkeiten einzelliger Lebewesen. *Kognitionswissenschaf, 8,* 160-178.

Lenke, N., Lutz, H.-D. & Sprenger, M. (1995). *Grundlagen sprachlicher Kommunikation: Mensch, Welt, Handeln, Sprache, Computer.* München: Fink (UTB).

Lepschy, A. (1999). Lehr - und Lernmethoden zur Entwicklung von Gesprächsfähigkeit. In G. Bünner, R. Fiehler & W. Kindt (Eds.), *Angewandte Diskursforschung, Vol 2: Methoden und Anwendungsbereiche* (pp. 50-71). Opladen: Westdeutscher Verlag.

Levelt, W.J.M. (1989). *Speaking: From intention to articulation.* Cambridge, MA: MIT Press.

Lewin, K., Lippitt, R. & White, R. K. (1939). Patterns of aggressive behavior in experimentally created "social climates", *Journal of Social Psychology, 10,* 271-299.

Liebert, W.-A., Redeker, G. & Waugh, L. (Eds.)(1997). *Discourse and perspective in cognitive linguistics.* Amsterdam: Benjamins.

Liedtke, M., Redder, A. & Scheiter, S. (1999). Interkulturelles Handen lehren: Ein diskursanalytischer Trainingsansatz. In G. Brünner, R. Fiehler & W. Kindt(Eds.), *Angewandte Diskursforschung, Vol 2: Methoden und Anwendungsbeispiele* (pp. 148-179). Opladen: Westdeutscher Verlag.

Lindner-Braun, C. (Ed.)(1998). *Radioforschung: Konzepte, Instrumente und Ergebnisse aus der Praxis.* Opladen: Westdeutscehr Verlag.

Lippmann, W. (1922). *Public opinion*. New York: Macmillan.

Lipsey, M.W. & Cordray, D. S. (2000). Evaluation methods for social intervention. *Annual Review of Psychology, 51,* 345-375.

Littlejohn, S.W. (1992). *Theories of human communication.* Belmont, CA: Wadsworth.

Lohmar, U. & Lichtenberg, P. (Eds.)(1991). *Kommunikation zwischen Spannung. Konflikt und Harmonie.* Bonn: Stiftung für Kommunikationsforschung.

Luchtenberg, S. (1999). *Interkulturelle kommunikative Kompetenz: Kommunikationsfelder in Schule und Gesellschaft.* Opladen: Westdeutscher Verlag.

Ludes, P. & Schanze, H. (Eds.)(1999). *Medienwissesnschaften und Medienwertung.* Opladen: Westdeutscher Verlag.

Luhmann, N. (1986). Ökologische Kommunikation: Kann die moderne Gesellschaft sich auf ökologische Gefährdungen einstellen? Opladen: Westdeutscher Verlag.

Luhmann, N. (1995). *Die Realität der Massenmedien.* Opladen: Westdeutscher Verlag.

Maccoby, E.E. (1990). Gender and relationships: A development account. *American Psychologist, 45,* 513-520.

Macrae, C.N. & Bodenhausen, G.B. (2000). Social cognition: Thinking categorically about others. *Annual Review of Psychology, 51,* 93-120.

Märtin, D. (1998). *Erfolgreich texten! Die besten Techniken und Strategien.* München: Heyne.

Maes, P. (Ed.)(1991). *Designing autonomous agents*. Cambridge, MA: MIT Press.

Mahle, W.A. (Ed.)(1998). *Kultur in der Informationsgesellschaft*. Konstanz: UVK Medien.

Maletzke, G. (1996). *Interkulturelle Kommunikation: Zur Interaktion zwischen Menschen verschiedener Kulturen*. Opladen: Westdeutscher Verlag.

Maletzke, G. (1998). *Kommunikationswissenschaft im Überblick: Grundlagen, Probleme und Perspektiven*. Opladen: Westdeutscher Verlag.

Mangold, R., Winterhoff-Spurk, P., Stoll, M. & Hamann, G.F. (1998). Veränderungen des zerebralen Blutflusses bei der Rezeption emotionalisierender Filmausschnitte: Eine Pilotstudie. *Medienpsychologie, 10*, 51-72.

Mannheim, J.B. (1987). A model of agenda dynamics. *Communication Yearbook, 10*, 499-516.

Mansfield, M.W. & Weaver, R.A. (1982).Political communication theory and research: An overview. *Communication Yearbook, 5*, 605-625.

Margolin, G. & Gordis, E.B. (2000). The effects of family and community violence on children. *Annual Review of Psychology, 51*, 445-479.

Margraf, J. & Rudolf, K. (Eds.)(1999). *Soziale Kompetenz - soziale Phobie: Anwendungsfelder, Entwicklungslinien, Erfolgsaussichten*. Baltmannsweiler: Schneider.

Markoul, G. & Roloff, M.E. (1998). The role of efficacy and outcome expectations in the decision to withhold relational complaints. *Communication Research, 25,* 5-29.

Marks, G. & Miller, N. (1987). Ten years of research on the false consensus effect: An empirical and theoretical review. *Psychological Bulletin, 102,* 72-90.

Martin, J., Nakayama, T. & Flores, L. (Eds.)(1998). *Readings in cultural contexts.* Mountain View, CA: Mayfield.

Mast, C. (2000). *Durch bessere interne Kommunikation zu mehr Geschäftserfolg.* Bonn: DIHT.

Mattenklott, A., Bretz, J. & Wolf, D. (1997). Fernsehwerbespots im Kontext von Filmen: Die kommunikative Wirkung von Filmunterbrechung, Art der Werbespots und Filmgenre. *Medienpsychologie, 9,* 41-56.

Maturana, H.R. (1982). *Erkennen: Die Organisation und Verkör-perung von Wirklichkeit.* Braunschweig: Wieweg.

Maturana, H.R. & Varela, F.J. (1985). *Der Baum der Erkenntnis.* Bern: Scherz.

McCombs, M. & Shaw, D. (1972). The agenda-setting function of mass media. *Public Opinion Quarterly, 36,* 176-187.

McDevitt, M. & Chaffee, S. (2000). Closing gaps in political communication and knowledge. *Communication Research, 27,* 259-292.

McLead, J.M. & Blumler, J.G. (1987). The macrosocial level of communication science. In C.R. Berger & S.H. Chaffee (Eds.), *Handbook of communication science* (pp. 271-322). Newbury Park, CA: Sage.

McLuhan, M. (1964). *Understanding media.* New York: McGraw Hill.

McQuail, D. (1994). *Mass communication theory: An introduction.* London: Sage.

McQuarrie, E.F (1998). Have laboratory experiments become detached form advertiser goals? A meta-analysis. *Journal of Advertising Research, 38(6),* 15-26.

Meadow, R.G (1980). *Politics as communication.* Norwood, NJ: Ablex.

Meckel, M. (1998). *Redaktionsmanagement: Ansätze aus Theorie und Praxis.* Opladen: Westdeutscher Verlag.

Meckel, M. & Kriener, M. (Eds.)(1996). *Internationale Kommunikation: Eine Einführung.* Opladen: Westdeutscher Verlag.

Meggle, G. (1997). *Grundbegriffe der Kommunikation.* Berlin: de Gruyter.

Meltzoff, A. N. (1999). Origins of theory of mind, cognition and communication. *Journal of Communication Disorders, 32,* 251-269.

Mendelsohn, H. (1973). Some reasons why information campaigns can succeed. *Public Opinion Quarterly, 39,* 50-61.

Merten, K. (1977). *Kommunikation: Eine Begriffs- und Prozeßanalyse.* Opladen: Westdeutscher Verlag.

Merten, K. (1995). *Inhaltsanalyse: Eine Einführung in Theorie, Methode und Praxis.* Opladen: Westdeutscher Verlag.

Merten, K. (1999). *Einführung in die Kommunikationswissenschaft, Vol 1: Grundlagen der Kommunikationswissenschaft.* Münster: LIT.

Merten, K., Schmidt, S.J. Weischenberg, S. (Eds.)(1994). *Die Wirklichkeit der Medien: Eine Einführung in die*

Kommuikationsforschung. Opladen: Westdeutscher Verlag.

Metcalfe, J. & Mischel, W. (1999). A hot/cool-system analysis of delay of gratification: Dynamics of willpower. *Psychological Review, 106*, 3-19.

Metts, S. & Bowers, J.W. (1994). Emotion in interpersonal communication. In. M. L. Knapp & G.R. Miller (Eds.), *Handbook of interpersonal communication* (pp. 508-541). Thousand Oaks, CA: Sage.

Meyer, T., Ontrup, R. & Schicha, C. (2000). *Die Inszenierung des Politischen: Zur Theatralität medialer Diskurse*. Opladen: Westdeutscher Verlag.

Milde, J.-T. (2000). Mensch-Maschine-Kommunikation in intelligenten virtuellen Umgebungen: Der Kommunikative Agent Lokutor. *Künstliche Intelligenz, 2*, 17-21.

Miller, G.R. (1987). Persuasion. In. C.R. Berger & S.H. Chaffee (Eds.), *Handbook of communication science* (pp. 446-483). Newbury Park, CA: Sage.

Miller, K. (Ed.)(1996). *Management, business, organizational, and corporate communication*. Thousand Oaks, CA: Sage.

Moeller, A. (2001). *Wahlen gewinnen*. Wiesbaden: Akademic für Kommunalpolitik.

Moen. P., Elder, G.H. & Luscher, K. (1995). *Examining lives in context: perspectives on the ecology of human development*. Washington, DC: American Psychological Association.

Moerk, E.L.(1992). *A first language taught and learned*. London: Brookes.

Moffitt, M.A. (1999). *Campaign strategies and message design: A practitioner's guide from start to finish.* Westport, CN: Praeger.

Monge, P.R.(1987). The network level of analysis. In C.R. Berger & S.H. Chaffee (Eds.), *Handbook of communication science* (pp.239-270). Newbury Park, CA: Sage.

Morgan, M. & Shanahan, J. (1997). Tow decades of cultivation research: An appraisal and meta-analysis. *Communication Yearbook, 20,* 1-45.

Moser, H. (2000). *Einführung in die Medienpädagogik.* Opladen: Leske + Budrich.

Moss, C. (1998). *Die Organisation der Zeitungsredaktion: Wie sich journalistische Arbeit effizient koordinieren lässt.* Opladen: Westdeutscher Verlag.

Mowlana, H. (1994). Shapes of the future: International communication in the 21st century. *Journal of International Communication, 1,* 14-32.

Muckenhaupt, M. (2000). *Fernsehnachrichten gestern und heute.* Tübingen: Narr.

Müller, D.K. (1997). Fernsehzuschauerforschung in Deutschland. *Media Perspektiven, 9,* 470-480.

Müller, D.K. (1998). Radiometer als optionales Instrument der Hörerschaftsforschung. *Media Perspektiven, 2,* 70-75.

Müller, H.M. (1987). *Evolution, Kognition und Sprache.* Berlin: de Gruyter.

Müller, H.M. (1990). *Sprache und Evolution: Grundlagen der Evolution und Ansätze einer evolutionstheoretischen*

Sprachwissenschaft. Berlin: de Gruyter.

Müller, H.M.(Ed.)(im Druck). *Arbitsbuch Linguistik.* Paderborn: Schöningh (UTB).

Münch, R. (1991). *Dialektik der Kommunikationsgesellschaft.* Frankfurt a.M,:Suhrkamp.

Neidhardt, F. (Ed.)(1994). *Öffentlichkeit, öffentliche Meinung, soziale Bewegungen.* Opladen: Westdeutscher Verlag.

Neller, K. (1998). *Lokale Kommunikation: Politikberichterstattung in Tageszeitungen.* Wiesbaden: Deutscher Universitäts Verlag.

Nerlich, B. & Clarke, D.D. (2001). Ambiguities we live by: Towards a pragmatics of polysemy. *Journal of Pragmatics, 33,* 1-20.

Neumann, O. (1992). Theorien der Aufmerksamkeit: Von Metaphern zu Mechanismen. *Psychologische Rundschau, 43,* 83-101.

Neverla, I. (Ed.)(1998). *Das Netz-Medium: Kommunikatonswissenschaftliche Aspekte eines Mediums in Entwicklung.* Opladen: Westdeutscher Verlag.

Newcomb, A.F., Bukowski, W.M. & Pattee, L. (1993). Children's peer relations: A meta-analytic review of popular, rejected, neglected, controversial, and average sociometric status. *Psychological Bulletin, 113,* 99-128.

Nieke, W. (2000). *Interkulturelle Erziehung und Bildung: Wertorientierungen im Alltag.* Opladen: Leske + Budrich.

Nimmo, D.(1977). Political communication theory and research: An overview. *Communication Yearbook, 1,* 441-452.

Nimmo, D. (1978). *Political communication and public opinion in*

America. Santa Monica, CA: Goodyear.

Noelle-Neumann, E. (1977). Turbulences in the climate of opinion: Methodological applications of the spiral of silence theory. *Public Opinion Quarterly, 40,* 143,-158.

Noelle-Neumann, E. (1984). *The spiral of silence: Public opinion - our social skin.* Chicago: University of Chicago Press.

Noelle-Neumann, E. (1989). *Öffentliche Meinung: Die Entdeckung der Schweigespirale.* Frankfurt a.M.: Ullstein.

Noelle-Neumann, E., Kepplinger, H.M., Donsbach, W. (Eds.)(1999). *Kampa: Meinungsklima und Medienwirkungen im Bundestagswahlkampf 1998.* Freiburg: Alber.

Noelle-Neumann, E., Schulz, W. & Wilke, F. (Eds.) (1994). *Fischer Lexikon Publizistik/ Massenkommunikation.* Frankfurt a.M.: Fischer.

Nöth, W. (2000). *Handbuck der Semiotik.* Stuttgart: Metzler.

Nofsinger, R.E. (1991). *Everyday conversation.* Newbury Park, CA: Sage.

Nordenstreng, K. & Schiller, H.I. (Eds.)(1993). *Beyond national sovereignty: International communication in the 1990s.*

Norwood, NJ: Ablex.

Northouse, P.G. (1997). *Leadership: Theory and practice.* Thousand Oaks, CA: Sage.

Nussbaum, J., Hummert, M.L., Williams, A. & Harwood, J. (1996). Communication and older adults. *Communication Yearbook, 19,* 1-47.

Nuthall, G. (1999). Learning how to learn: The evolution of

students' minds through the social processes and culture of the classroom. *International Journal of Educational Research. 31,* 141-256.

O'Keefe, B.J. (1988). The logic of message design: Individual differences in reasoning about communication. *Communication Monographs, 55,* 80-103.

O'Keefe, B.J. (1992). Developing and testing rational models of message design. *Human Communication Research, 18,* 637-649.

O'Keefe, D.J. (1990). *Persuasion: Theory and research.* Newbury Park, CA: Sage.

O'Keefe, D.J. (1999). How to handle opposing arguments in persuasive message: A meta analytic review of the effects of one-sided and tow-sided messages. *Communication Yearbook, 22,* 209-249.

O'Keefe, D.J. & Hale, S.L. (1998). The door-in-the-face influence strategy: A random-effects meta-analytic review. *Communication Yearbook, 21,* 1-33.

Osterkamp, S., Kindt, w. & Albers, W. (2000). Verhandlung und Argumentation. *Zeitschrift für Angewandte Linguistik, 33,* 3-44.

Palmgreen, p. (1984). Uses and gratifications: A theoretical perspective. *Communication Yearbook, 8,* 20-55.

Parke, R.D. & Kellarm, S.G. (Eds.)(1994). *Exploring family relationships within other social contexts.* Hillsdale, NJ: Erlbaum.

Parke, R.D. & Ladd, G. W. (Eds.)(1992). *Family-peer relationships: Models of linkage.* Hillsdale. NJ: Erlbaum.

Parkinson, B. (1991). Emotional stylists: Strategies of expressive management among trainee hairdressers. *Cognition and Emotion, 5,* 419-434.

Parks, M.R. (1994). Communicative competence and interpersonal control. In M.L. Knapp & G.R. Miller(Eds.), *Handbook of interpersonal communication* (pp. 589-618). Thousand Oaks, CA: Sage.

Patterson, M.L. (1995). A parallel process model nonverbal communication. *Journal of Nonverbal Behavior, 19,* 3-29.

patterson, M.L. & Ritts, V. (1997). Social and communicative anxiety: A review and meta-analysis. *Communication Yearbook, 20,* 263-303.

Paul, I. (1999). *Praktische Sprachreflextion.* Türingen: Niemeyer.

Pavitt, C. (1982). Preliminaries to a theory of communication: A system for the cognitive representation of person and object based information. *Communication Yearbook, 5,* 211-232.

Pavitt, C. & Kemp, B. (1999). Contextual and relational factors in interpersonal negotiation strategy choice. *Communication Quarterly, 47,* 133-150.

Pepels, W. (1999). *Kommunikationsmanagement: Marketing-Kommunikation vom Briefing bis zur Realisation.* Stuttgart: Schäffer-Poeschel.

Perloff, R.M.(1993). Third-person effect research 1983-1992: A review and synthesis. *International Journal of Public Opinion Research, 5,* 167-184.

Pettegrew, L.S. & Logan, R. (1987). The health care context. In C.R. Berger & S.H. Chaffee(Eds.), *Handbook of communication science* (pp. 675-710). Newbury Park, CA: Sage.

Petty, R.E. & Cacioppo, J.T. (1986). *Communication and persuasion: Central and peripheral routes to attitude change.* New York: Springer.

Petty, R.E. & Cacioppo, J.T. (1990). Involvement and persuasion: Tradition versus integration. *Psychological Bulletin, 107,* 367-374.

Petty, R.E. & Wegener, D.T. & Fabrigar, L.R. (1997). Attitudes and attitude change. *Annual Review of Psychology, 48,* 609-647.

Pexman, P.M., Ferretti, T.R. & Katz, A.N. (2000). Discourse factors that influence online reading of metaphor and irony. *Discourse Processes, 29,* 201-222.

Pfeiffer, C. & Oswald, M. (Eds.)(1989). *Strafzumessung.* Stuttgart: Enke.

Piotrowski, C.C. (1995). Children's interventions into family conflict: Links with the quality of sibling relationships. *Early Education and Development, 6,* 377-403.

Planalp, S. & Hewes, D.E. (1982). A cognitive approach to communication theory: Cogito ergo dico? *Communication Yearbook, 5,* 49-77.

Plunkett, K. (1977). Theories of early language acquisition. *Trends in Cognitive Sciences, 1*, 146-153.

Pörings, R. & Schmitz, U, (Eds.)(1999). *Sprache und Sprach-wissenschaft: Eine kognitiv orientierte Einführung.* Tübingen: Narr.

Polichak, J.W. & Gerrig, R.J. (1998). Common ground and everyday language use: Comments on Horton and Keysar(1996). *Cognition, 66*, 183-189.

Pomerantz, A. (1990). Conversation analytic claims. *Communication Monographs, 57*, 231-235.

Porst, R. (2000). *Praxis der Umfrageforschung.* Stuttgart: Teubner.

Posner, R., Robering, K. & Sebeok, T. (Eds.)(1997). *Semiotik: Ein Handbook zu den zeichentheoretischen Grundlagen von Natur und Kultur.* Berlin: de Gruyter.

Pothmann, A. (1997). *Diskursanalyse von Verkaufsgesprächen.* Opladen: Westdeutscher Verlag.

Prestin, E. (2000). *Ironie in Printmedien.* Wiesbaden: Deutscher Universitäts-Verlag.

Prestin, E. (im Druck). Modelle der Sprachrezeption. In G. Rickheit, T. Herrmann & W. Deutsch (Eds.), *Handbuch Psycholinguistik.* Berlin: de Gruyter.

Price, V. & Allen, S. (1990). Opinion spirals, silent and otherwise. *Communication Research, 17*, 369-391.

Pross, H. (2000). *Zeitungsreport: Deutsche Presse im 20. Jahrhundert.* Weimar: Böhlau.

Psathas, G. (1995). *Conversation analysis: The study of talk-in-interaction.* Thousand Oaks, CA: Sage.

Pürschel, H. (Ed.)(1994). *Intercultural communication*. Frankfurt
a.M.: Lang.

Putnam, L.L. & Roloff, M.E. (Eds.)(1992). *Communication and
negotiation*. Newbury Park, CA: Sage.

Redding, J.C. & Catalanello, R.F. (1994). *Strategic readiness*. San
Francisco. CA: Jossey-Bass.

Reddy. M. (1979). The conduit metaphor: A case of frame conflict in
our language about language. In A. Ortony(Ed.), *Metaphor
and thought* (pp. 284-324). Cambridge: Cambridge
University Press.

Reinmann-Rothmeier, G. & Mandl, H. (2000). *Individuelles
Wissensmanagement: Strategien für den persönlichen
Umgang mit Information und Wissen am Arbeitsplatz*.
Bern: Huber.

Repucci, N.D., Woolard. J.L. & Fried, C.S.(1999). Social, Community,
and preventive interventions. *Annual Review of Psychology*,
50, 387-418.

Retter, H. (2000). *Studienbuch pädagogische Kommunikation*.
Bad Heilbrunn: Klinkhardt.

Rice, R.E. & Paisley, W.J. (Eds.)(1981). *Public communication
campaigns*. Newbury Park. CA: Sage.

Richmond, V.P. & McCroskey J.C.(1992). *Communication:
Apprehension. avoidance, and effectiveness*. Scottsdale,
AZ: Gorsuch Scarisbrick.

Rickheit, G. (1995). Verstehen und Verständlichkeit von Sprache. In

B. Spillner (Ed.), *Sprache: Verstehen und Verständlichkeit* (pp. 15-30). Frankfurt a.M.: Lang.

Rickheit, G., Herrmann, T & Deutsch, W. (Eds.)(im Druck.) *Handbuch Psycholinguistik*. Berlin: de Gruyter.

Rickheit, G. & Strohner, H. (1993). *Grundlagen der kognitiven Sprachverarbeitung*. Türingen: Francke (UTB).

Rickheit, G. & Strohner, H. (1999). Textverarbeitung: Von der Proposition zur Situation. In A.D. Friederici(Ed.), *Sprachrezeption* (pp. 271-306). Göttingen: Hogrefe.

Rimal, R.N., Fogg, B.J. & Flora, J.A. (1995). Moving toward a framework for the study of risk communication: Theoretical and ethical considerations. *Communication Yearbook, 18,* 320-342.

Rinck, M. (2000). Situationsmodelle und das Verstehen von Erzähltexten: Befunde und Probleme. *Psychologische Rundschau, 51,* 115-122.

Robbins, D. (2000). *Pierre Bourdieu* (4 Vol.). London: Sage.

Robinson, C.C., Mandleco, B., Olsen, S.F. & Hart, C.H. (1995). Authoritative, authoritarian, and permissive parenting practices: Development of a new measure. *Psychological Reports, 77,* 819-830.

Robinson, M.J.(1976). Public affairs television and the growth of political malaise: The case of "The selling of the Pentagon". *American Political Science Review, 70,* 409-432.

Rössler, P. (1997). *Agenda-Setting: Theoretische Annahmen und empirische Evidenzen einer Medienwirkungshypothese.*

Opladen: Westdeutscher Verlag.

Rössler, P. (Ed.)(1998). *Online-Kommunikation: Beiträge zu Nutzung und Wirkung.* Opladen: Westdeutscher Verlag.

Rössler, P. (1999). The individual agenda-designing process: How interpersonal communication. egocentric networks, and mass media shape the perception of political issues by individuals. *Communication Research, 26,* 666-700.

Röster, G. (2000). Musikpsychologie. In J. Straub, A. Kchinka & H. Werbik(Eds.), Psychologie in der Praxis (pp. 813-829). München: dtv.

Röstger, U. (2000). *Public Relations - Organisation und Profession: Öffentlichkeitsarbeit als Organisation sfunktion.* Wiesbaden: Westdetuscher Verlag.

Rogers, E.M. (1983). *Diffusion of innovations.* New York: Free Press.

Rogers, E.M. & Storey, J.D. (1987). Communication campaigns. In C.R. Berger & S.H. Chaffee(Eds.), *Handbook of communication science* (pp. 817-846). Newbury Park, CA: Sage.

Rolke, L. & Wolff, V. (Eds.)(1999). *Wie die Medien die Wirklichkeit steuern und selber gesteuert werden.* Opladen: Westdeutscher Verlag.

Roskos-Ewoldsen, D.R. (1997). Attitude accessibility and persuasion: Review and a transactive model. *Communication Yearbook, 20,* 185-218.

Ross, L., Greene, D. & House, P. (1977). The false consensus effect: An egocentric bias in social perception and attribution processes. *Journal of Experimental Social Psychology, 13,* 279-301.

Roßnagel, C. (2000). Cognitive load and perspective-taking: Applying the automatic-controlled distinction to verbal communication. *European Journal of Social Psychology, 30,* 429-445.

Roters, G., Klingler, W. & Gerhards, M. (Eds.)(1999). *Mediensozialisation und Medienverantwortung.* Baden-Baden: Nomos.

Rowan, K.E. (1991). Goals, obstacles, and strategies in risk communication. *Journal of Applied Communication Research, 19,* 300-329.

Rowan, K.E. (1995). What risk communicators need to know: An agenda of research. *Communication Yearbook, 18,* 300-319.

Rühl, M. (1996). Systemtheoretische Erkenntnisgrenzen. *Publizistik, 41,* 225-227.

Rühl, M. (1999). *Publizieren: Eine Sinngeschichte der Öffentlichen Kommunikation.* Opladen: Westdeutscher Verlag.

Ruhrmann, G., Kohring, M., Görke, A., Maier, M. & Woelke, J. (2000). Im Osten was Neues? Ein Beitrag zur Standortbestimmung der Kommunikations- und Medienwissenschaft. *Publizistik, 45,* 283-309.

Ruhrmann, G. & Nieland, J.-U. (1997). *Interaktives Fernsehen: Entwicklung, Dimensionen, Fragen, Thesen.* Opladen: Westdeutscher Verlag.

Runkehl, J., Schlobinski, P. & Siever, T. (1998). *Sprache und Kommunikation im Internet.* Opladen: Westdeutscher

Verlag.

Rutter, D.R. (1987). *Communicating by telephone*. Oxford: Pergamon Press.

Ryan, E.B., Meredith, S.D. & MacLean, M.J. (1995). Changing the way we talk with elders: Promoting health using the communication enhancement model. *International Journal of Aging and Human Development, 41*, 89-107.

Sacks, H., Schegloff, E.A. & Jefferson, G. (1974). A simplest systematics for the organization of turn-taking for conversation. *Language, 50*, 696-735.

Salcedo, R.N., Read, H., Evans, J.F. & Kong. A.C. (1974). A successful information campaign on pesticides. *Journalism Quarterly, 51*, 91-95.

Samovar, L.A. & Porter, R.E. (Eds.)(1994). *Intercultural communication: A reader*. Belmont, CA: Wadsworth.

Samp, J.A. & Solomon, D.H. (1998). Communicative responses to problematic events in close relationships I: The variety and facets of goals. *Communication Research, 25*, 66-95.

Sandford, J. (Ed.)(1999). *Encyclopedia of contemporary German culture*. London: Routledge.

Sarangi, S.K. & Roberts, C. (Eds.)(1999). *Talk, work and institutional order: Discourse in medical, mediation and management settings*. Berlin: Mouton de Gruyter.

Saragi, S.K. & Slembrouck, S. (1992). Non-cooperation in communication: A reassessment of Gricean pragmatics. *Journal of*

Pragmatics, 17, 117-154.

Sarges, W. (2000). Personal: Auswahl, Beurteilung und Entwicklung. In J. Straub, A. Kochinka & H. Werbik (Eds.), *Psychologie in der Praxis* (pp. 487-522). München; dtv.

Saxer, U. (Ed.)(1998). *Medien-Kulturkommunikation*. Opladen: Westdeutscher Verlag.

Schade, U. (1992). *Konnektionismus: Zur Modellierung der Sprachproduktion*. Opladen: Westdeutscher Verlag.

Schade, U. (1999). *Konnektionistische Sprachproduktion*. Wiesbaden: Deutscher Universitäts-Verlag.

Schantel, A. (2000). Determination oder Intereffikation? Eine Metaanalyse der Hypothesen zur PR-Journalismus-Beziehung. *Publizistik, 45*, 70-88.

Schedler, K. & Proeller, I. (2000). *New Public Management*. Bern: Haupt (UTB).

Schegloff, E.A. (1993). Reflections on quantification in the study of conversation. *Research on Language and Social Interaction, 26*, 99-128.

Schegloff, E.A, (2000). Overlapping talk and the organization of turn-taking for conversation. *Language in Society, 29*, 1-59.

Scherer, H. & Brosius, H.-B. (Eds.)(1997). *Zielgruppen, Publikums-Segmente, Nutzergruppen: Beiträge aus der Rezeptionsforschung*. München: Reinhard Fischer.

Scherer, K.R. (1993). Studying the emotion-antecedent appraisal process: An expert systems approach. *Cognition and Emotion, 7*, 325-355.

Schicha, C. (2000a). Wahlkampf in der Mediendemorkratie: Inszenierung - Personalisierung - Visualisierung. *Zeitschrift für Kommunikationsökologie, 2(1)*, 11-18.

Schicha, C (2000b). Zum Wandel der Öffentlichkeit: Inszenierte Politikvermittlung in den Massenmedien. *Zeitschrift für Kommunikationsökologie, 2(4)*, 12-18.

Schiffirn, D. (1994). *Approaches to discourse.* Cambridge, MA: Blackwell.

Schloßer, G. (1993). *Einheit der Welt und Einheitswissenschaft: Grundlagen einer Allgemeinen Systemtheorie.* Braunsch - weig: Vieweg.

Schlosser, H.D. (Ed.)(2000). *Sprache und Kultur.* Frankfurt a.M.: Lang.

Schmidt, S.J.(1994). *Kognitive Autonomie und soziale Orientierung: Konstruktivistische Bemerkungen zum Zusammenhang von Kognition, Kommunikation, Medien und Kultur.* Frankfurt a.M.: Suhrkamp.

Schmidt, S.J. & Zurstiege, G. (2000). *Orientierung Kommunikationswissenschaft: Was sie kann, was sie will.* Reinbek: Rowohlt.

Schmitt-Beck, R. (2000). *Politische Kommunkation und Wählerverhalten: Ein internationaler Vergeich.* Opladen: Westdeutscher Verlag.

Schmitz, M. (1995). *Fernsehen zwischen Apokalypse und Integration: Zur Instrumentalisierung der Fernsehunerhaltung.* Frankfurt a.M.: Fischer.

Schönhammer, R. (2000). Kunstpsychologie. In J. Straub, A. Kochinka & H. Werbik(Eds.), *Psychologie in der Praxis* (pp. 799-812). München: dtv.

Schramm, W. (1963). *The science of human communication.* New York: Basic Books.

Schreiber, E. (1990). *Repetitorium Kommunikationswissenschaft.* München: Ölschläger.

Schriver, K.A. (1989). Evaluating text quality: The continuum from text-focused to reader-focused methods. *IEEE Transactions on Professional Communication, 32,* 238-255.

Schröder, P. (2000). *Politische Strategien.* Baden-Baden: Nomos.

Schütz, A. (1971). Gemeinsam Musizieren: Die Studie einer sozialen Beziehung. In A.

Schütz, *Gesammelte Aufsätze* (Vol. II, pp. 129-150). Den Haag: Martinus Nijhoff.

Schulz, W. (1995). Ellenbogengesellschaft oder Solidargemeinschaft: Das Bild der Bundesrepublik bei ostdeutschen Schülern "ein Jahr danach". *Medienpsychologie, 7,* 107-121.

Schulz. W. (1997). *Politische Kommunikation: Theoretische Ansätze und Ergebnisse empirischer Forschung.* Oplanden: Westdeutscher Verlag.

Schulz. W. (1998). Wahlkampf unter Vielkanalbedingungen. *Media Perspektiven, 8,* 378-391.

Schuster. M.(1990). *Psychologie der bildenden Kunst.* Heidelberg: Asanger.

Schwaiger, M., Jeckel, P. & Saffert, V. (1995). *Kommunikations-*

management in großen und mittelständischen Unternehmen. Arbeitspapiere zur Mathematischen Wirtschaftsforschung, Nr. 131, Universität Augsburg.

Schweizer, K., Paechter, M. / Weidenmann, B. (2000). Sozial wahrehmbare Merkmale von Agenten in virtuellen Lernumgebungen aus Rezipientensicht. *Künstliche Intelligenz, 2,* 22-27.

Scollon, R. & Scollon, S. (1995). *Intercultural communication: A discourse approach.* Oxford: Blackwell.

Searle, J.R. (1969). *Speech acts.* London: Cambridge University Press.

Sebeok, T.A. & Danesi, M. (2000). *The forms of meaning: Modeling systems theory and semiotic analysis.* Berlin: Mouton de Gruyter.

Seibold, D.R, Cantrill, J.G. & Meyers, R.A. (1994). Communication and interpersonal influence. In M.L. Knapp & G.R. Miller (Eds.), *Handbook of interpersonal communication* (pp. 542-588). Thousand Oaks, CA: Sage.

Shannon, C.E. & Weaver, W. (1949). *The mathematical theory of communication.* Urbana, IL: University of Illinois Press.

Shultz, T.R & Lepper, M.R. (1996). Cognitive dissonance reduction as constraint satisfaction. *Psychological Review, 103,* 219-240.

Silbermann, A. (1982). *Handwörterbuch der Massenkommunikation und Medienforschung* (2 Vol.). Berlin: Volker Spiess.

Simpson, C. (1996). Elisabeth Noelle-Neumann's "spiral of silence" and the historical context of communication theory. *Journal of Communication, 46(3),* 149-173.

Singelis, T.M. & Brown, W.J. (1995). Culture, self, and collectivist communication: Linking culture to individual behavior. *Human Communication Research, 21,* 354-389.

Singh, K.J. (1979). Gandhi & Mao as mass communicators. *Journal of Communication. 29(3),* 94-101.

Smith, M.J. (1988). *Contemporary communication research methods.* Belmont, CA: Wadsworth.

Snyder, M. & Stukas, A.A. (1999). Interpersonal processes: The interplay of cognitive, motivational, and behavioral activities in social interaction. *Annual Review of Psychology, 50,* 273-303.

Spiefl, E. & Winterstein, H. (2000). Organisation, In J. Straub, A. Kochinka & H. Werbik (Eds.), *Psychologie in der Praxis* (pp. 455-486). München: dtv.

Spitzberg, B.H. (1994). A model of intercultural communication competence. In L.A. Samovar & R.E. Porter (Eds.), *Intercultural communication: A reader* (pp. 345-359). Belmont, CA: Wadsworth.

Spring, C.L., Flynn, M, Joseph, B.D., Moses, R., Steele, S. & Webb, C. (2000). The successful introductory course: Bridging the gap for the nonmajor. *Language, 76,* 110-122.

Stafford, L. & Bayer, C.L (1993). *Interaction between parents and children.* Newbury Park, CA: Sage.

Stapf, K.H., Herrmann, T., Stapf, A. & Stäcker, K.-H. (Eds.)(1972). *Psychologie des elterlichen Erziehungsstils.* Stuttgart: Klett.

Star. S.A. & Hughes, H.G. (1950). Report on an educational campaign: The Cincinnati plan for the United Nations. *American Journal of Sociology, 55,* 398-400.

Steinmüller, U. (1977). *Kommunikationstheorie: Eine Einführung für Literatur- und Sprachwissenschaftler.* Stuttgart: Kohlhammer.

Stiles, W.B., Lyall, L.M., Knight, D.P., Ickes, W., Waung, M., Hall, L.C. & Primeau, B.E. (1997). Gender differences in verbal presumptuousness and attentiveness. *Personality and Social Psychology Bulletin, 23,* 759 772.

Stohl, C. (1995). *Organizational communication: Connectedness in action.* Thousand Oaks. CA, Sage.

Straufl, B. (Ed.)(1998). *Zuschauer.* Göttingen: Hogrefe.

Strohner, H. (1990). *Textverstehen: Kognitive und kommunikative Grundlagen der Sprachverarbeitung.* Opladen: Westdeutscher Verlag.

Strohner, H. (1995). *Kognitive Systeme: Eine Einführung in die Kognitionswissenschaft.* Opladen: Westdeutscher Verlag.

Strohner, H. (2000). Kognitive Voraussetzungen: Wissenssysteme - Wissensstrukturen - Gedächtnis. In K. Brinker, G. Antos, W. Heinemann & S.F. Sager (Eds.), *Text- und Gesprächlin-guistik*(Vol. 1, pp. 261-274). Berlin: de Gruyter.

Strohner, H. & Brose, R. (1992). A cognitive systems approach to linguistic knowledge. *Language Sciences, 14,* 55-76.

Strohner, H. & Brose, R. (1994). Eher propagandistisch als informativ? Sicherheitspolitische Texte im Verstehenstest.

Medienpsychologie, 6, 54-75.

Strohner, H. & Brose, R. (im Druck). Die Rolle von Wissenssystemen für die Gestaltung interaktven Handelns. In G. Antos, K. Brinker, W. Heinemann & S.F. Sager (Eds.). *Text- und Gesprächslinguistik* (Vol. 2). Berlin: de Gruyter.

Strohner, H., Sichelschmidt, L., Duwe, I. & Kessler, K. 2000). Discourse focus and conceptual relations in resolving referential ambiguity. *Journal of Psycholinguistic Research*. *29*. 497-516.

Stryker, S. (1976). Die Theorie des Symbolischen Interaktionismus. In M. Auwärter, E. Kirsch & K. Schröter (Eds.), *Seminar: Kommunikation, Interaktion, Identität* (pp. 257-274) Frankfurt a.M.: Suhrkamp.

Stumpf, S. (2000). Modelle zur Effektivität plurinationaler Arbeitsgruppen. *Wirtschaftspsychologie, 7(2)*, 2-12.

Sucharowski, W. (1996). *Sprache und Kognition: Neuere Perspektiven in der Sprachwissenschaft*. Opladen: Westdeutscher Verlag.

Suzuki, S. (1998). In-group and out-group communication patterns in international organizations: Implications for social identity theory. *Communication Research, 25*, 154-182.

Switalla, B. (1976). *Kommunikation: Ein Pragmatischer Ansatz*. Baden-Baden: Nomos.

Szyszka, P. (Ed.)(1999). *Öffentlichkeit: Diskurs zu einem Schlüsselbergriff der Organisationskommunikation*. Opladen: Westdeutscher Verlag.

Tan, A.S. (1980). Mass media use, issue knowledge, and political involvement. *Public Opinion Quarterly, 44*, 241-248.

Tannen, D. (1990). *You just don't understand: Women and men in conversation*. New York. Ballantine.

Tannen, D. (Ed.)(1993). *Training in discourse*. New York: Oxford University Press.

Tannen, D. (1994). *Gender and discourse*. New York: Oxford University Press.

Tanno, D. & Gonsalez, A. (1998). *Communication and identity across cultures*. Newbury Park. CA: Sage.

Taylor, E.W.(1994). A learning model for becoming interculturally competent. *International Journal of Intercultural Relations, 18*, 389-408.

Theis, A.M. (1994). *Organisationskommunikation: Theoretische Grundlagen und empirische Forschungen*. Opladen: Westdeutscher Verlag.

Thiedeke, U. (Ed.)(2000a). *Bildung im Cyberspace: Vom GrafikDesign zum künstlerischen Arbeiten in Netzen*. Wiesbaden: Westdeutscher Verlag.

Thiedeke, U. (Ed.)(2000b). *Virtuelle Gruppen: Charakteristika und Problemdimensionen*. Wiesbaden: Westdeutscher Verlag.

Thimm, C. (Ed.)(1999). *Soziales im Netz: Sprache, Beziehungen und Kommunikationskulturen im Internet*. Opladen; Westdeutscher Verlag.

Thomas, A. (Ed.)(1996). *Psychologie interkulturellen Handelns*. Göttingen: Hogrefe.

Thompson, L. (1998). *The mind and heart of the negotiator*. Upper Saddle River, NJ: Prentice Hall.

Tichenor, P.J., Donohue, G.A. & Olien, C.N. (1970). Mass media flow and differential growth in knowledge. *Public Opinion Quarterly, 34*, 159-170.

Titscher, S., Wodak, R., Meyer, M. & Vetter, E. (1998). *Methoden der Textanalyse: Leitfaden und Überblick*. Opladen: Westdeutscher Verlag.

Tomasello, M. (1999). *The cultural origins of human cognition*. Cambridge, MA: Harvard University Press.

Triandis, H.C. (1989). Intercultural education and training. In P. Funke (Ed.), *Understanding the USA: A cross-cultural perspective* (pp. 305-322). Tübingen: Narr.

Triandis, H.C. (1995). *Individualism and collectivism: New directions in social psychology*. Denver, CO: Westview Press.

Triandis, H.C., Brislin, R.W. & Hui, C.H. (1988). Cross-cultural training across the individualism-collectivism divide. *International Journal of Intercultural Relations, 12*, 269-289.

Turk, J.V. & Franklin, B. (1987). Information subsides: Agenda setting traditions. *Public Relations Review, 13*, 29-41.

Turtschi, R. (2000). *Mediendesign*. Zürich: Niggli.

Valkenburg, P.M., Semetko, H.A. & de Vreese, C.H. (1999). The effects of news frames on readers' thougths and recall. *Communication Research, 26*, 550-569.

Vallacher, R.R. & Nowak, A. (Eds.)(1994). *Dynamical systems in* social psychology. San Diego, CA: Academic Press.

Vallone, R.,Ross,L. & Lepper, M. (1985). The hostile media phenomenon: Biased perception of media bias in coverage of the Beirut massacre. *Journal of Personality and Social Psychology, 49,* 577-585.

van Dijk, T.A. (Ed.)(1997). *Discourse as social interaction.* Thousand Oaks, CA: Sage.

Van Kleeck, A. & Daly, J.A. (1982). Instructional communication research and theory: Communication development and instructional communication - An overview. *Communication Yearbook, 5,* 685-715.

Varela, F.J. (1990). *Kognitionswissenschaft, Kognitionstechnik: Eine Skizze aktueller Perspektiven.* Frankfrt a.M.: Suhrkamp.

Velichkovsky, B,M. & Rumbaugh, D.M.(Eds.)(1996). *Communicating meaning: The evolution and development of language.* Mahwah, NJ: Erlbaum.

Ventola, E. (Ed.)(2000). *Discourse and community: Doing functional linguistics.* Tübingen: Narr.

Viswanath, K. & Finnegan, J.R. (1996). The knowledge gap hypothesis: Twenty-five years later. *Communication Yearbook, 19,* 187-227.

Vitouch, P., Tinchon, H,-J. & Janschek, E. (1998). Prozeßbegleitende Verfahren in der Medienpsychologie. *Medienpsychologie, 10,* 308-319.

Vollberg, S. (1998). *Kultur im europäischen Fernsehen: Geshichte,*

Präsentation und Funktion von Kulturmagazinen.
Wiesbaden: Deutscher Universitäts-Verlag.

von Savigny, E. (1969). *Die Philosophie der normalen Sprache: Eine kritische Einführung in die "ordinary language philosophy".* Frankfurt a.M.: Suhrkamp.

Vorderer, P. & Bube, H. (1996). Ende gut - alles gut? Eine empirische Studie über den Einfluß von empathischem Streß und Filmausgang auf die Befindlichkeit von Rezipienten und deren Bewertung des Films. *Medienpsychologie, 8,* 128-143.

Vorderer, P. & Trepte, S. (2000). Medienpsychologie. In J. Straub, A. Kochinka & H. Werbik (Eds.), *Psychologie in der Praxis* (pp. 705-736). München: dtv.

Wagner, H. (1999). *Verstehende Methoden in der Kommunikation-swissenschaft.* München: Reinhard Fischer.

Waldron, V.R. (1995). Is the "golden age of cognition" losing its luster? Toward a requirement-centered perspective. *Communication Yearbook, 18,* 180-197.

Waldron, V.R. & Cegala, D.J. (1992). Assessing conversational cognition: Levels of cognitive theory and associated methodology requirements. *Human Communication Research, 18,* 599-622.

Wallisch, G. (1995). *Journalistische Qualität: Definitionen - Modelle - Kritik.* Konstanz: UVK Medien.

Walther, J.B. (1996). Computer-mediated communication:

Impersonal, interpersonal, and hyperpersonal interaction. *Communication Research, 23*, 3-43.

Wannewitz, B. (1999). *Geisteswissenschaftler in der Wirtschaft: Ein integratives Modell zur Vervesserung der Berufseintrittschancen*. Wiesbaden: Deutscher Universitäts-Verlag.

Wanta, W. & Elliott, w. (1995). Did the "magic" work? Knowledge of HIV / AIDS and the knowledge gap hypothesis. *Journalism and Mass Communication Quarterly, 72*, 312-321.

Watzlawick, P., Beavin, J.H. & Jackson, D.D. (1967). *Pragmatics of human communication*. New York: Norton.

Wegener, C. (1994). *Reality TV: Fernsehen zwischen Emotion und Information?* Opladen: Leske + Budrich.

Weidemann, D. & Straub, J. (2000). Psychologie interkulturellen Handelns. In J. Straub, J. Kochinka & H. Werbik (Eds.), *Psychologie in der Praxis* (pp. 830-855). München: dtv.

Weigand, E. (1999). Misunderstanding: The standard case. *Journal of Pragmatics, 31*, 763-785.

Weingarten, E. & Sack, F. (1979). Ethnomethodologie: Die methodische Konstruktion der Realität. In E. Weingarten, F. Sack & J. Schenkein(Eds.), *Ethnomethodologie: Beiträge zu einer Soziologie des Alltagshandelns* (pp.7-26). Frankfurt a,M.: Suhrkamp.

Weingarten, R. (1989). *Die Verkabelung der Sprache: Grenzen der Technisierung von Kommunikation*. Frankfurt a.M. :Fischer.

Weingarten, R. (Ed.)(1990). *Information ohne Kommunikation?*

Die Loslösung der Sprache vom Sprecher. Frankfurt a.M.:
Fischer.

Weingarten, R. (Ed.)(1997). *Sprachwandel durch Computer.*
Opladen: Westdeutscher Verlag.

Weingarten, R. & Fiehler, R. (Eds.)(1988). *Technisierte*
Kommunikation. Opladen: Westdeutscher Verlag.

Weinhold, C. (1997). *Kommunikation zwischen Patienten und*
Pflegepersonal. Berlin: Huber.

Weiss, S.E.(1996). International negotiations: Bricks, Mortar, and
prospects. In B.J. Punnett & O. Shenkar (Eds.), *Handbook for*
international management research (pp. 209-265).
Cambridge, MA: Blackwell.

Weiß, C. (2000). *Professionell dokumentieren: Notizen, Protokolle.*
Berichte, Produktbeschreibungen, Web-Seiten texten und gestalten.
Weinheim: Beltz.

Weiß, R.H. (2000). *Gewalt, Medien und Aggressivität bei*
Schülern. Göttingen: Hogrefe.

Welge, M.K., Häring, K. & Voss, A. (Eds.)(2000). *Management*
Development: Praxis, Trends und Perspektiven. Stuttgart:
Schäffer-Peschel.

Wermke, J. (Ed.)(2000). *Ästhetik und Ökonomie: Beiträge zur*
interdisziplinären Diskussion von Medien-Kultur.
Wiesbaden: Westdeutscher Verlag.

Westmeyer, S.A., DiCioccio, R.L. & Rubin, R.B. (1998). Appro-
priateness and effectiveness of communication channels in
competent interpersonal communication.

Journal of Communication, 48(2), 27-48.

Wicklund, R.A. & Brehm, J.W. (1976). *Perspectives on cognitive dissonance*. Hillsdale, NJ: Erlbaum.

Willig, C. (Ed.)(1999) *Applied discourse analysis: Social and psychological interventions*. Buckingham: Open University Press.

Wimmer, R.D. & Dominick, J.R. (1991). *Mass media research: An introduction*. Belmont, CA: Wadsworth.

Winterhoff-Spurk, P. (1994). Nonverbale Kommuikation und Führung. In H.-J. Kornadt, J. Grabowski & R. Mangold-Allwinn(Eds.), *Sprache und Kognition: Perspektiven moderner Sprachpsychologie* (pp. 291-308). Heidelberg: Spektrum Akademischer Verlag.

Winterhoff-Spurk. P. (1997). Medienkompetenz: Schlüssel-qualifikation der Informationsgesellschaft?*Medienpsychologie, 9*, 182-190.

Winterhoff-Spurk. P. & Vitouch, P. (1989). Mediale Individual-kommunikation. In J. Groebel & P. Winterhoff-Spurk (Eds.), *Empirische Medienpsychologie* (pp. 247-257). München: Psychologie Verlags Union.

Wirth, W. (1997). *Von der Information zum Wissen: Die Rolle der Rezeption für die Entstehung von Wissensunterschieden*. Opladen: Westdeutscher Verlag.

Wirth, W. & Schweiger, W. (Eds.)(1999). *Selektion im Internet: Empirische Analysen zu einem Schlüsselkonzept*. Opladen: Westdeutscher Verlag.

Wiseman, R.L. & Koester, J. (Eds.)(1993). *Intercultural communication competence*. Newbury Park, CA: Sage.

Woelke, J. (2000). Wie valide sind Werbewirkungstests? Der Einfluss des Testverfahrens auf Ergebnisse der Erinnerung und Bewertung. *Medienpsychologie, 12*, 176-195.

Wolling, J. (1999). *Politikverdrossenheit durch Massenmedien? Der Einfluss der Medien auf die Einstellungen der Bürger zur Politik*. Opladen: Westdeutscher Verlag.

Wood, J.T. (1997). *Communication theories in action: An introduction*. Belmont, CA: Wadsworth.

Wood, W. (2000). Attitude change: Persuasion and social influence. *Annual Review of Psychology, 51*, 539-570.

Wray, A. & Perkins, M.R. (2000). The functions of formulaic language: An integrated model. *Language & Communication, 20*, 1-28.

Wucknitz, U.D. (2000). *Mitarbeiter-Marketing*. Göttingen: Verlag für Angewandte Psychologie.

Wunderer, R. (2000). *Für rung und Zusammenarbeit: Eine unternehmerische Führungslehre*. Neuwied: Luchterhand.

Wuss. P. (1993). *Filmanalyse und Psychologie*. Berlin: Sigma.

Zaharna, R.S. (2000). Intercultural communication and international public relations: Exploring parallels. *Communication Quarterly, 48*, 85-100.

Zeh, R. & Hagen, L. (1999). "Nun zum Sport..." und andere kurzfristige Effekte von Fernsehnachrichten auf die

Wahlabsicht im Bundstagswahlkampf 1998. In C. Holtz
Bacha (Ed.), *Wahlkampf in den Medien - Wahlkampf mit
den Medien* (pp. 188-217). Opladen: Westdeutscher Verlag.

Zillmann, D. Gan, S.-L. (1996). Effects of threatening images in news
programs on the perception of risk to others and self.
Medienpsychologie, 8, 288-305.